U0437653

成长树家庭教育法

诸葛越 | 著

中信出版集团 | 北京

图书在版编目（CIP）数据

成长树家庭教育法 / 诸葛越著. -- 北京：中信出版社，2023.11
ISBN 978-7-5217-6026-2

Ⅰ.①成… Ⅱ.①诸… Ⅲ.①家庭教育 Ⅳ.①G78

中国国家版本馆CIP数据核字（2023）第180238号

成长树家庭教育法

著者：诸葛越
出版发行：中信出版集团股份有限公司
（北京市朝阳区东三环北路27号嘉铭中心　邮编 100020）
承印者：嘉业印刷（天津）有限公司

开本：880mm×1230mm 1/32　　印张：13　　字数：219千字
版次：2023年11月第1版　　印次：2023年11月第1次印刷
书号：ISBN 978-7-5217-6026-2
定价：69.00元

版权所有·侵权必究
如有印刷、装订问题，本公司负责调换。
服务热线：400-600-8099
投稿邮箱：author@citicpub.com

各方赞誉

诸葛越博士的这本书系统讲述了她在如何培养人、如何让孩子成才方面的心得。这本书全面介绍了新时代人才所需要的基本技能、素养、品质，以及相应的培养方法。诸葛越博士关于成长和教育的书，都是根据她自己和孩子成功的经验，用心写出来的，其中的方法是被证明行之有效的。作者本人在中美两国接受过高等教育，在全球知名科技企业担任过高管，了解当代教育的特点，有着全球化的视野。她的书值得家长和年轻人好好阅读。

——**吴军** 计算机科学家，硅谷投资人

诸葛越博士不仅仅从家长视角，不仅仅从培养自己两个孩子上名校的经验，而且从带领过优秀团队的管理者视角，从自己一直在科技前沿工作的视角来看待未来需要什么样的人才。

——**史元春** 青海大学校长，清华大学计算机系教授

这本书来自一个高认知、高成就的AI（人工智能）专家、企业管理者和创业者，此外，作者还是一位投入的、温暖的、卓

有成效的妈妈。这本书为我们在日益复杂、充满不确定性和AI越来越发达的时代培养孩子并与他们共同成长，提供了全面透彻的理论依据、具有针对性的行动方案，以及颇有说服力的案例。如果我早有此书在手，不管是教育孩子还是操盘现在的教育企业，一定更加得心应手！

——王励弘　瑞思教育董事长&CEO（首席执行官），赛百味中国控股公司董事长

这本书的独特之处在于，它巧妙地将教育孩子和管理企业的共同点联系在一起。作者诸葛越不仅是一位慈爱的母亲，还是一名杰出的企业管理者。她深谙如何激发潜力、给予奖励，以及如何在待人亲切的同时保持管理者的角色。诸葛越不仅自己取得了升入清华大学、斯坦福大学等名校的辉煌成就，还亲历了孩子们成功升入名校的过程。因此，她既了解美国的教育体系，也深刻理解中国的国情。这本书不仅分享了她培养孩子进入名校的成功经验，还提供了深刻的见解，揭示了未来所需的人才素养。这本书将为希望培养优秀下一代的家长和管理者带来巨大的益处。

——李宏彬　斯坦福中国经济与制度研究中心主任、教授

家长究竟该如何培养孩子？面对家庭教育的众多挑战，这本书

为家长提供了一个4~18岁的全周期指南。作者为我们描绘了一张清晰的成长路径图，精准地捕捉了每个阶段的关键点，真正做到了"抓大放小"。在家庭教育的复杂海洋中，此书为家长提供了一张战略式的导航图。尤其特别的是，作者作为教育行家和企业高管的双重身份。她从接收端视角出发，深知如何培养未来的人才，并以自己孩子的成功经验作为见证。这不仅是一本关于教育的书，更是一个经过实践检验的成功案例集。

——**郑毓煌**　清华大学博士生导师，哥伦比亚大学博士

这是一本处处闪烁着质朴真爱、科学理念与教育智慧的书，读之愉悦、用之务实。此书不仅是关于如何做好父母的教科书，还是关于如何自我成才的自助书。因为每个人都是在家庭、在社会、在职场成长的一棵树，书中介绍的能力和心态也是贯穿一生、自觉修行、应对时代变化的生命源泉。

——**温东辉**　北京大学环境科学与工程学院教授

这个世界充满了智慧、有趣的事情。如何培养我们的孩子拥有智慧、享受趣味、充满好奇、深度思考、拥抱未来，都是这本书和大家探讨的话题。

——**老喻**　未来春藤创始人，《人生算法》作者

目 录

自序一　AI时代的未来家庭教育 / VII
自序二　我和孩子的教育经历 / XV

第一部分
AI时代的成长教育法则

第1章　科学教养：家庭教育中的成长树模型 / 003
　　　孩子需要"所有的能力" / 004
　　　基础技能：数理、文史、阅读、写作 / 006
　　　综合技能：沟通、合作、规划、创造 / 010
　　　成长心态：使命感、自驱力、好奇心、批判性思维 / 014
　　　身心健康：运动、自信、韧性、同理心 / 018
　　　一棵成长的树 / 022

第2章　底层原则：爱、团队和成长 / 025
　　　爱的原则：我无条件地爱孩子，也爱做父母的这个过程 / 026
　　　团队原则：我和孩子是一个团队，孩子带领，我支持 / 028
　　　成长原则：孩子是成长中的孩子，父母是成长中的父母 / 029

第3章　教育是可以规划的：孩子4~18岁成长路径图 / 031

第二部分
4~7岁启蒙期——保持好奇心，建立语言、数理、逻辑概念

第4章　启蒙期基础技能：形成语言、文字、逻辑概念 / 042
　　　　数理：逻辑思维启蒙 / 042
　　　　文史：语言、识字、外语启蒙 / 050
　　　　阅读：亲子阅读 / 061

第5章　启蒙期综合技能：建立和世界的良好关系 / 066
　　　　沟通：和孩子平等交流 / 066
　　　　合作：带孩子交友，处理兄弟姐妹关系 / 073
　　　　创造：大胆想象，天才儿童 / 079

第6章　启蒙期成长心态：开启独立、专注、好奇的探索 / 087
　　　　自驱力：培养独立和专注力 / 088
　　　　好奇心：保持天生的好奇心 / 094
　　　　批判性思维：让孩子问问题 / 102

第7章　启蒙期身心健康：建立安全感，礼貌待人 / 108
　　　　运动：运动和游戏激活孩子大脑 / 108
　　　　韧性：走出舒适区，独自处理问题 / 113
　　　　同理心：礼貌待人 / 123

第8章　幼小衔接 / 131
　　　　启蒙期的成长树原则 / 133

第三部分
8~12岁少年期——开发兴趣，培养助力一生的好习惯

第9章 少年期基础技能：培养兴趣、加深理解 / 144
  数理：理解是关键 / 145
  文史：上下文学习法 / 153
  阅读：过渡到自主阅读 / 160
  基本写作技能培养：抄录、写日记 / 169

第10章 少年期综合技能：好习惯养成 / 178
  沟通：清晰表达 / 178
  合作：规则的建立和遵从 / 183
  规划：专注和时间管理 / 191
  创造：给孩子留白 / 198

第11章 少年期成长心态：开启自我管理 / 209
  使命感：设立和完成目标 / 209
  自驱力：三年级开始自我管理 / 215
  好奇心：激情项目 / 220
  批判性思维：识别谬误，培养信商 / 227

第12章 少年期身心健康：培养自信和毅力 / 234
  运动：选择体育、艺术等特长领域 / 234
  自信：平等相处 / 241
  韧性：延迟满足 / 247

　　　　　同理心：尊重他人、感恩 / 253

第 13 章　小学到初中衔接 / 260
　　　　　少年期的成长树原则 / 262

第四部分
13~18 岁青春期——锻炼抽象思维和执行力，培养独立人格

第 14 章　青春期基础技能：锻炼抽象思维 / 272
　　　　　数理：抽象思维和知识框架 / 272
　　　　　文史：发展高效学习方法 / 277
　　　　　阅读：广泛阅读，兼顾速度和质量 / 281
　　　　　写作：不动笔墨不读书 / 291

第 15 章　青春期综合技能：培养执行力、领导力 / 297
　　　　　沟通：讲解、交流和协商 / 297
　　　　　合作：领导力 / 304
　　　　　规划：分解问题，设立可执行目标 / 312
　　　　　创造：接受和鼓励 / 318

第 16 章　青春期成长心态：思考人生价值 / 325
　　　　　使命感：思考自己人生的价值 / 326
　　　　　自驱力：完成角色转换 / 332
　　　　　好奇心：观察生活，涉猎广泛 / 338

　　　　　批判性思维：深度思考和反思 / 344

第 17 章　青春期身心健康：开阔视野，培养高感性能力 / 350
　　　　　运动：体育精神 / 351
　　　　　自信：接受自己，建立关系，避免贫穷思维 / 355
　　　　　韧性：注重心理健康 / 366
　　　　　同理心：开阔视野，包容他人 / 374
　　　　　青春期的成长树原则 / 380

后　记　培养做好准备的孩子 / 385
参考文献 / 389

自序一

AI时代的未来家庭教育

最近，AI的大发展再次掀起了全民对教育的热烈讨论。AI是我在清华大学学习时的本科专业，也是我20多年来一直从业的领域。随着AI新时代的到来，大家对家庭教育充满了兴奋、焦虑、误解和疑问。

未来是人和机器一起仰望星空的时代，你需要知道怎么做。这本书就是给你的指南和答案。

以终为始，个性养育，拥抱变化，面向未来，本书介绍的"成长树家庭教育法"以培养孩子最终成为独立、健康、有能力、充分实现自我的人为目的，培养孩子的内在的愿望和决心，勾画孩子的"全息"理想。不管你的孩子是4岁、10岁，还是16岁，他都需要成长树上的所有要素，这些是他用来适应未来时代的技能和心态。

和所有的现有家庭教育方法不同，成长树家庭教育法是一种战略性的教育方法。战略就是看得远，设想未来和愿景，然后回过头来操作，走对关键步骤。在这里，我们开篇简要探讨下面三个问题：为什么 AI 会彻底改变教育？什么样的孩子是未来世界的主人？作为家长，我应该怎么做？

为什么 AI 会彻底改变教育

"不只是脚下的地毯被抽走了，我们脚下整个地板都不见了！"

千百年来，教育是为了让人们获取知识，考试是为了检验人们对这些知识的掌握程度，工作是为了应用这些知识。AI 带来的改变，使教育最中心的概念——"知识"变得信手拈来，几乎一文不值了。

不仅仅是知识，新型的 AI 系统也会解题，会写文章，会画画，会回答问题，会编程，会写总结、提建议，总之，人类通过学习能做的事，AI 几乎都可以做得更快更好。这不是幻想小说，而是今天就在我们身边发生的事。

教育的最终目的是让孩子为未来的生活做好准备。我们的孩子进入社会、成为栋梁是在 10 年、20 年、30 年后，我们无法预料将来会有哪些变革发生。作为现代社会的家长，我们面临着各种新的情况。

1. 孩子学的东西我们自己不会，也不懂。

2. 他们现在学的东西10年后不一定有用。

3. 他们一定会换工作，并且有很大可能会换行业。

4. 因为社会机会的丰富和多样性，他们取得成功的路径会比现在更多。

5. 技术带来的变革继续渗透，简单技能不再能给他们带来丰厚的收入和稳定的生活。

6. 文科、理科的界限不再清晰，想有所成就的人需要具备跨界才能。

7. 他们会面临更频繁的变化，可能会去陌生的地方生活。

我们都是21世纪的父母。我们不再把自己的意志和希望强加于孩子。同时，我们有强烈的责任感，希望孩子幸福，也希望他们快乐。我们知道世界在飞速变化，也知道我们受限于现有的系统。我们一般只有一两个孩子，我们不能试错。我们有自己的事业，我们没有太多时间。我们兴奋而惶恐地站在现代社会的都市，看着面前宽阔但拥挤的道路，世界变化飞快，犹如飞驰的车辆，我们要为孩子做重大的目标性的决定，又要赶上眼前拥挤的公共汽车。

2018年，斯坦福大学长寿中心的研究人员发起了一项名为"新生命地图"的倡议。他们指出，在今天5岁的儿童中，多达一半的人可以活到100岁。百岁人生这一曾经遥不可及的里程碑可能会在2050年成为新生儿的人生常态。生命，需要与时俱进。孩子在这100年的生活中，每一个阶段都需要创造性的改变，他们需要成为什么样的人，才能成为未来社会的主人？

什么样的孩子是未来世界的主人

"装备完全""自动驾驶"的孩子才会成为未来世界的主人。

我去年去我家孩子就读的中学做分享，用了一张孩子背着各种装备、离开家去参加野外生存活动的照片。教育的最终目的是让孩子为未来的工作和生活做好准备，成为未来社会的栋梁。父母的责任是帮助孩子成长，给他们装备和粮食，给他们罗盘和信心，给他们体力和智力。

做父母的最高境界是让孩子在离开家的时候已经学会"自动驾驶"，做好各种准备，独立、健康并具备社会生活所必需的基础技能和综合技能。这样，你会很放心、很开心地让孩子离开家庭，进入社会。

在这样一个飞速变化的智能时代，未来充满了机会，也充满了不确定性。我们要给孩子品质、习惯和能力，让他们在未来有长久的内在的动力。成长树家庭教育法正是这样一种教育方法。它培养的孩子是能够应对变化的，不仅应对变化，而且拥抱变化；不仅拥抱变化，而且致力于创造未来。他们会因站在这样一个新的大时代面前而感到欣喜，因为他们有驾驭浪潮的技能、心态和信心。

在未来的教育中，学习将成为一种探索，而不再是记忆前人已经获得的知识；学习将是掌握技能，可实践、有用途、可变化的技能；学习将是个性化的，不受时间、空间的限制。

20多年前我还是一个学生，有了第一个孩子的时候，我希望能有这样一本书，告诉我孩子如何长大成人，他会有什么样的成长路径，我需要做什么，我不会错过什么。在实践家庭教育20多年之后，我有足够的信心写出这本书。

作为家长，我应该怎么做

在这本书里，我不仅仅谈论理念，也给出具体的解决方案。比如，在AI时代，基础技能，如数理、文史、阅读、写作，到底还重不重要了，怎么学才是正确的？再比如，我们常说提出问题的能力比解决问题更重要，但是，只知道这个理念是远远不够的，作为一个家长，当你的孩子5岁、10岁、15岁时，你究竟要怎么培养他提出问题的能力呢？

你需要一个家庭教育的"行动清单"，你需要一张"成长路径图"。

家庭教育有取舍，也有方法。关于孩子教育的点很多，成长树家庭教育法将大量的信息和概念浓缩成下面 4 个层次、16 个具体的技能模块。

基础技能：数理、文史、阅读、写作。
综合技能：沟通、合作、规划、创造。
成长心态：使命感、自驱力、好奇心、批判性思维。
身心健康：运动、自信、韧性、同理心。

成长树家庭教育法还包含了贯穿家庭教育的 3 个底层原则：爱的原则、团队原则和成长原则。

可以说，这本书把我多年的个人经验，结合最先进的、适应未来的家庭教育方法介绍给大家。它集成并萃取了东西方科学育儿方法的精华，针对启蒙期、少年期和青春期孩子不同的认知和发展阶段，给出家长可能遇到的具体问题和解决方案，告诉你什么重要、怎么做，让你从容地陪着孩子成长。

如何阅读这本书

这本书适合 4~18 岁孩子的家长阅读。我甚至想说，我们每个成年人自己也都需要拥有这样一棵"成长树"。因为它的内容比较多,我建议你先读第一部分,了解成长树家庭教育法的体系和理念,然后阅读和你的孩子相关的那一部分。比如,你的孩子12岁,你就可以阅读少年期家庭教育的相关内容,也就是第三部分。

当你有空的时候,我建议你也阅读其他几部分,因为孩子的成长是连续的,家庭教育的很多跨年龄的方法是相互关联的。比如,我们期望少年期的孩子能自主阅读,这需要从启蒙期的亲子阅读过渡而来。再比如,当我们谈论青春期的孩子如何自律的时候,我假设你的孩子在少年期已经学会了时间管理,懂得规则和界限。

同时,如果你对成长树上的某一个垂直领域感兴趣,比如如何培养孩子的沟通能力,或者如何培养孩子的数理思维、批判性思维,你也可以直接去看第二到第四部分中每一章的相关小节,它们都是一脉相承的。

许多家长都希望得到一张孩子成长路径图,这张图要能够指出孩子在多大年龄该注意哪些方面,关键点是什么。我就提供了这样一张图,全方位、全年龄段地覆盖成长树家庭教育法中的全部要素,并提供了具体操作方法,你可以先总览一下,对成长树上的各个模块有哪些关键主题有个大致的了解。

自序二

我和孩子的教育经历

我相信，优秀的家庭教育方法适用于每一个孩子。

在介绍成长树家庭教育法之前，我先向不熟悉我的朋友们简单介绍一下我的背景，这样你会更加了解为什么成长树家庭教育法有其独到之处，为什么它是更适合培养现代和未来社会人才的家庭教育方法，为什么这不是一本简单的"妈妈书"。

首先，我是一个作者，职场妈妈。我是家庭教育图书《魔鬼老大，天使老二》和科技趋势图书《未来算法》的作者，运营着微信公众号"东西方教育"。我的两个孩子分别在剑桥大学和芝加哥大学学习。

其次，我是一个计算机科学家，清华大学学士，斯坦福大学计算机系博士，研究领域是大数据和AI。我曾在硅谷和北京的科技公司任技术高管，也自己创业，管理过优秀的团队，培养过成百上千名优秀人才，有人才接收端视角。

另外，我也是教育领域的热爱者和积极参与者，从孩子的启蒙教育到高等教育，从脑科学到终身学习，我都有浓厚的兴趣。我参加了许多家庭教育相关的演讲和组织，与专业人士探讨未来教育。

开始写这本书的时候，我家老二刚好去了芝加哥大学学习。由此，我的两个孩子都进入了世界排名前十的大学。带大两个孩子一共22年的历程，有非常多的家长朋友问过我关于家庭教育的各种问题，这本书就是我的答案。

我的教育背景

我的中学是位于贵阳花溪的清华中学，我在中学阶段遇到过不少好老师，但我更得益于父母给我的良好的家庭教育。我在15岁的时候就参加了全国计算机程序竞赛并且获奖。当时是1984年，那时候还没有多少普通人知道计算机，而我的父亲在自学计算机编程的同时也教会了我。我小的时候学乐器，听音乐，跟着电视上的英国节目 Follow Me（《跟我学》）学英语，还阅读了大量的书籍。这些家庭教育带给我的优势不仅仅是优秀的学习成绩和各种参加竞赛的机会，还让我赢得了同学的尊敬和友谊，而这些机会又带给我更多的信心和能力。

我作为学校第一名，全校第一个考入清华大学。在那之前，我的哥哥也是作为学校第一名，全校第一个考入浙江大学。后来，我们都读了博士并且在各自的行业小有所成。我在清华大学依然保持了优异的成绩，是校级优秀学生，也是活跃的社团领袖，这些成绩又把我带到前沿的AI实验室，使我很早就接触了世界先进的领域和优秀的导师。

出国后，我主动求变，进入世界顶尖大学的热门领域，并且以同样优异的成绩继续学业。我在纽约州立大学石溪分校读了应用数学的硕士，然后去斯坦福大学读了计算机科学的硕士和博士，是个"全A学生"。早年的家庭教育不仅给了我基本技能，更给了我内在的动力、敏锐的洞察力和适应能力。直到现在，早年培养的文理兼修的习惯、广泛的兴趣和创作能力，还在对我的管理、著书、创业、养育下一代等发挥作用。

孩子的家庭教育

我的两个儿子都毕业于北京的国际学校，也上过以中文为主的双语学校。老大去了英国剑桥大学，老二去了美国芝加哥大学。他们的成长经历被记录在2017年出版的家庭教育畅销书《魔鬼老大，天使老二》里。

进入名校只是孩子人生路途中的一个节点，绝对不是人生目的。其实，出版《魔鬼老大，天使老二》的时候，我的两个孩子都还没有上大学。但是，我能预见我的两个孩子后劲十足。他们没有补习过任何功课，他们花很多时间玩耍，他们喜欢捣鼓自己喜爱的东西，他们成绩优异，他们也不怕开拓崭新的生活。这使得他们在上大学之后，还能够在世界顶尖的学府游刃有余，我对他们未来顺利走上职场也充满信心。

我的职业生涯

20多年来，我在北京和硅谷的互联网公司，包括雅虎、微软、Hulu等带领团队做研究、做产品，一直活跃在互联网、大数据和AI等前沿领域。我做过研究员、工程师、软件架构师、产品经理、创业公司CEO、外企在中国的总经理和投资公司的合伙人。我带领的团队办公室被卓越职场研究所评为"大中华地区最佳职场"。

我招聘和培养过许许多多的优秀人才，我了解他们不同的家庭背景、成长路径，也在他们身上看到了非常多我希望我的孩子具备的素质和能力。同时，我也在他们身上看到了一些技能缺口，尤其是综合技能，比如有效沟通。我设计的成长树家庭教育法，始终带着孩子未来职业的接收端视角：我们应该给他们什么样的技能和心态，使得他们在未来有所成就，能驾驭最先进的技术，也能领导他人，而不是盲目跟从。

我的教育兴趣

因为对教育和培养人才的浓厚兴趣，我业余在教育相关领域任职，比如我是北京德威国际学校的董事会成员、清华大学苏世民书院的导师。这些机会让我和学校校长、大学教授这样的专业教育工作者一起工作，了解学校的办学理念和运作方式，世界人才的交互和需求，让我从更广阔、更专业的视角看待教育。

我对所有孩子的教育都有浓厚的兴趣，去贫困山区支过教，在多个学校和线上平台开过教育相关的课程，比如我在"得到"App上的课程"如何培养面向未来的孩子"有15万名付费用户。

在职场和家庭之外，我还有很多兴趣，包括写作、演讲，参加校友活动、慈善活动等，大都与家庭教育相关。为了做好这些事情，我大量阅读教育类书籍，学习东西方先进的教育理念。在这几年中，我见证了许多孩子的成长，听到了不同家长的问题，并试图解答这些问题。这个过程让我走出了自己原先的小圈子，扩大了眼界。

所以，这不仅仅是一本个人家庭教育的成功经验分享书。

从小家庭到大职场，从个人视角到学校视角，从东半球到西半球，从教育自己的孩子到帮助许多朋友和受众的孩子，从学习近年来关于认知和教育的研究实践结果中，我发现了家庭教育的共性，发现了在孩子从小到大的过程中，家庭教育里不能忽略的核心要素。

我对这些核心要素进行了总结与再创造，这就是本书要介绍的"成长树家庭教育法"。

第一部分

AI时代的成长教育法则

第 1 章

科学教养：家庭教育中的成长树模型

表面上看，家庭教育是这样一个问题：在什么时候我应该让我的孩子学什么？但是，这个理解是不完整的。比如，什么时候该让孩子学好数学？什么叫学好数学？什么时候应该培养孩子的自驱力？什么是自驱力，自己穿衣服算吗，自己做作业算吗？

这个理解的错误之处在于，"自驱力"不是一道题目，不是从"不会"到"会了"有一个开关，不是孩子 10 岁前不需要培养，等到了 10 岁一下子就可以教会的技能。同样，数理逻辑能力、语言能力、阅读技能、沟通能力，都不是说孩子"有"或者"没有"，而是每个成长时期该怎样获取、增强、加固这项能力。

在每个孩子 18 年的家庭教育过程中，父母有成千上万的事情要做。望子成龙、望女成凤的期待，让我们大多数家长都希望事无巨细、方方面面地照顾到。但是，我怎么知道什么是

"家庭教育全部的事"？会不会有的事我意识到的时候已经太晚了？谁能告诉我，我到底要关注什么，什么重要，什么没那么重要？

除了对孩子来说重要的知识和技能，还有"如何"的问题。"如何让孩子阅读？""如何培养孩子的表达能力？""如何培养孩子的逻辑思维能力？"在技能提升方面，家长们比较相信补习班和培训班。语文要补习吗？数学要补习吗？哪一个英语培训班最好？是否有冬令营、夏令营专门培养表达能力？

孩子的成长是一个渐进的过程，我们可以把家庭教育分解成以下三个问题。

1. 什么是我们需要给孩子的"所有的能力"？
2. 家庭教育是否有规律可循？
3. 教育不同时期孩子的要点和方法是什么？

这三个问题的答案就是成长树模型要教给大家的内容。

孩子需要"所有的能力"

我们先来看第一个问题：什么是我们需要给孩子的"所有的能力"？

关于家庭教育的点很多，我根据自己的经验，参考几十年来教育和学习领域的研究精华，把它们总结成了一个成长树模型。这个模型将大量的信息和概念浓缩成 4 个层次、16 个具体的技能模块。这 4 个层次是基础技能、综合技能、成长心态和身心健康。每个层次里面都有 4 个要素，代表了这个层次里最为重要的技能或者心态。

基础技能：数理、文史、阅读、写作。
综合技能：沟通、合作、规划、创造。
成长心态：使命感、自驱力、好奇心、批判性思维。
身心健康：运动、自信、韧性、同理心。

成长树模型指出了孩子从小到大需要培养的能力。这个模型里的具体技能，每一个都可以后天培养，而不依赖于先天性格。它们的目的是引导孩子走上独立和成功之路。这些技能模块要素相互关联、相互促进，可以作为家长、老师的有效工具和罗盘。

我把成长树模型形象地画成了下面这张图（见图 1-1）。

我们下面先来简单介绍一下成长树的每一个层次以及里面的技能模块要素。

身心健康　运动、自信、韧性、同理心

综合技能　沟通、合作、规划、创造

基础技能　数理、文史、阅读、写作

成长心态　使命感、自驱力、好奇心、批判性思维

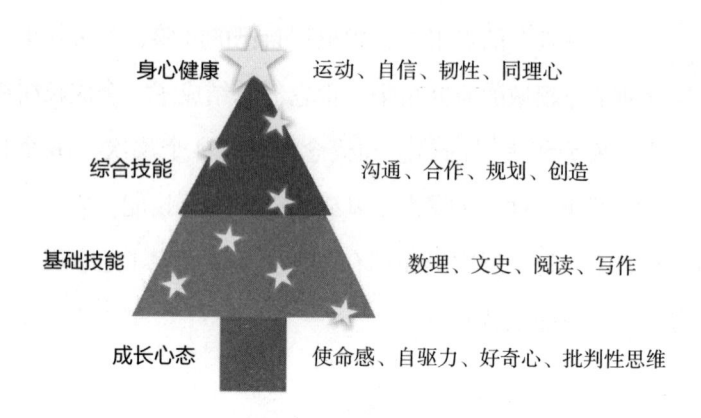

图 1-1　成长树模型

基础技能：数理、文史、阅读、写作

基础技能是一个人需要拥有的基本能力和知识，我们常常称之为孩子的"才智"，比如识字解题能力、历史地理知识等。不积跬步无以至千里，基础技能是未来建造"高楼大厦"的地基和砖头。孩子从出生到离家，要学会这些基本的知识和前人的经验。学校是一个学习基础技能的好地方。我们整个的学科教育，从小学到中学，总体上学习的就是基础技能。这么多年来，大家也总结出很多好的学习方法。

孔子说："知者不惑。"有了一定的知识储备，才能在此之上建立判断力，再进一步，才能拥有遇事能断的智慧。孩子在

上大学前要学的知识和能力很多，我把它们分为4类：数理、文史、阅读、写作。下面我分别来解释一下，在成长树模型里，它们包含哪些内容。

数理

数理技能泛指理工科学习，包括数学、物理、化学、计算机科学等，也包括相关的逻辑思维、抽象思维等。大家也许听说过STEM，即科学、技术、工程、数学，这些都算数理学科。

在技术引领潮流的21世纪，无论孩子将来在哪个行业工作，数理技能都非常重要。现代的新型复杂技能工作大多对数理技能要求很高，比如金融、经济、分析师、程序员等。传统行业的技术更新也与数理技能相关，比如现代医学，医生们往往要用数据科学的方法来协助做出更好的诊断。

在数理技能方面，孩子常常会被贴上标签：这个孩子有理科头脑，那个孩子没数学才华。其实，数理技能完全是可以开发和培养的。在不同年龄和认知阶段，数理技能都很重要，但是侧重点不同。比如，数理启蒙需要注重建立数字概念（第二部分），训练逻辑思维（第三部分），然后需要注重对数理概念的理解（第三部分），在合适的时候培养抽象思维（第四部分），建立知识框架（第四部分）。

文史

文史泛指文科，比如历史、法律、文学、政治，甚至延伸到其他文史相关学科，比如人文科学、社会科学、哲学等。文史不仅仅是语文。有一个比语文更基础的文史技能，就是语言技能（第二部分），泛指对中文的学习和对其他语言的学习，包括读、写、说，以及对语言的理解和表达。有人说："使用语言的能力界定了人的发展潜力。"所有其他学科的学习，最终还是要靠语言文字来进行。

文史学科的学习靠积累，积累得越多，孩子就有越多的工具和"武器"供其自由使用。我们需要给孩子提供良好的环境，让他们得到丰富的输入，包括对话、读书、观摩，这样他们才能积累丰富的词语、素材和经验（第三部分）。文史学科的学习更要融会贯通，不只要认字或者背课文，而且要使用上下文学习法（第三部分），有方法地反复练习（第四部分）。

阅读

阅读属于最基础的学习能力。如果父母只能教孩子一件让他们终身受益的事，那这件事就是养成阅读的习惯。所有的学科学习都是建立在阅读之上的。比如，孩子在写作和演讲时都需要很好的素材，素材从哪里来？孩子读书多了，就可以信手拈来，引用读来的故事、格言、诗词等。

父母和老师能教给孩子的知识是有限的。如果你希望孩子纵观古今、放眼世界，那只有通过让孩子广泛阅读才能做到。长远来看，是否阅读、阅读什么，会影响孩子的视野和格局。孩子要想更好地应对将来快速变化的世界，就需要有自我学习的能力。培养孩子这种能力，除了寻找老师和课程，阅读也是很好的方式。

阅读是一个需要从小培养的习惯，包括做好亲子阅读（第二部分），培养孩子自主阅读（第三部分），培养孩子广泛阅读、终身阅读（第四部分）。

写作

家长一般都理解阅读的重要性，但为什么写作也这么重要，能够在基础技能里单独占一个模块呢？

首先，写，写字，写句子，写段落，写文章，是孩子从小到大需要掌握的一项基本技能。我们需要和他人沟通，写作是文字沟通，是让他人收到我们传递的信息的基本方式。无论孩子将来在什么行业工作，能够用清晰、有逻辑的文字表达自己的意图，总结工作，提建议，画蓝图，凝聚团队，都是必不可少的能力。

然而，写作的益处远远大于简单的沟通。写作是一种表达方式。我们通过写作记录自己的生活，表达自己的情感。写作也是一种创作,是最简单也最丰富的创作形式。和古往今来的诗人、作家一样,孩子可以用写作这个方式发挥自己的创意,勾画原本不存在的世界,留下有影响力的作品。

在练习写作的过程中,孩子也可以学习组织材料,提炼和反思自己的想法。当孩子成为一个更好的写作者的时候,他也成了一个更好的思考者。练习写作是一个长期的过程,始于抄录、写日记(第三部分),成长于记笔记、写作文、自由创作(第四部分)。

综合技能:沟通、合作、规划、创造

在基础技能之上的是综合技能。综合技能是把多个基础技能合在一起,做成一件事情的能力。综合技能包括沟通、合作、规划、创造,也包括相关的设计、审美,还包括战略、项目管理等高阶能力。学校一般不直接培养孩子这些能力,但是这些能力最终会影响孩子未来的成就。

孩子走上社会后,不会每天都在解题,他们要会做事。事情有大有小,准时送到一个快递是一件事,教语文课是一件事,给病人看病是一件事,开一家公司是一件事,造一枚火箭或者一辆无人驾驶汽车也是一件事。

很多家长有一个误区,认为基础技能在学校学,综合技能等孩子长大了或者工作了再学。其实不是这样的。综合技能不是一下子就能具备的，它们需要多年的训练，从幼儿园开始到小学、中学，综合技能应该跟基础技能一起发展。只有在小事上长期训练这些技能，孩子长大了才能驾驭大事。

沟通

沟通是综合技能的第一个要素，是人和人之间的交互。沟通可以通过语言、文字进行，也可以通过身体动作、共同做事等进行。有句话说得好，没有天生聪慧的孩子，他们的聪慧来自善于沟通的父母。

沟通的外在表现是表达，在孩子成长的过程中，他们先要学会礼貌、清晰、准确地表达自己的观点。这包括学会和他人对话、参与讨论、处理情绪（第二部分），也包括学会聆听、讲解和谈判（第四部分）。

沟通的核心是对他人的理解，包括我们对不同性格的孩子的理解（第三部分），也包括教会孩子理解环境和其他人的动机（第四部分）。

合作

没人能够独自做成所有的事情。一个良好的合作关系，不是一方听从另外一方，或者大家听从于领导或者权威，而是平等、共赢，这样大家都能在合作中扮演自己的角色。良好合作的前提是要有明确、公正、合理的规则。成长树家庭教育法教孩子从交友开始（第二部分），懂得遵从规则（第三部分），通过合作和竞争让自己变得更加优秀。

孩子逐渐长大后，合作模块的技能将包括培养领导力（第四部分），即通过协作和行动来鼓动大家一起做成大事的能力，它包括勇气、自我控制、接受责任和角色、委派技巧等。出色的孩子在青春期就能显现出初具雏形的领导力，他们还需要尽早认识自己的人生导师（第四部分），为未来的成就打下基础。孩子的合作技能是预测其成年后能否获得成功和幸福的最大要素。

规划

我用规划能力来概括孩子在成长中所需要的关键自我管理的能力，这包括时间管理能力（第三部分），也包括分解问题、实现目标的能力（第四部分）。规划能力属于执行力，是综合技能中最常用和最实用的能力，也是孩子需要从小培养的能力。孩子每天做功课、复习、安排课外时间，是希望达到一个目标，比如学会一门外语，准备中考或者高考，这些都需要规划和执行能力。

家庭教育的一个误区是大人帮助孩子规划和安排，孩子只负责学习。这当中会产生各种各样的矛盾，而且效果不好，因为只有孩子知道自己的学习状态怎样，什么是最佳的计划，也只有让孩子自己计划和完成一个目标，他才真正会有达到目标的欣喜和成就感。所以，成长树家庭教育法把规划能力当作孩子需要获得的一个核心能力，让孩子在家长的帮助下一步步地学会。

创造

　　回溯人类的数千年文明，你能想到什么？是孔子的《论语》、唐诗宋词、《清明上河图》，还是达·芬奇的画，莫扎特、贝多芬的音乐，米开朗琪罗的雕塑？这些流芳千古的作品都是人类的创作。人类的创作，才是留给后人的财富。

　　当然，创作不仅仅限于文学艺术作品。我们每天使用的电灯，出行坐的汽车、飞机，使用的药品，任何现代的、先进的技术都是前人的发明创造所带来的。创作有大有小，有各种不同的形式，生活中、工作中、学习中也有各种创作机会。比如，画一幅画用作社交媒体账号的头像，在自媒体上制作有创意的视频，这些也都是创作。

　　孩子天生就具有创造力，我们需要鼓励他们，和他们玩创意游戏，让他们浮想联翩（第二部分），我们也需要给他们留白，给他们空间和时间（第三部分），我们更需要鼓励他们成为更好的问题解决者，使他们在充分利用新机会方面更有竞争力（第四部分）。

成长心态：使命感、自驱力、好奇心、批判性思维

我曾经在斯坦福大学校友群里做过一项调查："在与GPT（生成式预训练模型）共处的AI时代，孩子在未来需要什么样的技能？"校友们的答案几乎都是和成长相关的品质与技能，比如好奇心、批判性思维。

唯有具有成长心态的孩子才能适应不确定的未来：使命感让孩子有发自内心的愿望和目标；自驱力让孩子在长时间的路途中，在困难面前，还能够不断向前；好奇心让孩子享受探索的过程；批判性思维让孩子能够自我适应、自我进步。

成长树家庭教育法之所以是面向未来的家庭教育方法，正是因为它把成长心态放到了教育的核心位置。拥有成长心态的孩子会认为，知识不是死板的，人也不是死板的，以前不懂的东西是可以学会的，智力是可塑的，可以通过教育和努力来提高。他们更能用乐观积极的态度去面对各种问题、困难和挑战。

使命感

使命感是指崇高的目标和愿望，它包括目标感和意义。大部分的孩子，从小到大被告知要做什么，很少谈论长远的目标是什么、为什么，这背后的意义是什么。这样的孩子，对学习只是应付，缺少内在动力。他们有的完全学不好，有的勉强为之，一旦去掉外在的压力，他们立刻就会迷失，这样的例子在今天的大学生中不胜枚举。

目标给孩子行动的理由，职业梦想让孩子对未来充满憧憬（第三部分），意义给孩子更深远的价值感，让他们希望自己对他人、对社会有所贡献（第四部分）。具有内在动力的人更有可能在自己的个人发展中占据主动，成为独立的学习者。使命感也能帮助孩子度过低谷期，在事情出错时保持乐观。使命感是孩子个人的内在罗盘，指引他们的人生选择，让他们不会变成"空心人"。

自驱力

作为家长，我们在教育方面能做到的最高境界就是让孩子学会"自动驾驶"。自驱力是一种由内而外地展现出来的力量，它使孩子不需要外力，靠内在动力就可以前进，这项品质能保证孩子在离开父母之后还可以继续走在充分实现自我的道路上。

我们很多人平时理解的自驱力是让孩子自己穿衣服、自己吃饭、自己做作业的力量。这些也重要，但它们是在很具体的层面，即战术层面重要。成长树家庭教育法让孩子拥有自驱力，就像我们开一辆车，不仅要会向前开动，还要判断路况，知道什么时候停，知道什么时候转弯，知道下雨时减速，知道避免路上出现的紧急情况和不安全情况。

自驱力是说，从孩子的动力和兴趣方面出发，让他们自觉自愿地去学习，去成长，去达到他们的目标。这包括从小培养孩子的独立能力（第二部分），孩子的自我管理能力（第三部分），孩子长大后的自律能力（第四部分），以及我们逐渐把决定权、判断力教给孩子。

好奇心

科学家用 30 年的时间证明了好奇心的力量远胜于智商。好奇是人们被新鲜事物吸引时所产生的感觉，是对未知的一种向往。

孩子本身就有好奇心，但是好奇心也需要我们的呵护和鼓励。好奇心能让孩子在成长和学习的过程中兴味盎然。想象一下，有一个一定要努力钻研、不肯停下来的孩子是什么样的感觉？好奇是孩子启蒙和开始探索世界的动力（第二部分），是激情，是乐趣，是未来可能的职业领域（第三部分），是孩子长大以后成为涉猎广泛、集天下智慧而有大成者的基础（第四部分）。

爱因斯坦曾被问道："你到底为什么与众不同？"他回答说："其实我只是有更多的好奇心。"他把自己的独特归功于在日常生活小事中所获得的灵感，他发现大部分人把这些小事当成理所当然，但是他觉得这些是未知事物。他会提出一连串的问题，然后非常享受解决这些问题的过程。爱因斯坦这种简单专注的好奇，其实在现实中并不常见，因此，我们希望培养孩子这种品质。

批判性思维

自苏格拉底时代至今，批判性思维一直被认为是高阶思维的核心，是人们自省、理性、创新的科学方法的底层思维方式。比如，在文艺复兴时期，大量的欧洲学者对宗教、艺术、社会、法律和自由进行批判性思考，也由此带来了对繁荣丰富的创作的推动和人性的解放。

批判性思维，简单地说，指的是独立思考和反思的能力，它包括解释、分析、评估、推论、说明、校准等。在孩子的成长过程中和生活中，这些能力的表现无所不在。举个例子，现在世界上信息过多，看哪些信息，不看哪些信息，怎么判断信息的真假，怎么找出信息的来源，怎么知道一堆信息里是否有值得看的内容，是否值得我花10分钟去看，我是否要点赞，是否要转发，我发表什么评论？这些都是可以通过批判性思维回答的问题。

在AI可以提供任何信息的多元、多变的现代社会，批判性思维成为人们需要拥有的最重要的能力。拥有批判性思维的孩子会提出正确的问题（第二部分），而不仅仅说"是的，这是正确的答案"。他们会去伪存真，识别逻辑谬误（第三部分），分析事物并探寻原因和所有替代方案。更重要的是，他们会对世界有深刻的理解（第四部分），成长为有判断力的人。

身心健康：运动、自信、韧性、同理心

有一个简单的问题：你最渴望得到什么？

对大多数人来说，答案是"幸福"。所有人都梦想得到幸福，也希望孩子得到幸福。在一项针对48个国家的1万多人的调查当中，幸福快乐被认为是最重要的要素，比成功、智力、知识、智慧、人际关系、财富和人生意义等还重要。但是，幸福看起来虚无缥缈，我们要花很多的时间、精力、金钱去追求它。到底是什么搭建起幸福的人生呢？

我们对孩子寄予厚望，教育之路任重道远。作为现代父母，我们都知道金钱买不了幸福，成功不一定快乐。我们可以教孩子拥有知足常乐的心态，但仅有心态是不够的。那么，在我们

教给他们生活技能的同时，在社交和情感技能上我们应该教给他们什么，来帮助他们通往幸福之路呢？

答案是成长树顶端的星星：身心健康。哈佛大学的一项著名研究成果表明，最幸福的人并不是最聪明或者最有钱的，而是感觉到自己价值的人，有很多好朋友的人，和他人有最亲密关系的人。我们希望自己的孩子健康、自信、乐观，我们也希望孩子在不可避免的挫折面前有韧性。

运动

清华大学的学生都知道一句话，叫"无体育，不清华"，这是清华大学体育教授马约翰先生提出的口号，也是清华大学多年来一直践行的原则。清华大学这所综合性院校，为什么把体育放在如此重要的地位？用马约翰先生的话来说："体育对培养人的性格，勇气、坚持、自信心、进取心和决心，培养人的社会品质，公正、忠实、自由、合作，以及获得健壮的体魄都有重要的价值。"

"体育精神"也贯穿西方的精英教育，它代表了"荣誉、责任、勇气、自律"，是成就伟大事业的必备品质之一。每一个学生都要有"我擅长的体育活动"，并且长久地坚持。每个学校学习的内容可能不一样，但是都有三个场所：宿舍、教室、运动场。西方人认为，说教是无效的教育，而体育可以培养孩子优良的品质。

身体素质是应对社会挑战的最基本条件。运动也能培养孩子的团队意识，让孩子学会配合、合作，学会赢，也学会输。这本书会介绍许多实用的帮助孩子尝试运动的方法（第二部分），探讨如何发现孩子的运动特长并让孩子专注于它们（第三部分），如何在青少年时期通过培养体育精神来锻炼孩子的品格（第四部分），以及和运动、健康相关的孩子的睡眠等内容。

自信

自信是一种相信自己的积极态度，是成就事业的心态。自信不是觉得"我能行"，也不是觉得自己比别人强，自信的定义是无论顺境逆境，无论独自一人还是在人群中，一个人既不把自己看得过于强大，也不把自己看得过于弱小，他对自己有合适的、客观的、积极的看法。自信心不仅对于孩子的成长十分重要，而且在每个人的生活和工作中都至关重要。

自信不是一个外在的表现，它是一种内在的品质，是对自己的判断、能力的信心和对未来的积极信念。自信从孩子自我意识的形成（第三部分）开始出现，孩子开始懂得事情可以失败，而人需要相信自己，才能做得更好。自信是和其他人平等相处的基础（第三部分），更是高情商的表现（第四部分）。我们还会探讨如何让孩子避免对自我形象的焦虑和贫穷思维（第四部分），这些可能成为人一生的自我障碍。

韧性

J. K. 罗琳说过："生活不可能没有一点儿失败，除非你生活得万般小心，不过那样你可能也不是在真正地生活了。"孩子在成长过程中，一定不会完全一帆风顺。一个班上，不可能每个孩子都是第一名。所有不是第一名的孩子，是否都是失败者？每个人在长大的过程中，都可能经历失败、病痛、事故、失去。我们都可能会搬家，换地方生活，受到歧视或者冷落。我们喜欢的人，不一定会喜欢我们。

热衷于家庭教育的父母，往往会出于爱孩子的动机而过于保护孩子，溺爱孩子。你有没有给孩子"买买买"？你有没有在他后面捡他丢下的玩具？你有没有帮助孩子做他力所能及的事？你有没有让家里人都围着孩子转？你知不知道，这些行动每次都会让孩子变得更加以自我为中心，更加脆弱？

品学兼优的孩子不一定能经得起失败，培养孩子经受变化、应对挫折的能力，才能保证孩子持久向前。孩子应该从小开始培养韧性，学会面对障碍，自己解决问题（第二部分），孩子还需要学会延迟满足，做家务，培养毅力（第三部分）。从教会孩子享受艰难的乐趣，到注意孩子的心理健康（第四部分），培养韧性不是一个任务，不是一次说教，而是融合在我们和孩子的每日交流、每次共同行动中。

同理心

畅销书作家丹尼尔·平克在他的《全新思维》一书中指出，未来世界将属于具有高感性能力的族群：有创造力，具有同理心，能观察趋势，以及为事物赋予意义的人。综观大趋势、跨越藩篱、结合独立要素创造新的好产品的能力，是高概念和高感性技能。

同理心，是能够站在他人角度看问题的能力，有同理心的人能换位思考，将心比心，共情他人的快乐和痛苦。从小时候的礼貌待人、善良处世（第二部分），到理解他人的情绪和需求，尊重他人，学会感恩（第三部分），再到包容不同的人和不同的意见（第四部分），最终为改变他人的命运而努力，同理心可以说是一个人精神力量的源泉。

一棵成长的树

和单一技能的教育方法不同，成长树家庭教育法涵盖孩子成长过程中所需要的所有技能和心态。成长树模型的 4 个层次和 16 个模块，融合了现代家庭教育的前沿研究成果，是经过大量的挑选和取舍才形成的。它致力于给大家提供一个完整的体系，给家长以全面的指导，让家长相信自己的孩子在正确的轨道上。

孩子的成长是一个渐进的过程。每个孩子都是一棵从小长到大的树，而不是先长根再长树干、枝叶。在任何年龄阶段，孩子都是一棵完整的树。所有的能力在所有时期都需要培养。或者说，孩子的成长就像是一个上升的螺旋，一直都需要成长树上的16个要素，要锻炼沟通，要精进阅读，要身心健康。孩子后期的培养得益于前期的教育，比如年龄较大的孩子的自驱力得益于小时候养成的好习惯。

我再回答一下关于这4个层次、16个模块你可能有的两个问题。

第一，为什么是这16个模块，而不是其他的？

在开发成长树模型的过程中，我考虑过许多候选要素，比如"知识获取"可以是有用的基础技能，"审美能力"可以是有用的综合技能，"适应变化"可以是有用的成长心态。成长树上的16个技能模块是和所有这些候选要素比较后挑选出来的，它们是最后敲定的4个层次中最重要、最适合、不重叠，也基本能覆盖该层次所有关键要素的技能。

第二，成长树上的16个技能模块是相关的吗？

是的。这些技能是息息相关的，比如好奇心可以提高人的社交能力，从而增加自信。自信的孩子会更好地和人沟通，从而更容易学好各学科。可以说，成长树上的所有技能都是相关的，它们是一起发挥作用的。我在后面的章节里会按照这些技能给出操作指南，你会看到，孩子的成长是全方位的。我们为孩子做的每一件事，往往和成长树上的多个模块相关。

可以说，成长树是一个整齐易懂的结构性框架，包含全量的家庭教育内容，你可以按照这些层次和要素，迅速找到家庭教育中需要关注的重点。16个模块看上去比较多，但我们并不需要每时每刻做所有的事。下面几章，我会详细向你介绍，在你的孩子现在的成长阶段，你应该怎么做。

第 2 章

底层原则：爱、团队和成长

下面我们来回答第二个问题：家庭教育是否有规律可循？

这是我这些年来在实践和研究家庭教育时问自己最多的问题，我希望找到真正的答案。孩子是一个有主意、有情绪、有变化的小人儿。我们常常碰到的情况是，家庭教育的理念和方法很多，但是实践中往往根本不起作用。我自己的两个孩子个性不同，针对他们的教育方法也必须不同。其他的孩子处于不同的环境，有不同的父母、学校、期望、性格。是否真的存在一套理念和方法，能保证家庭教育取得成功？

我的孩子逐渐长大，我的经验也逐渐丰富。在我见识了许多家庭和孩子的成长过程后，我认为家庭教育是有规律可循的。这个规律与具体需要教给孩子的技能被成长树囊括，但是更加深层次的缘由，是我总结出的家庭教育的三个底层原则。所谓原则，就是贯穿始终的底层理念，这些底层理念决定着我们的行为。在我们忘记了做一件事的目标的时候，在我们遇到困难的时候，在我们被日常的一地鸡毛淹没的时候，这些原则引导着我们的方向。

在家庭教育这个语境下，我认为成功的秘诀在于以下三个大原则始终主导着父母的行为。

爱的原则：我无条件地爱孩子，也爱做父母的这个过程

回忆一下，当我们最初想要一个孩子的时候，当我们知道自己孕育着一个孩子的时候，当我们第一次看到孩子的时候，当孩子在我们的怀抱中睡着的时候，当我们看见他们在一群孩子当中对我们微笑招手的时候，当他们拿回一个小小的微不足道的奖章的时候，当他们又长高了10厘米的时候，当他们对你说"我长大了也要做航天员"的时候，我们是否感觉到，父母这个角色是我们人生当中最有回报的角色之一？

那么，为什么一提起养孩子，我们听到的更多是抱怨和焦虑？是从什么时候我们开始说"你再不听话，我就不喜欢你了""养孩子累死了""你考不上好大学真没出息"？从什么时候开始，我们对孩子的爱变成有条件的了？从什么时候开始，我们想要逃离这个做父母的辛苦角色了？

在成长树家庭教育法中，爱的原则说：我无条件地爱孩子，

也爱做父母的这个过程。

　　作为父母，我们都爱自己的孩子，这一点毫无疑问。我们也都希望能尽我们所能，给他们最好的生活和教育。但是，我们还需要做到的是爱自己这个做父母的角色，爱做父母的这个过程。

　　是的，养育孩子要经历日复一日漫长的岁月，它包括很多的日常琐事，很多的辛劳。同时，它也是一个发现的过程，是孩子让我们仿佛重新生活了一次，让我们从世俗的日常中走出来，从一个全新的视角看世界，重新变得好奇和有趣，让我们拥有一个丰富完整的人生。我们为什么不充满欣喜地拥抱这个过程？

　　如果你同意爱的原则，那么成长树家庭教育法的许多建议都是容易做到的事，比如给孩子真心的、专注的陪伴，和孩子一起做游戏，了解孩子，让孩子按照自己的能力学习并保持兴趣，在发生冲突的时候先冷静，不要把自己的不自信变成给孩子的压力。

　　做父母是一个浪漫主义的工程。如果你能爱上这个过程，真心地愿意和孩子一起走过，认为它是我们自我成长的一部分，认为它是我们丰盈人生的一部分，那你就为家庭教育的成功奠定了基础。

团队原则：我和孩子是一个团队，孩子带领，我支持

家庭教育不是我们教、孩子学。

家庭教育中的最大问题就是没有正确定位父母和孩子的关系。许多人认为，是否"教"了孩子正确的内容，决定我们是好父母还是坏父母；孩子有没有"学会"，决定他们是好孩子还是坏孩子。这是对父母和孩子错误的定位。

家庭教育，应该是我们和孩子为了共同的目标一起完成的任务。

这些共同目标，是为了让孩子聪明、健康、学习好，是为了孩子有更好的未来。在家庭教育过程中，父母和孩子的目标是完全统一的，我们的劲儿要往一处使，我们要一起朝着一个方向走，包括一起做决定，一起去执行。这样，父母或者孩子没有好坏之分，是否一起走得足够快、足够愉快才是重要的。我们和孩子一起赢，一起输，一起迎接挑战，一起享受到达每一个里程碑的乐趣。

在成长树家庭教育法中，团队原则说：我和孩子是一个团队，孩子带领，我支持。

成长树家庭教育法的目的是让孩子学会"自动驾驶"，能够自驱、自主，既有发自内心的动力，又有解决问题的能力。

在这个过程中，父母帮助设置、导航、鼓励、建议，父母是最好的支持者和沟通伙伴，父母是智者、启发者、朋友，甚至是孩子的团队成员，但是，从孩子出生开始，孩子就是这场征程的领袖和司机。

成长原则：孩子是成长中的孩子，父母是成长中的父母

孩子每天都在长大，他们不是一辆辆火车，从一个站开到另一个站，不是"小学毕业就好了""大了就懂事了"，他们是一棵棵小树苗，每天成长一点点，每天都在探索、吸收、变化。家庭教育发生在我们每天和孩子的交流当中，是每天的日常。

所有的品质都是孩子渐进式地学会的。这正是成长树家庭教育法的精髓所在：同一个孩子，同一个品质，也要在成长中不断培养和锻炼。所以，最好的父母是成长中的父母。孩子在长大，我们也要随着孩子长大而长大，给他们合适的关爱和指导。

正因为孩子是逐渐成长的，所以我们不必成天感到焦虑，孩子不会因为我们忘了做一件事或者做错一件事而被毁掉，给孩子念一本书不需要念到完美，不需要没有错别字。做父母是天性使然的事，不需要教育学专业或者博士学历。我们可能没

有孩子需要的专业知识，但是我们知道什么是对我们自己的孩子最好的。

实践家庭教育，陪伴孩子成长的十几年，也是我们自我修炼、自我成长的过程。当我们培养孩子某项品行或者习惯的时候，比如教他们有礼貌，教他们思辨，教他们深刻地理解的时候，我们自己也会反思和重新学习这项品行和习惯。当我们用成长树家庭教育法培养孩子发自内心的动力、身心健康的能力、适应变化的能力时，这些能力也是我们需要掌握的。

在成长树家庭教育法中，成长原则说：孩子是成长中的孩子，父母是成长中的父母。

在陪伴孩子成长的过程中，我们也成长为更优秀的人。

只要我们爱孩子，热爱做父母的这个过程，只要我们把让孩子独立拥有成长树上的技能作为目标，只要我们有耐心让孩子自然地长大，那么，家庭教育不仅仅可以产生良好的结果，过程也可以是愉快的。所以，请你现在就反思一下，你是否同意这三个家庭教育的底层原则。如果你同意，那么在后面介绍成长树家庭教育法的细节的时候，请你带着这三个原则去学习和操作。

第 3 章

教育是可以规划的：孩子 4~18 岁成长路径图

下面我来回答家庭教育的第三个问题：教育不同时期孩子的要点和方法是什么？

成长树模型覆盖了 4~18 岁孩子的家庭教育，也就是从学龄前到高中毕业。我按照认知阶段把孩子划分为启蒙期（4~7 岁）、少年期（8~12 岁）和青春期（13~18 岁）。

为什么这套教育方法适用年龄跨度这么大？因为孩子每个时期都要培养成长树上所有的技能，也因为不同认知阶段的孩子需要用不同的方法来教育，比如和启蒙期、少年期相比，与青春期孩子的沟通方法是不同的。

成长树家庭教育法的关键是，在合适的时间，用合适的方法，开启孩子合适的技能。

很多朋友来问我孩子成长的路径图是什么，也就是说在孩子多大的时候，父母该关注哪些方面，以及怎么做。在下面的三个部分里，我会详细地介绍每个阶段的"成长秘诀"。这些成长秘诀包括孩子应该会做什么，我们怎么和他们交流，最关键的点在哪里。比如，我的孩子4岁，如何做孩子的语言启蒙？我的孩子10岁，如何让他自驱、专注？我的孩子16岁，如何让他更好地接受自我形象？

在这里，我先用下面的表格简单地总结一下家庭教育成长路径的关键点，让你有一个整体的感受（见表3-1）。

表3-1 家庭教育成长路径的关键点

		启蒙期：提供丰富的环境和输入	少年期：培养良好的习惯	青春期：把"方向盘"交给孩子
基础技能	数理	建立数字概念 开放式思维启蒙 配对、分类、序列	数理逻辑的乐趣 理解，理解，还是理解 培养早期STEM兴趣和技能	抽象思维能力 知识框架的整理
	文史	丰富的对话 识字启蒙 沉浸式英语启蒙	上下文学习法 文史类科目兴趣 英语学习	一套完整的学习方法 兴趣、理解、积累、练习、反思
	阅读	高频亲子阅读 用阅读启蒙	亲子阅读到自主阅读 让阅读成为习惯 分级阅读	疯狂的阅读者 阅读什么样的书 阅读的技巧
	写作	/	抄录，观察 写日记和写信 自由写作	笔记 社交写作，自媒体
综合技能	沟通	多轮对话 参与讨论 处理情绪	聆听 内向的孩子	保持沟通渠道畅通 讲解和演讲 协商
	合作	带孩子交友 兄弟姐妹	规则和界限 把规则写下来	角色和责任 领导力 人生导师

(续表)

		启蒙期：提供丰富的环境和输入	少年期：培养良好的习惯	青春期：把"方向盘"交给孩子
综合技能	规划	/	专注 时间管理	分解问题 设立可执行目标
	创造	画出世界和假想游戏 天才儿童	创意问题和寻求有美感的孩子 莫扎特效应和留白	提供条件，鼓励创造 连接是创造的源泉
成长心态	使命感	/	目标的设立和完成 职业梦想	哲学话题 价值观和智慧
	自驱力	走向独立 专注力	自驱的孩子 导航的父母	责任和控制 自律 完成角色转换
	好奇心	让孩子做孩子 亲子互动游戏力	激情项目 课外领域兴趣	观察细节和看到本质 涉猎广泛
	批判性思维	让孩子问问题 没有答案的游戏	识别逻辑谬误 信商	反思 深刻的理解
身心健康	运动	运动类游戏和活动 有组织的活动	每个孩子的运动 培养运动专长 充足的睡眠	体育精神 青少年睡眠
	自信	/	自我意识的形成 我做的事和我这个人	关于自我形象 情商 避免贫穷思维
	韧性	建立安全感 不在乎输赢 不溺爱孩子	延迟满足 做家务	青少年抑郁和心理健康 将挫折变为转折 艰难的乐趣
	同理心	我，他人，大家 礼貌待人 家庭宠物	理解情绪 尊重他人 感恩	包容不同 高感性能力

当然，孩子的家庭教育成长路径只是个路线图。孩子长大是连续的，不是某一天过了生日就从一个阶段跳到了另一个阶

段，比如针对7岁的孩子，可能启蒙期的方法和少年期的方法都适用。每个孩子成长的速度也是不一样的，有的超前一点儿，有的落后一点儿，男孩、女孩也可能有一些区别。所以，我们不用严格地按照每个孩子的年龄去对应这个成长路径，而是应该了解我们自己的孩子在什么样的认知阶段，我们应该关注哪些方面，付诸哪些行动。

我在这里总结一下成长树家庭教育法的要点。

- 成长树家庭教育法给你提供一个家庭教育的全面视角，一个完整的体系，帮助你的孩子螺旋式上升。
- 成长树家庭教育法告诉你什么重要，怎么做，帮助你把有限的时间和精力放在最重要的事情上。
- 成长树家庭教育法科学地结合孩子在不同认知发展阶段的特点，以终为始，秉持长期主义。

家庭教育有取舍，也有方法和路径。和所有现有的家庭教育法不同，成长树家庭教育法是一种战略性的教育方法。战略就是看得远，设想未来和愿景，然后回过头来操作，走对关键步骤。仰望星空，脚踏实地，成长树家庭教育法让你同时拥有明确的目标和具体的执行步骤。

第二部分

4~7岁启蒙期

—— 保持好奇心,
　　建立语言、数理、逻辑概念

孩子好奇地看着这个世界，有着无穷无尽的问题，他像海绵一样吸收着各种信息。他会唱歌了，会背诗了，每天都有进步！他太聪明了，太可爱了，太贴心了，简直就是世界无敌的孩子，我太骄傲了！他上幼儿园了，他要上小学了，新的生活，新的世界，所有的可能性都在我的孩子面前展开。

听说开发智力在启蒙这段时间很关键，不然就晚了。幼儿园的其他小朋友已经报了好几个课外班了，包括英语课、思维课、图形化编程课。课外班有这么多的选择，我给他选哪些课呢？听说他的同学已经在儿童象棋全国比赛中进入前三了，我家孩子现在开始肯定已经晚了。到上小学之前，他是不是要先认字读书，不然小学会跟不上吧？关键是，别的孩子看上去都很乖，我家的怎么连5分钟都坐不住呢？

孩子4岁左右到上小学前的这段时期，我们称为教育启蒙期。启蒙期是家长最重视家庭教育、信心满满的时期。你的孩子每天都在学习新的东西，每天都在成长，你不停地满足他无止境的求知欲望：买绘本，上亲子早教班，上AI早教课，识字，学英语，晚间阅读，周末体育运动。你仿佛能够看到你的孩子在不久的将来迈入清华大学、北京大学的校门。

启蒙期孩子的家长也对教育有成千上万个问题。为什么启蒙期教育很重要？错过了启蒙教育，我的孩子就没希望了吗？启蒙期的孩子有什么特点？启蒙期家庭教育应该怎么做？有这么多的选择，包括识字启蒙、英语启蒙、数理和思维启蒙、画画、武术，我该怎么选？这个时期的孩子要开始培养自驱力吗？要培养体育和音乐特长吗？

研究表明，8岁前是孩子智力发展的最佳时期。父母可以在启蒙期帮孩子发展受益一生的大脑功能，在智力开发、行为规范、想象力、交际能力等各方面打下基础。然而，启蒙期的家庭教育不应该是提前的学校教育。把小学的课程提前给学龄前的孩子学是事倍功半的做法，这不仅不是智力开发，还会打击孩子对学习的兴趣。

那么，启蒙期家庭教育的重点是什么，又应该怎样操作呢？

启蒙期孩子的大脑进入了一个新的发展阶段，他们开始获得简单的抽象能力。他们懂得简单的因果关系，也能想象不存在的世界。下面这张图展示了启蒙期的孩子什么时候开始对哪种刺激或者信息感兴趣，包括对感官刺激、语言、文字、阅读、数字、空间、社交等外界信息的接受（见图A）。我们可以看到，4~5岁的孩子全面启动大脑，开始像成人一样和外界打交道。

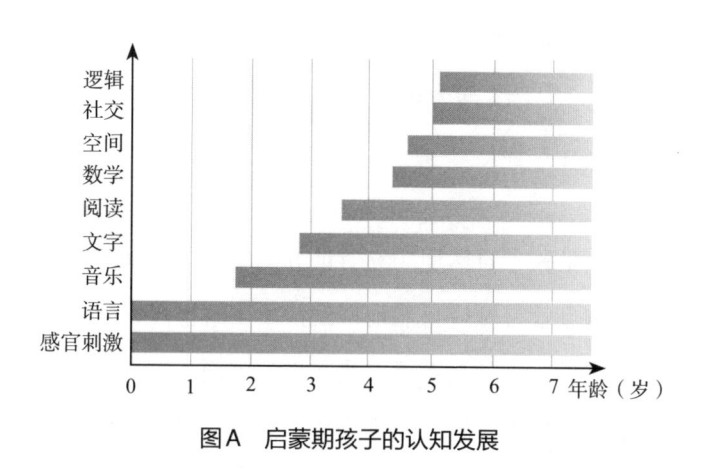

图A 启蒙期孩子的认知发展

启蒙期的孩子能像海绵一样大量、快速地吸收知识，这个时期也被称作儿童的"发育可塑阶段"。在这个时期，孩子对刺激特别敏感，学习起来也非常轻松自如。同时，孩子大脑的高阶思维部分还没有完全发育好，不能做计划、做决策，难以自我控制。启蒙期孩子的情绪和行动受相对本能的短暂的直觉指引，喜怒哀乐都是直接的反应，来得快去得也快。你可以对启蒙期的孩子多一些耐心，用他们能接受的方法来教育和管教他们。

下面是启蒙期家庭教育的三个重点。

重点1：在生活中帮助孩子建立最初的数字、文字、逻辑概念。

重点2：保持和开发孩子天然的好奇心和探索兴趣。

重点3：给孩子安全感，培养基本的礼貌和与他人相处的能力。

启蒙期是孩子自然地建立对世界的了解的时期。家庭教育的第一个重点就是顺应自然地帮助孩子了解世界，包括物理世界、抽象世界、人际关系等。要在生活中而不是在课堂上教育和引导孩子，启蒙教育的关键方法是刺激和打开，让孩子的大脑更好地发育。这些刺激，包括环境、语言、文字，也包括声音、颜色、触摸、情感和安全等。我建议家长带孩子一起做家务、玩游戏，同时按照他们的理解能力引入数字、文字、逻辑等概念。在这一部分，我会教给大家很多具体的方法。

启蒙期教育的第二个重点是保持孩子的学习热情和兴趣。孩子天生具有好奇心和探索的兴趣，需要得到鼓励。一个孩子爱学习，另一个孩子不爱学习，多年以后，他们之间会有巨大的差距。在启蒙阶段，父母不用强迫孩子过早地把自己锁在具体的兴趣上，好的父母往往会分享自己特别热爱的东西，比如聊起音乐或做起趣味游戏来兴致盎然，这种热情会深深地影响和打动孩子，激发孩子的好奇心和对学习的热爱。

第三个重点是，为了在将来养成良好的习惯，启蒙期的孩子需要有健全的心灵，安全的环境，学会简单、基本的与人相处的方法。过度骄纵的放养，过度严格的管教，以及在不了解孩子接受能力的情况下进行情绪对抗都是有害的。家庭教育不仅仅是智力发展，我在这一部分中会给大家一些关于孩子行为方面的指导。

第 4 章

启蒙期基础技能：
形成语言、文字、逻辑概念

　　成长树中的基础技能包括数理、文史、阅读和写作。除了写作，我们在数理、文史、阅读方面都可以做好儿童启蒙。儿童启蒙和学校学习不一样。儿童启蒙的目的是给孩子带来最初的概念和接触，培养兴趣，建立相关的大脑连接。学校学习的目的则是让孩子掌握某个专业方向的知识和技能。所以，儿童启蒙是不需要有体系的，学校学习是需要有体系的。

数理：逻辑思维启蒙

　　思维启蒙是指教会孩子如何进行简单的推理和判断。我们常说的数理思维、逻辑思维，都是思维能力的一部分。

　　数理思维不仅仅是认识数字和数数。举个例子，孩子能指出两个物体的不同，比如蝴蝶和蛾子的不同，卡车和汽车的不同,并且能讲出为什么不同,哪里不同,这就是很棒的思维能力。孩子能按顺序做一件事,比如先把水倒进杯子,再放颜料,这也是逻辑加动手的一个表现。再比如,孩子能够想象一个物体或者多个物体能否放到一个箱子里,这就是空间想象能力。孩子发现瘪的球没法弹起来,并且能搞清楚为什么,这就是探究能力。这些都是逻辑思维的体现。

建立数字概念

在启蒙期,一个重要的启蒙话题是帮孩子建立数字概念。数字概念泛指数字、形状、大小等与数学相关的概念。孩子需要懂得数字和相关的概念到底是什么意思。

阿拉伯数字和加减乘除在大人看来很简单,但在孩子眼里,它们是非常抽象的。孩子的记忆力是很好的,很多孩子只是记住了数字,甚至记住了"20以内的加减法",可以很快地得出正确答案。举个例子,一个孩子会算 8+5=13,换成 5+8 就不会了,那么这个孩子可能是缺少一些基本的理解,也就是不理解 8、5 和 + 到底是什么意思。还有一个孩子"总是粗心",他把 25+9 算成 64。这个孩子的根本问题,其实也是没有建立起数字概念。因为 25 加上一个一位数,是不可能得到 60 多的,所以,他可能不理解加法是怎么回事。

我们需要做的是在启蒙期帮助孩子建立对数字符号、数字概念的真正理解，使死板的符号在他们的大脑里"活"起来。我在这里提几个具体的建议。

1. 在生活中学习。数学要在生活中学，而不是用卡片和做题来学。直接教孩子数数和做加法没什么用，对很多孩子来说，这是一种没有乐趣的苦活儿。而在生活中把数字概念自然地教给孩子，不仅有趣，而且把数字、数学符号和功能与生活中的实践联系在一起，能够让孩子真正地理解。比如学习立方体，日常生活中我们见到的每个物体都可以拿来聊聊，饭盒是不是立方体？汽车是不是立方体？它们的一部分是不是立方体？立方体和球体比起来有什么不同的特性，有什么不同的用处？

2. 寓教于乐。比如打牌、接龙，用石子比大小，看时间，读门牌号，分食物，等等。数学无处不在，我们可以和孩子快乐地、有趣地玩数学。

3. 学习数字的时候和孩子举一反三。比如，和孩子聊聊"5"这个数字的意思，它可以是实物，比如5块糖、5个人，也可以是抽象的东西，比如5分钟、5天。这样，孩子不仅认识了数字5，而且进一步懂得了5代表一个数量，一个衡量，一个可比较的概念。

4. 突出数字之间的关联。比如，一块蛋糕可以切成4小块，

10个小的东西不如两个大的东西占的地方大，这些内容体现的数字、大小、体积等都是相关的概念，而不是独立的、无关的东西。

数字概念和符号概念的启蒙对孩子将来的数理学科学习至关重要。这不是小问题。将来孩子上小学、上中学，所有数理学科的学习都建立在这些数字概念和符号概念的基础上。父母只要在生活中注意多使用这些语言，就会对孩子益处多多，他们自然而然地就会变成"聪明的"孩子了。

开放式思维启蒙游戏

接下来给大家介绍一种科学有效的启蒙方法：开放式思维启蒙游戏。如果你能掌握其中的精髓，那么孩子的启蒙会变得简单、容易、有趣，花时间少而效果长远，并能培养孩子的多种技能。我家孩子小的时候，我们玩过许多这一类的游戏，我在《魔鬼老大，天使老二》和讲座中介绍这些方法后，不少朋友和读者都带孩子玩了这些游戏，反馈很好：孩子们喜欢，家长不用疲于应付孩子，孩子和家长可以有很多有趣的互动。下面是几个例子。

1. "有什么不同"的游戏。家长和孩子轮流，一个人问问题,另一个人回答。问题的形式是"有什么不同",比如男孩儿和女孩儿有什么不同?大象和斑马有什么不同?星星和飞机有什么不同?你会发现,孩子的问题和答案都特别有创意,往往比家长的有趣多了。

2. "10个东西"游戏。家长和孩子一起讲10个同类的东西,比如"10个水里的动物""10个可以压扁的东西""10件有礼貌的事"。你可以看出来,这些题目往往是孩子出的,孩子的答案往往也非常有创意。不要小看这个简单的游戏,它能教会孩子数字的概念,以及观察和归类。

3. "你想我猜"游戏。这个游戏的规则就是一个人想一个东西,这个东西可以是人、动物、植物、物体,基本上世界上任何东西都行。这个人想好了以后不要说出来,而由其他人问问题。他只能回答"是"或者"不是",看其他人多长时间能把他头脑里想的东西猜出来。

开放式思维启蒙游戏是指形式重复而内容变化的游戏。对学龄前的孩子来说,这种游戏非常具有吸引力,因为这些游戏的难度可以根据孩子的理解程度来决定。比如,对年龄小一点儿的孩子,我们可以问"春天和夏天有什么不同",孩子长大一点儿,我们可以问"奇数和偶数有什么不同"。这样的游戏是个性化的、千变万化的，符合孩子的年龄和兴趣，而不是死板的、一成不变的功课。

玩开放式游戏需要在比较长的时间内，比如在几个月的时间里，一直重复，越玩越有创意。我强烈推荐开放式思维启蒙游戏，因为它们是真正的思维力锻炼、想象力锻炼，而不是记忆锻炼。针对这个阶段的孩子，市面上有很多关于智力开发的书籍、游戏和App（应用程序），其实，如果你能够和孩子玩些开放式的游戏，那么你就不需要完成任务式地去读那些益智书籍了。

配对、分类、序列

思维启蒙在生活中无处不在。除了数字，还有哪几个方面对思维启蒙尤其重要呢？在这里，我们可以借鉴有多年成功经验的蒙特梭利教育。你可能知道，蒙特梭利教育是全球最权威的早期教育方法之一，它是一种基于自主活动、动手学习和协作游戏的教育方法，全球有上百万孩子在使用这种方法接受早教。在孩子3~6岁时，蒙特梭利教育会在孩子的活动中重复引入下面这三个重要概念：配对、分类、序列。

配对是最简单的逻辑训练。在这个活动中，孩子从不同的物体中识别出两个具有相同特质的物体，比如，从各种玩具中找到两支一样的铅笔，从一堆球中找出两个同样大小的蓝色球。

配对只需要识别"相同",而不需要完全理解其他的特性。所以,这个活动适用于年龄较小的孩子。在日常生活中,我们可以让孩子在家中用玩具、手套、袜子、碗筷等玩配对游戏,从而锻炼孩子识别共同属性的能力。

分类是比配对稍微复杂一些的智力活动,孩子要懂得"按什么特性"来分类。在分类活动中,孩子在寻找相同点的同时,也要区分不同点。比如,玩具可以分成毛绒玩具、汽车类、乐高和其他。不过,分类还有很多不同的玩法,比如,动物不仅仅可以按大小分,按照生活在陆地上或水里来分,还可以按照"身上是否有纹路""是不是哺乳动物""是否被人类驯化"来分。等孩子有了抽象的概念,分类也可以跟上孩子的节奏,比如,"家里所有用电的器具"就是一个分类。

序列是指把一系列物品按照某种标准排序。你想到的可能是把玩具按照大小排,把图书按照书名第一个字的拼音首字母来排,这些都可以。不过排序也有很多玩法,比如,在野外,你可以和孩子一起排一片叶子、一朵花、一块石头,再如此反复,这就是一个序列。

你也许认为分类、配对、序列需要复杂的益智玩具,这就大错特错了。在孩子学习分类、配对、序列的过程中,最好的玩具是不同颜色、大小、形状的积木或棋子,因为孩子往往不愿意按照指示玩太复杂的玩具。我们还可以通过带孩子观察生活中的现象来培养其思维能力。比如，排队是个先进先出的队列，花钱的时候可以做加减法，出去玩时可以做计划和规划。父母如果能够抓住孩子有兴趣的时机和他们一起去看感兴趣的内容，那么思维锻炼就不是所谓的学习，而是充满好奇心的游戏和探索。

下面是培养启蒙期孩子思维能力的行动清单。拿到这个清单后，你可以马上实操，但它们也只是例子，你可以根据孩子的理解能力和特点，发挥你的想象力，和孩子一起做更多有趣的思维游戏。

"数理启蒙"行动清单

- 下次和孩子交谈或者玩耍的时候，用上数理逻辑相关的概念，比如，"手机是长方形的，这一边大概是那一边的两倍长"或者"那个房子看上去比较小，因为它和我们的距离远，我们走近了，房子看上去就大了"。
- 和孩子一起做这一章里列出来的开放式思维启蒙游戏。记住，这些游戏不是只做一次就可以了，而是要在很长一段时间内反复地做，一般都要延续几个月到半年的时间，直到孩子过了这个时期，这个游戏对孩子来说过于简单了再停止。
- 和孩子一起收拾玩具,可以按照不同类别给玩具分类,并且和孩子聊聊不同的分类方法,比如问他:"我们把红色的玩具都放在一起吗?我们把玩具车都放在一起吗?"

文史:语言、识字、外语启蒙

语言是智力和思维的表现,对语言的学习远不止学会说话这么简单。在启蒙期,孩子不仅仅要学会说话,而且要懂得使用语言表达自己的需求,进行交流,和他人建立关系,解决问题。

到启蒙期的后期,也就是孩子上小学前后的一两年,孩子还需要开始识字,从单纯的语言表达转换到文字表达。有的孩子甚至在这一阶段开始学习外语。所以,我们现在分别来聊聊语言启蒙、识字启蒙和外语启蒙。

和孩子进行丰富多彩的对话

语言启蒙主要靠两种方式:和孩子对话、给孩子读书。

"3 000万词汇"这一著名概念,来源于美国学者于20世纪80年代在堪萨斯州进行的长期追踪研究，它在美国教育界产生了巨大而深远的影响，由达娜·萨斯金德等记录于《父母的语言》一书中，被广大父母广泛认可。简单地说，研究发现，高收入、高学历家庭的孩子在4岁之前，就比其他家庭的孩子多听到了3 000万个词。也就是说，孩子在上学前虽然都学会了说话，但是孩子和孩子之间有巨大的差异，这种差异来自他们语言的丰富性。语言、词汇和句子表达的丰富性，造成了孩子理解能力和与他人互动能力的差异，然后直接造成了上学后孩子成绩的差异，以及他们长大后能力的差异。

我们在生活中需要和孩子进行大量的、丰富的自然对话，"丰富"包括以下三个方面。

第一，对话语言丰富多彩，这是指和孩子使用大量不同的词，包括动词、形容词、感情用语、成语等。很多家长觉得孩子懂的太少，和孩子对话时尽量用他们懂得的简单词语，认为这才是有效的交流。其实这是错误的理解。孩子正是通过听到不懂的语言和词语来学习的。

如何在孩子可以理解的基础上加上丰富的词语，让孩子渐进地学习呢？一个具体的方法是重复孩子说的句子，加上更有趣、词语更丰富的内容。比如，孩子说"要苹果"，你可以说"给你一颗圆圆的红苹果"。孩子说"去商店"，你可以说"我们去商店可以看到什么玩具呢"。孩子说"一只蚂蚁"，你可以说"一只黑色的小蚂蚁在沿着桌子边慢慢地爬呢"。然后，你可以等待孩子回答或者重复，再继续这样的对话。

第二，对话内容丰富多彩，这是指除了词汇量，词语背后的知识也可以有很多。比如，我们可以加上地理性描述的内容，说："今天下雨了，外婆家在南京，那里是不是也在下雨呢？"这样就可以引出关于另一个城市的话题。

父母是孩子通往世界的窗口。在孩子启蒙期间，父母要打开"话匣子"，把和孩子一起看到的每样东西、每个现象解释给他们听。比如，你和孩子在去幼儿园的路上可以多花一点儿时间，一起探讨一下路上碰到的其他车辆和行人。再比如，你每天晚上可以向孩子讲讲当天发生的事情，也听他讲一讲。我们甚至可以按照孩子的理解水平进行"主题会谈"，谈古论今，谈论时事，聊聊世界各地的情况。

第三，对话形式丰富多彩，这是指在和孩子的对话中，我们可以使用不同的句子或段落形态，使用有逻辑的句子，比如"地上湿了，因为今天下雨了"或者"如果我们把这个树枝放到水里，那么它会漂起来"。

还有一个在词汇、内容和结构上都可以和孩子进行丰富对话的方法，那就是给孩子讲故事。故事可以给我们和孩子之间创造许多有想象力、有创意的话题，故事也可以给我们和孩子创造许多表达感情、交流思想的机会。我们可以找些故事书，给孩子讲故事，也可以像上一节介绍的开放式游戏那样，给孩子讲"开放式故事"。我家每天讲的故事都是由孩子自己在里面做主角的，他们每天都兴奋地参与讲述，其中既有熟悉的回忆，又有想象的空间。

识字启蒙

中文识字是语言启蒙的重要里程碑。如果你希望帮助孩子更好地适应小学，你就要把"识字"这个技能在启蒙期教给孩子。

我们有时候会听到3岁小孩儿认识上千个字，5岁小孩儿能看报纸之类的故事。其实，学龄前的孩子具体认识多少个字是没有太大意义的，识字本来就是小学期间孩子应该学习的内容。那么为什么要做识字启蒙？它的关键是什么？

启蒙期的识字，目的是让孩子懂得文字是有意义的，它们有对应的音律，它们和世界上的东西相关联。例如，启蒙期的孩子试图认识"苹果"两个字，认错了没有关系，我们要让孩子理解，"苹果"两个字代表可以吃的苹果。识字启蒙帮助孩子建立文字和世界之间的联系，包括具体的物体，也包括抽象的感情或者概念。

孩子对文字符号的敏感期存在个体差异，有的孩子是循序渐进认识字的，有的孩子长时间不识字，但是突然一下子识字量猛增，读过的字全都认识了，这两种识字的途径都是正常的。我家老二骐骐，在很长一段时间内只认识三个字："大"、"人"和"天"。每天晚上，他都拿一大摞书来找我，说要读"大""人""天"，也就是翻那些绘本，看到这三个字就大声地读，完全忽略绘本上其他的字。我们大人读的书，他也翻着看，找到一个"大"字就很兴奋。关键是，他知道文字是可以读的，是有意义的，他认识这几个字，觉得自己非常能干，所以每天都把"识字"当作一件最想做的事。骐骐这个"只认识三个字"的阶段持续了很长时间，后来，他的阅读能力在很短的时间内突飞猛进，几个月之后就能自己读绘本了。

一般的孩子会在4~5岁显示出对文字的兴趣和理解，他们在这时开始对符号感兴趣，对识字有主动的热情。你如果仔细观察，会发现孩子的一些行为会显示出他正在识字敏感期。比如，他会问很多关于文字的问题，指着路牌问这是不是"停"，那是不是"让"。他也会对文字游戏或者错误很感兴趣，比如喜欢谐音造成的错误，喜欢简单的文字谜语。当孩子表现出对文字的兴趣时，这就是我们开始教识字的最佳时期。

识字启蒙可以在生活和读书的过程中慢慢开始。文字出现在我们周围各处。除了书上有文字，包装盒上的商品说明、玩具说明书、街上的招牌、门牌号、电视上的广告、动画片的字幕，到处都有文字。所以，孩子识字可以是自发的。也就是说，爸爸妈妈带着孩子读书，或者日常生活中看到字就和孩子一起念一下，平时带孩子外出时看到路牌、门店名，以及手机上的字等，也可以顺便教孩子。这样，孩子很容易在文字和实体之间建立关联，也会对自己能认识字感到骄傲。

带孩子读绘本的时候，我们可以用手指指着书上的字，遇到孩子认识的简单的字，就由他来阅读，这样孩子就能边听边读边认字。孩子年龄大一点儿，可以由他来指，大人来读。反复读一些熟悉的绘本对孩子识字有好处。我们还可以给孩子提供一些朗朗上口的儿歌读本，孩子一边读一边认，就可以把字和音对应起来了。

汉字是象形文字，很多汉字背后都有故事，我们有机会也可以给孩子讲一下字的形状、来源、偏旁部首，比如下雨的"雨"有4滴水，比如"家"是房顶下面有头猪（豕），比如有许许多多和"人"相关的衍生字，比如日、月、星、火都可以画出来。关于这些象形文字，市面上一些讲甲骨文的书或者识字卡很形象，我们可以和孩子一起翻阅。

总之，识字的本质是重复和关联，我们要结合生活中实际出现的场景，让"字"多次、多场景地出现在孩子面前。孩子看得多了，对应得多了，自然会识字、懂得字的意思，学会使用。我认为识字卡、识字App等工具的作用并不是很大，因为孩子使用这些工具后只是记住了文字，能读出来，并不知道文字有什么意思，能用在哪里。当然，如果对孩子来说，识字卡是有趣的玩具，他喜欢玩，那么拿来用也无妨。

沉浸式英语启蒙

新一代的父母越来越意识到学习英语的重要性，孩子多学一种语言就可以多一个维度来看世界。英语是世界通用语言，是在科学、技术、航空、外交、旅游等各个方面的通用语言。还有一个重要的原因是，自幼学习第二语言的双语儿童在认知能力和思维能力上都有明显的优势。研究表明，从小学习双语对孩子大脑中央执行功能的切换有正面影响，有利于大脑的认知灵活性，大脑的抑制干扰能力会更强，专注力更强。也就是说，学习第二语言对孩子的智力发展有明显的积极影响。

但是，孩子到底应该几岁开始学英语呢？孩子还不太会中文，就尽早接触英语，是否会带来认知混乱？对于启蒙期的孩子，学习英语是否又增加了他的学习负担？孩子不认识字，更不认识英文字母和单词，什么才是最好的学习方法呢？这些普遍的问题使父母们不知从何入手。下面我就来回答英语启蒙中最关键的4个问题。

第一，孩子什么时候开始接触英语比较好？

和学习汉语一样，孩子在任何年龄都可以开始接触新的语言。启蒙期的孩子处于语言敏感关键期，孩子在这个时期习得语言最为容易，学习新的语言是一个自然的过程。一旦错过这段时间，语言的习得就更像是学外语，学习能力会大大减弱。从发音上来说，启蒙期的孩子学习新的语言像学母语，没有口音。所以，我的建议是在有条件的情况下让孩子尽早接触英语，和学汉语不需要一上来就认字一样，孩子接触英语的方法是下面要介绍的沉浸式学习，而不仅仅是学习字母和单词。

第二，孩子学习英语是否会让他对语言感到迷惑，认知混乱或者和拼音混淆？

答案是不会。我的两个孩子都是从小在中英双语环境下长大的，我发现这种担心是不必要的，他们完全能根据当时的场景判断自己是在读英文单词还是拼音。他们很擅长在不同的环境下切换语言，比如和祖父母只说汉语，和老师说英语，和爸爸妈妈两种都说。

关于双语的系统性研究已经在语言学和心理学界进行了很多年。目前学术界的研究和实验发现，与单语儿童相比，从小接触两种语言的孩子的大脑有两块独立的区域去分辨这两种不同的语言，不会造成认知混乱或者语言混淆。更进一步来说，学习第二语言正是让孩子启用更多大脑区域的一种方法。

第三，英语启蒙最好的方式是什么？我们家长具体该怎么做？

孩子最好的英语学习方法是沉浸式学习，在英语环境中自然习得。什么是沉浸式？就像在电影院看电影一样，灯暗下来，你专心地看、听、体会电影里的情节和故事。你并没有在"学习"，但是你听懂和看懂了所有的内容。

孩子最好的英语学习方法也是如此，孩子有时候需要沉浸在一个用英语描述的世界中。在这个阶段，你可以通过大量的听力输入来培养孩子的辨音能力，帮助孩子熟悉语音信号，找到韵律节奏，让孩子自己建立英语语言和世界之间的联系。

下面是几个具体的方法。

- 给孩子看英文原版的内容。从孩子很小开始，家长就可以通过播放原版的英语启蒙资源，包括童谣、儿歌、动画片，为孩子营造足量的环绕式的纯正英语的声音环境，让他们多听、多看。
- 给孩子读英文绘本。现在有很多很好的英文绘本资源，有条件的家长可以每天留出时间跟孩子共读英文原版的绘本。不懂英文的家长可以借助读绘本的App来参与。这样，孩子会直接理解英文的故事情节，或者根据故事情节来互动。
- 和孩子进行英语对话。家长如果会英语，可以在某些时间或者场景下完全和孩子用英语交流。注意这不是让家长教孩子英语，而是一起做正常的家务事、出游、玩耍、聊天，但是交流要用英语。家长如果自己没法用英语交流，也可以帮助孩子寻找单纯用英语交流的活动和组织。

在启蒙时期，对同一个词，家长用汉语念一遍，再用英语念一遍，这是家长最常犯的错误。孩子们要学会的不是汉语和英语的对照，而是英语和所描绘的事物之间的对照。也就是说，启蒙期的孩子学英语应该和学汉语类似，看到影像中的树，生活中的树，耳濡目染，学会"tree"这个词，并且把它用在描绘树的句子当中。

第四，什么是英语自然拼读法（phonics）？它是否有用？

认识26个字母对孩子来说一般不是很难，孩子很快就会学会。大多数的孩子在此之后的英文单词学习就变成了仅仅靠重复和记忆学习。单纯记忆英文单词对孩子来说很无趣，而且这些词很快就会被他们忘掉。很多孩子学习英语多年，但是并不能进行正常的阅读和理解，就是这个原因。

英语的读音有它的规律，单词的拼写也不仅仅靠死记硬背。按照自然拼读法，字母的"字形"及其在单词中的"发音"具有一定的对应关系，比如c念[k]，ar念[aː]，所以car是可以直接读出来的，其他看似复杂的英文单词也都是可以按照自然拼读法直接读出来的。

自然拼读法适合从小进行英语启蒙的孩子从听到读，从知道发音到认识纸面上单词的自然过渡，即使是没学过的单词，孩子看到英文也会直接读出来。所以，这是一个事半功倍的方法，对孩子将来掌握大量英文内容有很大帮助。自然拼读法有成熟的、渐进式的内容和方法，这里我就不具体介绍了，感兴趣的家长可以自己找来研究。

> **"语言启蒙"行动清单**
>
> - 在与孩子的日常交流中，重复孩子说的句子，加上形容词，替换动词，把孩子说的话改成稍微长一些的句子。
> - 和孩子确定一个"故事时间"，比如每天晚上或者每个周末。和孩子一起编造以孩子为主角的故事，尽量使用丰富的语言来描绘场景和内容。
> - 带孩子上街或者去公园，一路认认交通标志、路牌；读绘本的时候，用手指着绘本阅读，让孩子参与阅读少量认识的字词。
> - 给孩子听原版英文儿歌，看原版英文动画片，鼓励孩子重复。

阅读：亲子阅读

每个孩子都很享受在睡觉之前跟爸爸或者妈妈一起读书的时光，孩子在父母的陪伴下，在熟悉的故事里获得安全感，共享书中角色的探险和满足，徜徉在想象中的世界。

在启蒙期，亲子阅读是一件收益极大，需要付出的努力却相对较小的事，而且灵活、有趣，是每个父母都应该做的事。亲子阅读可以让孩子在很小的时候就对阅读产生亲切感，这对他们长大后阅读习惯的养成很有帮助。我相信，我不需要说服本书的读者们相信亲子阅读的好处。但是，亲子阅读也有窍门，你们都真正做到了吗，做对了吗？

在这里，我向你揭秘亲子阅读的关键：高频、重复。

高频和重复的亲子阅读

最近我在整理我家孩子小时候看的图书。我家的两个孩子都是"读书人"，我发现他们都有不少翻烂了的书，就是那种看过很多很多遍都快要散架的书。

亲子阅读是爸爸妈妈或者孩子的其他照顾者带孩子一起读书的过程。在启蒙期，阅读由大人完成，孩子从被动地聆听到逐渐加入和互动。亲子阅读可以发生在睡前，也可以发生在平时孩子从幼儿园回来后，或者晚饭后、周末。亲子阅读不一定要固定时间，时间也不用太长，家长可以按不同年龄的孩子能接受的长度来定。不过，其贵在高频和坚持，最好是每天都有阅读时间，或者大部分日子都有。阅读不应该是偶尔做一次两次的事，而应该成为一种习惯。

学龄前的不少孩子都喜欢反复阅读，有时候一本书可以读好几个月，甚至半年。父母不需要去买很多书，也不需要"每天一本新书"。孩子需要的是反复讲述同样的故事，并且故事的题材需要是他们喜欢的，比如动物、童话等。这样每天读故事的时候，孩子会特别有参与感。

关于启蒙期孩子的阅读，我这里再分享几点经验。

1. 挑选适龄的、孩子觉得有意思的图书。我们要让孩子把书看作玩具，把阅读看作玩耍，让他们觉得阅读的过程是有趣的、值得向往的。等孩子稍微大一点儿，也可以由他们自己选书。孩子往往会挑选色彩鲜艳的、故事生动的图书。对孩子来说，阅读就是讲故事，如果孩子喜欢书的内容，大部分孩子都会像要求玩游戏一样主动要求阅读。

2. 交互。家长在给孩子读书的过程中要停顿，留出空间让孩子参与进来。你可以让孩子回答些问题，比如说出故事中的人物说了什么话。许多孩子在重复阅读后，会"猜出"下面要发生的事情，这会让阅读更加引人入胜。

3. 你可以边讲边给孩子指书上的文字，这样孩子就知道文字是可以读的，而且是和故事相关的。你也可以和孩子一起唱歌或者念儿歌，把内容和文字结合起来，让孩子觉得文字也是很好玩的。

4. 用有趣的、滑稽的、表演性的声音读书，比如不同的角色说的话用不同的方言来读，比如给孩子分配一些角色，让孩子讲他力所能及的内容，或者引导孩子自己想象、编写故事。孩子可以沉浸在故事中，和书里的人物一起探险，一起打坏人，一起把故事演出来。

用阅读来启蒙

这里我想要强调一下，阅读是培养其他技能的工具和桥梁。在启蒙期，亲子阅读可以帮助孩子学习新知识，锻炼成长树上的几乎所有能力，下面是一些例子。

1. 通过亲子阅读让孩子了解世界。书中的内容是无穷无尽的，书就是这个世界的智慧结晶。科学、文学、历史，植物如何生长，火车是怎么工作的，古代的人穿什么衣服，对任何内容，我们都可以在合适的时候通过阅读介绍给孩子。

2. 通过亲子阅读培养孩子的专注力。家长可以选择孩子感兴趣的适当长短的书和孩子进行亲子阅读，让孩子在这一段时间内安静下来，专注于书中的故事、图画和内容。频繁、有规律地阅读是训练孩子专注力的好方法。

3. 通过亲子阅读学习规矩。我们都希望孩子养成良好的习惯，但启蒙期的孩子对抽象的规则和习惯的理解有限。我们可以通过阅读合适的内容，比如《懂礼貌的小河马》这样的童话故事，来向孩子介绍礼貌、规则和习惯。

4. 通过亲子阅读培养好奇心。书籍可以帮助孩子产生无穷的问题，让孩子不断探索：为什么星星会闪烁？为什么水里的木头会漂起来？用过的塑料袋到哪里去了？所有的这些问题，都可以到书中去寻找答案。

5. 通过亲子阅读建立和人的关联，培养孩子对他人的理解和同理心。书可以把孩子带入不同的角色，让孩子了解他人的生活，站在他人的角度看问题。比如，《卖火柴的小女孩》让孩子看到贫穷和温暖，《丑小鸭》让孩子看懂歧视和成长。丰富的、种类繁多的书会让孩子更加了解他人，与他人共情。

阅读使孩子终身受益，有益于孩子的大脑发展、语言发展，带孩子阅读是智力启蒙最好的方法之一。大部分人的阅读习惯都养成于早期，所以无论你的孩子多大，现在就开始亲子阅读吧！

"阅读启蒙"行动清单

- 检查一下，你（或者孩子的其他照顾者）上周和孩子做了多少次亲子阅读？如果次数小于5，那么你可以设法把亲子阅读加到每周5次以上；如果你和孩子没有固定的阅读时间，那么你可以找出每天最合适的20分钟作为"阅读时间"。
- 给孩子最喜欢的几本书起个"外号"，比如"大红书""鸭子书"，然后下次阅读时让孩子选书。
- 给孩子看书的封面，一起讲述封面上的内容，然后一起猜猜这本书是讲什么的。读完书以后，一起回忆一下书的内容或者其中有意思的一两点。

第 5 章

启蒙期综合技能：
建立和世界的良好关系

启蒙期的孩子会向父母提要求，以达到自己的目的。他们展现出对其他人，尤其是其他孩子的浓厚兴趣，有的希望有弟弟妹妹，有的交了好朋友，有的会指出别人不礼貌的行为。在基本的语言、逻辑等能力之上，启蒙期也是培养孩子沟通、合作、同理心的起始时期。孩子在开启他们对世界的理解之时，也可以同时建立和世界的良好关系。

沟通：和孩子平等交流

有句话说得好，没有天生聪慧的孩子，他们的聪慧来自善于沟通的父母。在启蒙阶段，父母和孩子的沟通至关重要。我们不要认为孩子还小，只要告诉他做什么就行了。和孩子沟通不仅仅是"告诉"，还包括教会孩子沟通的方法，教会他们理解和控制情绪。

我们常常听到父母抱怨孩子长大后，比如到了青少年时期，不爱和父母沟通。孩子早期和父母之间形成的顺畅的沟通渠道，也会为父母和孩子之间一生的亲子关系打下良好基础。

多轮对话

我们和孩子之间最频繁的沟通就是日常的对话。这些和孩子的对话一直在发生，不过你仔细观察就会发现，对于大多数的父母和孩子，他们之间的对话大都是实用型的，比如"去洗手""拿好书包"等。我们可以做得更好。

学龄前的孩子慢慢开始形成多轮对话的能力。也就是说，你可以和孩子进行较长的对话。保持这种对话的秘诀是把对话打开而不是关闭，注重描述和事实，而不是注重态度或评价。比如，你可以和孩子聊"刚才那个小孩穿了一双黄色的球鞋"而不是"那个孩子的鞋好看"。更好的方法是说："今天每个孩子穿的鞋都不一样，你看到哪些不同式样的鞋子？"然后，你要听孩子的回答，再展开这个对话。

这里我要分享一下《父母的语言》一书提出的著名的"3T"法则。这些法则会帮助你把和孩子的对话变得更加丰富，它们都符合成长树家庭教育法里"孩子带领，我支持"的原则。

1. 共情关注（tune in）。对话要以孩子为中心，关注他在做什么、想什么。父母要让自己融入孩子的世界，而不是按照自己的意志给孩子塞东西。

2. 充分交流（talk more）。要常常和孩子对话，与孩子说话时使用大量描述性词语，尽量用丰富的语言精准描述，不要因为孩子小就只用简单的词。

3. 轮流谈话（take turns）。让孩子参与轮流对话，多让孩子说，自己听，多提出开放性问题，耐心等待回应。

和孩子对话的要点是耐心，仔细地聆听，不断地对话，不要用大人的方式来要求他们。在这种沟通的过程中，孩子可以学习如何整理自己的想法，聆听别人的问题而不打断。谈话之中，孩子不知不觉地学会表达，学会交流，学会礼貌，学会丰富的语言，我们和孩子的关系也会因此而变得更好。

参与讨论

教会孩子沟通，还包括把孩子带到大人沟通的场景中，让他们聆听和参与讨论。

听父母讨论大人世界中的各种事情有助于提升孩子的词汇量和表达能力。当孩子5岁的时候，他如果能从饭桌上听见"世界""国家""正义""温暖""收获"之类的词语，这毫无疑问将会影响他的思考和表达能力。

在孩子长大的过程中，如果他能听到父母讨论工作，有什么困难，有什么成就，如何在职场表现得更好，如何学会以前没有的技能，如何与客户打交道，他会更加理解父母养家不易，也会逐渐形成自己对成人世界的看法。

让孩子了解家庭成员的情况，比如亲朋好友的近况、家庭近期的旅游计划和长远的住房规划等，有助于他们把自己当作家庭的一部分，学会步入社会，承担责任。

启蒙期孩子的认知程度有限，那么在把他们带入我们大人的日常对话时，有什么需要注意的呢？我有以下几点建议。

1. 要知道孩子的理解程度。在这个阶段，我们不是要把孩子变成大人，或者"教给"他们复杂的概念。我们是让他们在大人进行合适的对话时在场，由他们自己决定是否吸收一定的信息，以及理解到什么程度。
2. 给孩子设定简单的礼节性规矩，比如当大人谈话时可以提问题，但是不能随便打断别人的谈话。不要把以大人为中心的谈话转变成以孩子为中心。
3. 孩子可能会对很多话题或概念提出问题，我们要用他们可以理解的语言耐心地回答，但没有必要把我们的知识都教给他们。比如我在谈话中提到一个历史人物关羽，孩子问他是谁，我可以先简单地回答说这是古代的一个大将军，然后继续我们的谈话。如果孩子特别感兴趣，那么后续我可以专门找时间给孩子讲关羽的故事。

4. 对于启蒙期的孩子，我们要避免在他们面前谈论过于恐怖或者容易引起他们恐慌、焦虑的内容，以及避免在孩子面前吵架，避免情绪激动。这么大的孩子还没法理解一件事背后深层的原因，所以成人的有些对话要避开孩子。

5. 和孩子共进晚餐。孩子逐渐长大，他们也会在参与大人谈话的过程中获益更多，让启蒙期的孩子适当地参与和聆听成人对话是一个很好的开始。

处理情绪

父母们都知道，和孩子沟通远远不像书本上讲得那么简单容易。孩子常常会着急、不讲道理，达不到目的会大哭大闹，父母面对不讲道理的孩子时往往精疲力竭，也不免大吼大叫，试图压制住孩子。父母处理好自己和孩子的情绪，是和孩子沟通中的关键一环。

情绪有很多种，人类的基本情绪包括愤怒、悲伤、恐惧、喜悦、惊讶、厌恶和羞愧等。管理孩子的情绪也常常叫"管教孩子"，在这方面有非常多的参考书，比如《正面管教》教给大家不惩罚也不娇纵孩子的管教方法。遵从爱的原则和成长原则，我总结了管理孩子情绪的核心要点：理解孩子的认知发展，用适龄的方法，在合适的时机管理孩子的情绪和行为。

在认知发展方面，孩子终究还是孩子，在启蒙期，他们的大脑发育不够成熟，导致理性思维还不够发达，所以不能像大人一样讲道理、看问题。父母应该这样想：当孩子生气、伤心或害怕的时候，这是他情绪的自然表现，而不是他"故意作对"，这也是他最需要父母的时候。这时是父母与孩子建立亲密关系，教孩子如何处理情绪的大好时机。

从孩子的角度看，他缺少大局观和时间观念，只能看见他眼前的事情，比如他心爱的玩具被拿走了，他就很生气，他未必能理解这是因为睡觉时间到了。我们先要站在孩子的视角看问题，从孩子的感受出发，理解、接纳孩子的情绪。

什么是用合适的方法，什么是合适的时机呢？在孩子很情绪化的时候，"先冷却"是一个比较好的方法，即不去激化孩子的情绪，给他一些时间，或者把孩子放到一个单独的房间，让他先安静下来，也给自己一个"冷却"的时间，以便理智地处理问题。有时候，孩子在公共场合或者他人面前无理取闹，父母可以先把他带到一个安静的地方，而不要因为觉得自己丢了面子而对孩子大发脾气。

配合"冷却"，是在没有冲突、心平气和的时候，和孩子讨论好行为和坏行为，并指出坏行为不会达到目的，比如打人永远都是不对的，再比如想要一个玩具，可以有礼貌地向大人提出来，而不是无理取闹。

我们可以看到，这里的建议是把"处理孩子情绪所带来的紧急情况"和"立规矩、讲道理"分开，处理情绪要简单果断，立规矩和讲道理要有耐心，父母可以多次进行。

具体的沟通方法还取决于孩子的年龄以及他的思维能力的发展程度。对于年龄比较小的孩子，父母要直接告诉孩子要做什么，而不是不要做什么。比如，父母要说"现在到时间去睡觉了"，而不是"你怎么还在拖拖拉拉玩玩具"。对于年龄比较大的孩子，父母可以提出更具有开放性的问题，和孩子一起讨论正确的做法。

沟通中的很多问题都是情绪造成的，包括孩子的情绪和大人的情绪。能够正确地处理情绪，把沟通中的问题拆解为真正的问题和情绪化带来的问题，就打开了良好沟通的大门。

"沟通启蒙"行动清单

- 停顿一下，关注孩子，想一下"他现在正在想什么"。
- 每天晚上，可以和孩子一起讲一下"今天的大事"。你可以先简单地讲一下，比如"今天我去了超市，看见新鲜的红草莓"，然后让孩子讲他一天中的经历。把80%以上的时间留给孩子讲，我们听。这只是一个叙述的过程，不必解决问题。
- 讲孩子熟悉的家人的故事，比如爷爷、奶奶小时候的故事，叔叔、阿姨在其他城市的故事。
- 孩子如果找你抱怨、发泄，或者描绘兴奋、害怕等情绪，要仔细聆听，和孩子进行多轮对话，要理解他，而不要直接下定论。

合作：带孩子交友，处理兄弟姐妹关系

你知道吗，孩子在启蒙期的社交和情感技能可能是成年后取得成功的最重要因素。宾夕法尼亚州立大学和杜克大学的研究人员发现，在5岁时更善于分享、倾听、合作和遵守规则的孩子更有可能上大学。他们也更有可能在25岁时从事不错的全职工作。同时，童年的友谊对孩子的心理健康大大有益，与同龄人相处融洽的孩子更容易交朋友，烦恼更少，快乐更多，更加容易自信地成长。

带孩子交友

孩子在3岁之后，对和其他孩子成为玩伴和朋友的需求增加，这是孩子社交需求的起始。社交能让孩子熟悉不同的人，不同的行为规则，为他们将来的合作能力打下基础。现在的很多家庭都是两代大人照顾一两个孩子，孩子并不缺少照顾和交流，但是孩子和大人的交流与孩子之间的交流是完全不一样的。如果孩子是独生子女，父母一定要制造条件，让他们去和其他孩子玩儿。即使孩子不是独生子女，他们也需要和同龄的其他孩子交往。

启蒙期孩子的活动应该在安全的环境下进行。我们可以给孩子立简单的规矩，比如不能抢夺玩具，要轮流分享，不能欺负年龄小的孩子，等等。在和朋友一起玩耍和做游戏的过程中，孩子会显示出不同的性格，有的大方，有的羞怯；有的灵巧，有的笨拙。他们之间有时候也会分出高下，有的指挥，有的跟从。在交友的过程中，孩子会开始遇到各种复杂的人际关系问题。只要没有危险，你就要尽量不去干预孩子之间的交流。你可以想象，带孩子进入这个"小社会"本身就是我们的目的。

和其他的孩子玩儿是很快乐的事。从认知发展来说，7岁之前的孩子本身是不懂竞争的，强迫分出高下，只会让孩子非常沮丧或者愤怒。所以，我们给启蒙期孩子玩的游戏应该是以快乐为目的，竞争性弱，合作性强的。游戏结束后，如果要发奖，家长可以给每个孩子都发一个，不需要强调谁赢谁输。

除了游戏，我们也可以为孩子设置一些"合作项目"，比如，孩子们一起把一个院子打扫干净，一起把回收的物品搬到回收站，等等。这些项目是多个孩子一起完成的，他们可以分工协作，也可以一起庆祝胜利。你可能会发现，这些孩子一起做的"合作项目"，可能比游戏还要好玩，还要有成就感。

我还有一个建议：你可以和孩子好朋友的父母商量，让孩子到好朋友家待上半天或者一天，和好朋友一起参加所有的家务和其他活动，共同吃饭、做事。你会发现，孩子和别人一起"生活"，会有特别多有意思的发现，远远超出周末到公园玩儿一趟。比如，孩子会注意到朋友家的房子是怎么布置的，是宽敞还是拥挤，朋友家是否有很多书，是否有植物，他们是否和祖父母住在一起，朋友的父母是否要求孩子在吃饭前后帮助清理餐厅。我家孩子在朋友家待过后，发现朋友的妈妈强迫孩子吃蔬菜，而我们家从来没有这样，我们因此进行了关于是否应该要求孩子吃蔬菜的讨论。孩子通过去别人家生活可以知道，这个世界上有不同的父母，不同的沟通方法，不同的家庭背景，从而加深对各种人和环境的了解。

兄弟姐妹

现在越来越多的家庭不再仅有一个孩子。不少孩子在3~6

岁会迎来弟弟或者妹妹。大部分年轻的父母是独生子女，自己没有经历过家里养育多个孩子的过程，也没有与兄弟姐妹共同长大的经历，在成为不止一个孩子的父母的路上只能摸索前行。

在有了老二后，老大和老二之间的关系是竞争、冲突与温情并存，父母也会因为精力分配的问题觉得亏待了其中一方。常常，老大觉得父母的爱和关注被夺走了，爸爸妈妈更多地关注老二，原本全家人的焦点都在自己身上，现在世界全变了，自己不再是被关注的中心。"爸妈更喜欢弟弟，不喜欢我了"，不管是不是事实，这都是"二孩"家庭中老大普遍存在的心理。

其实，在二孩刚出生的时候，小的孩子只需要被照顾，懂的并不多，没有心理上的压力和变化。大的孩子在这个阶段的心理需求更多。在我们家，弟弟出生后，我们会分工，由妈妈多带哥哥，让其他人多照顾弟弟，所以哥哥并不会一下子感觉到很大的变化。同时，家长要反复向老大强调："这是你的小弟弟，他是属于你的。"这样可以让他对自己有个弟弟感到非常自豪，感受到作为大哥哥的重要性和优越感，并感受到自己是被需要的，是有责任的，从而喜欢上这个角色。

美国家喻户晓的儿科医生与发展心理学家布雷泽尔顿在其系列著作"布教授有办法"中提到"触点"理论，触点是指孩子在发育过程中会发生行为倒退，以积聚能量为下一阶段的发展做准备。当老二出生的时候，老大经常会出现这种情况，比如本来已经相对独立的老大要求父母陪睡。当这种情况发生时，父母也要认识到这是正常的反应。

对二孩或者三孩来说，他们一出生，家里就有玩伴，这是很幸运的，但是他们自己不一定这样认为。他们的感觉可能是，自己出生后就有一个比自己力量大得多的竞争对手，自己长大，竞争对手也长大，自己永远比不过，在各种场合都要落后或者吃亏。

于是，老二或者家中最小的孩子一般都很擅长察言观色，有的会反抗，有的很乖巧。父母这个时候在带孩子方面也有了一定的经验，没有那么紧张，因此老二会在比较宽松的环境下长大。但是，老二可能出现的问题是缺少自己的主张，他们会模仿老大的行为，以为这就是自己喜欢的，而更少关注和发展自己真正的兴趣和爱好。

父母带老二的误区是以为他还小，于是家庭活动日程往往按照老大的成长来安排，根据老大的兴趣和爱好主导孩子教育，比如老大学习了象棋，老二也跟着去学。老二的性格和爱好很有可能和老大不同，但我们可能会想当然地以老大为模版，认为老二到了某些时候就应该去做某些事情。

所以，带好老二的关键是把他培养成"一棵独立的树"，给他单独的时间和空间。成长树家庭教育法中的各种方法也同样适用于老二，比如数理启蒙、亲子阅读、丰富的对话等。我们要认识到，这是一个"全新的孩子"，要照顾到他的成长和兴趣。

家庭就是一个小的社会。我们养育第二个孩子，是为了让孩子学会分享，学会互相帮助、互相扶持，也学会处理冲突和矛盾。孩子一般都有各自的方法来让父母站队，选择支持自己。在不严重的小摩擦中，我们可以让孩子自行解决，使他们看见自己在冲突中所负有的责任。如果双方都没法忍让，父母可以让他们用猜拳、轮流玩等更公平的方式来解决，或者他们各自先玩不同的东西，等一下再交换。总之，父母公平的态度比解决具体问题还要重要。

爱不是蛋糕，不会因为分享而减少。我有两个很不一样的孩子，但是我完全可以既爱老大，又爱老二，欣赏他们的不同，分别陪同他们长大。成长树中爱的原则是热爱为人父母的这段经历和过程：多一个孩子，就多一份新鲜的经历，多一份快乐的过程。

"合作启蒙"行动清单

- 你知道谁是你的孩子"最要好的朋友"吗？如果不知道，你应该去问一下孩子，和孩子聊聊这个朋友："为什么他是你最好的朋友？"
- 下次有其他孩子或者兄弟姐妹在的时候，让孩子主导一个"分享"的项目，比如分享水果、蛋糕、文具等。让孩子从头开始做这个分享的决定，讨论怎么分合理，有问题怎么办。
- 如果家有二孩，检查一下爸爸妈妈有没有跟老大单独相处的时间，如果没有，可以按照成长树上的内容（比如亲子阅读）安排和老大的单独相处。

创造：大胆想象，天才儿童

学龄前的孩子有创造力吗？当然有。正是因为这一阶段孩子的逻辑思维和自我意识还没有全面发展，启蒙期也许是孩子一生中最富有想象力和创造力的阶段。这个时期，孩子的大脑还没有经过"理性剪枝"，仿佛春天的植物般花繁叶茂地成长。这个时期的孩子也没有怕犯错、怕不如别人的心理负担，他们会大胆地在创作中表现自己。正是因为这个时期的孩子还没有正规地学习成人世界的规则和约定俗成的方法，所以他们的作品更有独到之处。

画出的世界和假想的游戏

100%的孩子都喜欢画画。当他们还无法用语言准确地表达对世界的感受的时候，涂鸦就是他们表达感情、思想，发挥想象力的方式。

3岁左右，孩子的"精细运动技能"快速发展，具体的表现是孩子可以控制书写工具或更精确地操纵物体，比如他可以将积木排成一排，或者在纸上画线以代表物体或动作。这个技能在学龄前进一步发展，使得这个年龄段的孩子开始有意图地创造，比如有目的地画一个怪物、一朵花。到5岁时，许多孩子会添加细节，并能够用简单的文字来叙述故事或者进行注释。

对于启蒙期的孩子，我不建议找专业的画画老师。虽然有的老师能让孩子带回来一些好看的"作品"，但其实那些大都是让孩子套用了一些简单风格和方法。这样的学习，对孩子的绘画技能没有大的帮助，反而把画画从一个自我表达的很有意义的活动，变成一个复制他人作品的无意义活动。孩子可以在小学之后更专业地去学画画。

从简单的线条到不成比例的涂鸦，再到成人自叹不如的创意作品，画笔让每个孩子成为艺术家。如果你需要一些点子，下面是几个建议。

1. 使用不同的材料。让孩子使用不同颜色的蜡笔、水笔画画，也可以尝试铅笔画、手指画等，让孩子在画画的同时体验不同的材料。
2. 使用不同的画布。画画不一定要在纸上，你可以鼓励孩子画在其他地方，比如画在鸡蛋上、包装盒上，让孩子用粉笔、毛笔和水在地上作画。
3. 画不可能的场景。鼓励孩子画出他想象中的世界，比如，汽车可以长一双翅膀在天上飞，小鱼可以跳舞。

画画可以锻炼孩子的肌肉和手眼协调，帮助情绪释放，也可以锻炼孩子的专注力。画没有优劣，我们在评论孩子的作品时，要评论细节，表扬努力，谈论故事。比如我们可以说："你画的这个蝴蝶是蓝色的，翅膀上还有一点像眼睛一样的图案。这只蝴蝶是你的好朋友吗？"而不是简单地说"你画得真好"。如果想要鼓励孩子，我们也可以和孩子一起涂鸦，给他们提供主意，把孩子的作品贴在墙上展示，注重过程而不是结果。

启蒙期孩子的想象力无限大。他们着迷于魔法，最大限度地发挥着天生就有的幻想、实验和探索的本能。这是支持发散思维发展的最佳时机。而发散思维，创造性地解决问题，是艺术和科学的火种。

在鼓励孩子发挥想象力方面，除了顺应孩子的发展，家长还可以做什么呢？我有下面几个建议。

1. 丰富孩子的生活经验，给孩子提供激发想象力的环境：想象是在孩子大量生活经验的基础上积累起来的。在启蒙阶段，你要经常带孩子走进大自然，与社会接触，让孩子积累丰富的生活经验，在家中给孩子提供合适的图书、开放式的玩具。

2. 给孩子轻松的氛围，鼓励孩子大胆地说出自己的想象。当孩子把所想的事物，比如一个怪物说出来时，我们不能简单地说一句"这个不是真的"就将孩子打发掉，而要表示出兴趣，甚至和他一起来继续编这个故事。

3. 和孩子一起玩假想游戏。在孩子眼里，任何一张纸、一块木头，都可以神奇地变成房子、食物、山河草木、火箭飞船，在他的指挥和生动的伴奏下完成各种奇特任务。爸爸妈妈如果能加入孩子的游戏，这就是对孩子最大的鼓励。

4. 和孩子一起畅想未来。想象也包括幻想，就是对未来事情的期望和描绘。比如，孩子喜欢奥运会吉祥物，他可以进而幻想开奥运会的时候怎样与奥运会吉祥物见面。幻想是想象的一个更高的层次，是一种合理的想象，常常也是创造的开始。所以，我们可以鼓励孩子大胆地幻想，和他们讨论，比如一起畅想一下未来的交通工具会是什么样的。

支持发散思维意味着允许孩子探究、好奇，甚至进行一些看似荒谬的活动。孩子可以产生独特的解决方案并建立新的联系，而不会被唯一的正确答案，也就是收敛思维束缚。

天才儿童

每个父母在看自己启蒙期的孩子时都可能会发现他们在某些时刻展现出"天才儿童"的光辉。两岁弹钢琴，四岁背《论语》，朋友圈里"秀娃"的，许多都展示了孩子的聪明才干。

你是有个天才孩子，还是有个聪明可爱但普通的孩子？你怎么样才能知道他真的是个天才儿童，又怎么释放他的潜力呢？

其实，孩子仅仅聪明算不上是天才。天才儿童，一般指少于5%的在某些方面远远超过正常儿童的孩子。天赋过人的孩子在幼年时期就会显现出一些与众不同的特征。比如，少数孩子有快速学习的能力。有的孩子有过目不忘的超强记忆力，是强大的信息搜集者，不仅能够原汁原味地储存任何视觉信息，还能够忠实地进行重现。科学家将这种能力称为"摄影式记忆"，世界上只有2%~10%的孩子拥有这种天赋，而且能够将其保留至成年的都是顶尖天才，画家达·芬奇、天文学家伽利略都是其中杰出的代表。

天才儿童没有统一的模式。在启蒙期，少数的天才儿童可能有一些独特表现，下面几点供你参考。

- 很早开始自主阅读，比如在两三岁和没有专门教授的情况下自己就会读书，并且有超出同龄孩子很多的丰富的词汇量。
- 在音乐或艺术方面表现出非凡兴趣和天赋，比如，孩子主动要求学习乐器，主动而且专心练习乐器；孩子音高完美，能够根据记忆演奏音乐。有天赋的孩子通常也比其他孩子更早对这种领域表现出兴趣，例如看艺术书籍或听古典音乐。
- 强烈的专注和兴趣，甚至有些强迫倾向，比如孩子喜欢反复玩数学游戏或者复杂逻辑游戏，可以专注很长时间。
- 使用复杂语言和思考逻辑，比较早地运用复杂而有逻辑的语言，更细致地吸取周围的信息，思考更有哲理的问题，能够接受不同选项和进行不同方面的讨论，喜欢和大人或者大孩子交流。

特别要注意的是，天才儿童会在某一领域表现得超乎寻常，例如，在音乐、绘画领域早熟，但他们不会在所有领域都遥遥领先。这些孩子在其他方面的发展可能晚于普通的孩子，比如，空间想象力丰富的孩子，却有可能语言能力发展较晚。

另外，天才儿童在学习新事物的时候，相对于同龄人，所需的帮助和练习次数较少。他们或许会对"简单"的学习任务不甚在意。常常，有的天才儿童在日常活动中的表现不如普通的孩子，比如他可能对同龄儿童都玩的游戏不感兴趣。在注意力方面，天才儿童也和普通儿童有些不同，这表现在天才儿童在做自己不感兴趣的事情的时候坐立不安，但是在做自己选择的事情时能投入数个小时的专注。也就是说，他们的长期注意力很强，但短期注意力不一定强。

你可能听说过多元智能理论。哈佛大学教育学教授霍华德·加德纳博士提出了9种不同的智能，包括语言智能、数学逻辑智能、空间智能、运动智能、音乐智能、人际智能、自我认识智能、自然智能和存在智能。这种理论认为，用简单的一个智力标杆来衡量智能是不正确的，每个孩子都有可能在一个或多个方面有天赋，有的孩子有明显的优势和不足，有的孩子各方面发展都比较均衡。对家长来说，正确的问题不是"我的孩子有多聪明"，而是"我的孩子在哪些方面聪明"。

如果你的孩子的确在某一方面有超过同龄人的天赋，我的建议是在这个方面，按照孩子的节奏为他提供丰富的学习挑战和机会。比如,给孩子提供大量相关书籍,或者找到合适的老师。另外,最好还是让孩子和同龄的孩子一起上学,一般我不建议孩子提前上小学,因为小学会按照孩子的年龄采用同样的方法全面教学,而非照顾独特的孩子。我见过不少有天赋的孩子在社交能力、心理健康方面落后于其他孩子,这和他们过早地被孤立于一个狭隘的领域有关。

总结一下,创造力是未来世界的关键能力。在启蒙期,孩子应当主导,家长应当跟从,家长要做的是鼓励和顺应孩子天生具有的创造力,开放而不封闭,探索而不强求,为他们未来创意的持续发展奠定基础。

"创造启蒙"行动清单

- 当孩子有空闲时间的时候,让他画画,而不是玩手机或者看电视,后两者属于被动活动。
- 和孩子玩假想游戏。每天晚上的某个时间,孩子可以变成他喜欢的角色,按照这个角色来说话、做事、编故事。
- 如果你的孩子展示出"天才儿童"一节中的某些特质,你可以尝试给他提供更加丰富的素材,比如比他大的孩子适合读的书。

第 6 章

启蒙期成长心态：开启独立、专注、好奇的探索

启蒙期是孩子一生中智力和体力成长最快的时期。孩子每天都在成长、变化，他们天生就具有成长心态。那么，在成长心态方面，父母是不是只要顺其自然，其余什么都不用做呢？不是的。这个阶段有几个极其关键的习惯、心态需要我们引导孩子去培养：独立、专注，学会问问题。

成长原则认为，没有什么技能是一次性教给了孩子，孩子学会了就结束了的。比如独立，孩子从启蒙期开始一点点学会独立完成力所能及的事情：穿衣服，系鞋带，少年期独自完成作业，青春期独立思考和处理复杂问题。这样，他们离开家后，我们才会放心地看着他们走进社会。启蒙期是开启孩子成长心态的重要时期。

自驱力：培养独立和专注力

启蒙期的孩子在很多方面依赖于周围的大人，他们对自我和世界的认知还不足以理解目标、自律等大的概念。在这个阶段，我们可以培养孩子一些关键品质，这些品质有助于他们长大后成为自驱力更强的孩子。

走向独立

5岁的孩子早上着急穿好衣服去幼儿园，你会帮他穿袜子和外套吗？

6岁的孩子上小学了，但鞋带一直是家长给系，教他也不愿意学，不给他系他就一直散着。你会继续帮他系吗？

我想很多父母对上面两个问题的答案都是"是"。生活本来就很忙乱，孩子起得晚，早饭也不一定吃得上。我们一定会等不及他自己穿衣服，我们帮他穿要快多了。

引导孩子走上独立之路，是每个父母的职责。这件事说起来容易，做起来却不容易。在孩子的启蒙期，父母帮他们做事，要比让他们自己做事快得多，容易得多。

这个时候，请记住我们家庭教育的成长原则：永远让孩子做所有自己力所能及的事。成长树家庭教育法的目标是让孩子学会自己独立向前。从启蒙期开始，孩子就应该开始做照顾自己的事，比如穿衣、吃饭，然后帮着做相关的家务事，比如收拾玩具。然后，孩子还应该在行为上逐渐独立，比如孩子在玩玩具、画画、读书等的时候，需要有越来越多的独立时间，而不是每时每刻都要找爸爸妈妈。

日常生活中的很多机会都可以培养孩子的独立性。我曾经看过一个视频，一个妈妈教她4岁的孩子系鞋带。孩子花了非常非常多的时间，总是学不会。妈妈很有耐心，也陪了孩子非常非常久，从来没有责怪他，没有催促他，也没有帮他，直到孩子学会为止。

培养孩子独立性的第一个行动是有耐心，但是不帮忙。家长可以在孩子和大人都有空的时候，比如周末，尝试让合适年龄的孩子自己穿衣服，自己系鞋带，自己收拾第二天去幼儿园或者小学要带的书包、文具。家长可以仔细地教孩子怎么做，让他练习。孩子可能不会一下子就完美地完成任务，我们要理解，教孩子做任何事都是个过程，需要时间。

当然，父母也可以帮助孩子拆解任务，把大问题分解成几个小问题，比如"先把脏衣服脱下来，再放到洗衣筐里"，再引导孩子各个击破。孩子做好的时候，一定要鼓励他们。在这个年龄，一些小的奖励，比如贴纸、小红花之类的，都会激励孩子更好地学做一些事。

其实，你会惊喜地发现，所有的孩子都是非常愿意做事的，他们觉得做事是长大的一个标志，是"大人"或者"大孩子"才能做的。在他们看来，做事和玩儿一样有趣，比玩儿更有成就感。反倒是我们大人更加目标导向，把培养孩子独立做事看作紧急的、不得不做的任务。所以，我们只要放弃这个心思，就会发现帮孩子独立是一个快乐的过程。

孩子上小学后，我建议家长一开始就帮孩子养成好习惯，书包、文具由孩子自己整理，要穿的衣服头一天晚上由孩子准备好。家长要给孩子留足够的时间，让他们做这些准备，让他们觉得这就是长大，上学是值得骄傲的一件事。

在这里我还想强调一下，让孩子独立，目的不仅仅是"让他们多做一点儿事情"。孩子需要在独立成长的过程中学会什么是选择，并做出他们认为最适合他们的决定。在这个阶段，孩子的选择可以仅仅是带哪一支笔去学校。

通过在他们生命的早期引入选择，孩子可以更好地了解自己并了解真正让他们快乐的东西。生活中并不全是幸福和享受，选择有时候会做错。如果孩子是独立的，他会认识到自己的错误，会自己承担风险，会向你寻求支持，并乐于接受指导以更好地表现。行动和体验，是学习的最好方法，独立使孩子尽早获得行动和体验的成就感。

专注力

专注,专心地做一件事,是孩子长大后学好功课和做好其他任何事情都需要的核心技能。在这方面,启蒙期孩子的家长容易陷入两个极端:孩子小的时候很容易分心,一部分家长觉得这很正常,完全听之任之;另一部分家长对孩子要求过高,不断地管制和训斥孩子,对他们提出不适合其年龄的要求。

家长往往不知道孩子的注意力可以集中多长时间。孩子能够保持专注的时间是跟他的年龄有一定关系的。这里我给大家一个计算孩子注意力时间的公式:孩子能够保持专注的时间等于他的年龄乘以2~3(见表6-1)。比如说4岁的孩子,他能专心地做一件事8~12分钟就行了;10岁的孩子,他应该能够坐下来专注20~30分钟。

表6-1 孩子能够保持专注的时间

年龄	2岁	4岁	6岁	8岁	10岁	12岁	14岁	16岁
专注时间	4~6分钟	8~12分钟	12~18分钟	16~24分钟	20~30分钟	24~36分钟	28~42分钟	32~48分钟

这个公式当然只是参考,让家长对孩子的注意力集中时间有个合理的期望值。无论是大人还是孩子,保持专注的时长都不是最重要的,能够真正地专注才是最重要的。所谓心无旁骛,所谓心流,就是在这段时间,真正地只想这一件事,只做这一

件事。我们培养孩子的专注力，目的是让他们学会如何专注，而不是让他们长时间地坐在那里。

有了合理的期望之后，下面我提几个培养启蒙期孩子专注力的建议。

1. 有固定的环境。玩玩具、看书、做功课，最好有专门的场所。这并不是说孩子一定要有自己的房间，而是要有固定的地方，比如书桌或者家里的某个角落，来做固定的事情。这个地方要减少其他的干扰因素，比如电视、手机等。

2. 不打扰。你如果仔细观察，会发现父母或者孩子的其他照顾者往往会打扰孩子。他们不断地指使孩子干这干那，学这学那。孩子正在看书上的这一只鸟，你非要他去看那只熊猫。孩子有自己的节奏和关注点，很多时候，让孩子自己做他想做的事，给他足够的时间或空间，就是最好的专注力培养。

3. 不过分要求。专注是和孩子的兴趣相联系的。过分要求，一是指要求孩子做他们不感兴趣的事，比如背诵诗词；二是指对于孩子感兴趣的事，要求孩子专注时间超过自然专注的时间。这两种情况都会导致孩子失去对事情本身的兴趣，要么反抗，要么养成消极抵抗的习惯，坐在那里耗时间。耗时间是我们不愿意让孩子养成的习惯，是专注的反面。

《高成就孩子的教养法则》的作者弗格森在采访了大量高成就孩子后发现，不少孩子都记得在他们3~5岁的时候，曾经跟一位家长共度了一段特别专注的时光。他们有的玩乐高玩具，有的玩数学游戏，有的练习认单词，也有的学小提琴或者探索自然，关键是要在这段时间里，父母和孩子一起花时间专注认真地做一件事。父母的表现就是孩子最好的榜样。

在提到专注力的同时，我也想提醒父母，大概有8%的孩子会有注意缺陷多动障碍（ADHD），也就是我们通常所说的"多动症"，主要在孩子3~12岁的时候表现出来，男孩居多，男女的比例大概是4∶1。患有多动症的孩子难以静坐，注意力不集中，烦躁不安，行事冲动。多动症患者不是调皮，也不是不听话，而是他们无法正常完成任务。比较严重的多动症是需要医生和咨询师介入的疾病，家长需要为孩子提供宽松的环境，给孩子适当的引导和治疗，还可以考虑放慢脚步，比如让孩子晚一年上学，选择氛围更加轻松的学校等。

孩子是成长中的孩子。随着孩子的成长，很多孩子的注意力、活动力和自控力都会自然发展、成熟。每个孩子的成长速度不同，我们只要目标明确、态度耐心，对孩子进行合适的引导，就可以让孩子逐渐独立，充满对世界的好奇心和探索精神。

> **"自驱启蒙"行动清单**
>
> - 和孩子一起，列一个孩子可以自己做的事的清单，比如自己刷牙、穿袜子。然后，在有时间的时候，鼓励孩子自己做清单上的事情。我们可以把清单贴在墙上，让孩子和大人都看得见。
> - 在一些特殊日子里，包括孩子生日、新年、开学，甚至每个月的开始，对孩子说：你又长大了，你可以做某些事情了。和孩子讨论他在新的阶段可以做哪些新的事情。
> - 对孩子说，你到了某个年龄（比如6岁），就可以做某件事了（比如收拾比较容易打碎的瓷制碗筷），给孩子以长大和独立的向往。
> - 在安全的情况下，营造没有孩子熟悉的大人在场的场景，比如让孩子独自和其他小朋友或者陌生的大人相处。

好奇心：保持天生的好奇心

你知道吗，聪明的动物对一切都感兴趣。

科学家也一样，他们对一切都感兴趣。

艺术家、发明家、创业者、诺贝尔奖的获得者都是如此。他们之所以能在某一个领域做出前人未有的成就，是因为他们愿意进入前人未曾涉足的旷野。这背后的驱动力，是他们无穷尽的好奇心。

让孩子做孩子

启蒙期，是一个人一生中最为好奇的一段时间。每个启蒙期孩子的眼睛里都闪烁着好奇的光彩。他们以极大的兴趣观察和感知着周围的世界，以极大的热情和周围的人交往，以极大的能量学习着。父母要做的，是"顺"，顺其自然，顺着孩子的好奇，提供环境和工具，鼓励探索。

这听上去是不是很简单？在真实的家庭中，实践却没有这么简单。你会发现，很多父母在鼓励好奇心方面是孩子的障碍，比如，一直告诫孩子"这个危险，不能动""那里太脏，不能去"的父母，以及一直积极教育孩子"这个玩具要按照开箱指示玩""这个玩具很贵的，千万不要弄坏了"的父母，都是从大人的角度来管教孩子，而没有做到顺其自然。

麻省理工学院领导力与创新高级讲师赫尔·葛瑞格森在《问题即答案：解决棘手问题的突破性方法》一书中说："我们童年时并不缺少创造力和好奇心，但在成长的过程中，这些宝贵的东西慢慢消失了。"

所以，保持好奇心的第一个秘诀是"让孩子做孩子"。只要不危险，没有破坏性，孩子想玩什么，想怎么玩，就任他去玩。要知道，孩子的视角和大人是不一样的，他可能就是认为包装箱比里面的益智玩具更好玩。我们还可以专门鼓励孩子好奇地探索，比如下面这些。

- 感官刺激。所有的感官刺激都是充满好奇且好玩的。摸摸树干，淋个雨，闭着眼睛走路，是什么感觉？
- 数字。什么数很大？为什么数一直数不完？一个方形里面能放几个圆形？这些都可以用无穷尽的好奇去解。
- 对话。对话的语气里可以带着好奇心，比如，"你是不是很想知道肥皂泡在水里是否会完全消失？我们一起来看看"。
- 阅读。每一本书都可以是打开好奇心的工具，带孩子阅读的时候，我们可以和他一起问各种有趣的问题，借助书的内容编写更多奇妙的故事。
- 出游。不管是去附近的公园，还是带孩子去不同文化的国家，不管是又认识了一种新的野花，还是尝到了游牧民族的美味佳肴，出游都是激发孩子好奇心的好机会。
- 户外。经常带孩子去户外，感受大自然的丰富和季节变换，对一片叶子，一根树枝，一只蚂蚁，孩子都可以玩好久，好奇的孩子在大自然中永远不会无聊。
- 家务。桌子擦过了为什么还有灰？馒头为什么蒸了会变大？对于家里的日常琐事，孩子进一步好奇地探索，也会收获无穷无尽的乐趣。

为人父母的一个挑战是适度放手。我们爱孩子，这有时候会转换成对孩子过多的关注。父母有时候对孩子的环境要求过高，比如一定要整洁，比如孩子一定要和同龄的伙伴玩儿，玩具一定要适龄，等等。其实，你大可不必这么精细。孩子所处环境的丰富性、多样性更重要。另外，孩子天生对周围世界是有感知的，也会学会什么有危险，什么不能做。我们要让孩子去看，去听，去触摸，去自己发现边界，而不是去除他面前的所有问题。

开放式玩具是激发孩子好奇心的最好的玩具。我在《魔鬼老大，天使老二》中专门讨论过，全世界最好玩的玩具是什么，答案是棍子、泥巴、水、纸盒子。为什么？因为这些都是开放式的玩具，没有固定的玩法，被破坏后没有危险，每个都不一样，没有年龄限制，孩子可以一个小时接着一个小时地玩下去。和同龄人相比，我孩子的玩具真的不算多，但是玩泥巴、树叶和虫子的时间多很多。他们对这些经历感到很开心，到现在提起来还津津乐道。

亲子互动游戏力

你知道最简单的亲子互动是什么吗？是"拍拍手"游戏——孩子和大人面对面，把双手拍在一起。当然，拍手也可以有各种变化，比如轮流拍单手，跟着儿歌拍手，专门在每天见面或者再见的时候拍手，睡觉前拍手，等等。即使是这么简单的亲子互动，也会让孩子非常开心，感觉到爸爸妈妈在和自己交流，享受着在一起的快乐。

游戏人人都会玩，我相信每个家长都会和孩子一起玩游戏，其中还有什么深奥的道理和方法吗？和孩子玩游戏也算是家庭教育吗？

答案是：是的。从孩子的启蒙期到少年期，亲子互动游戏都是家庭教育最有效的工具之一。美国心理学家劳伦斯·科恩博士在《游戏力养育》中指出，亲子互动游戏对孩子的成长有三大意义。

1. 培育亲密，让孩子不再孤寂。父母和孩子玩游戏的最大好处是父母跟孩子之间建立亲密的连接。建立了连接后，孩子喜欢父母，父母也喜欢孩子，那么将来父母让孩子去做其他事，比如学功课，就会容易得多。

2. 培育自信，让孩子不再无力。孩子在游戏中可以发现"我能行"，发现自己能做到很多困难的事。从能够把两块积木搭起来，到能解复杂的智力谜题，孩子在游戏中可以不断地发现自己能做到一些事情。孩子不仅仅享受成功的乐趣，也享受过程的乐趣。
3. 重返快乐，让孩子不再悲伤。无论是孩子还是大人，人的一生中都不可能一帆风顺。从玩具坏掉，到成绩不好被老师批评，孩子一路上面临大大小小的障碍。游戏能让孩子从困境中走出，体会重建，体会快乐。

要想让游戏变成教育的有力工具，父母得先有"游戏的心态"，然后再掌握和实践一些"游戏的方法"。

游戏的心态，是指父母采用一种基于玩耍式游戏的养育方式，通过游戏与孩子建立紧密的亲子关系。当冲突发生或者情绪失控时，父母可以用跟孩子玩游戏的方式来代替吼叫与训斥。游戏的心态是爱的原则和团队原则的结合：我们不仅愿意从孩子的视角来看问题，而且愿意和他们一起享受快乐。

游戏的方法，是指通过激发孩子天然的游戏兴趣，把孩子带入一种游戏的场景，孩子玩得开心，家长也能乐在其中，还能达到培养孩子的目的。下面分享几个我实践过且有效的方法。

1. 用游戏的方式转移孩子的注意力。

   儿童认知理论告诉我们，启蒙期的孩子理性不足。我们有时候需要在他们情绪激动的时候先转移其注意力，然后在他们心平气和的时候再谈规则。当孩子大吵大闹的时候，你不妨试一试说："让我们来做个游戏吧，我们现在在一艘太空飞船里，你来做船长，你有什么计划呢？"孩子很可能会忘记当时的情况而迅速加入游戏。

2. 用游戏的方式做家务。

   家长如果能把家务变成玩游戏一样的互动，就会增加这个过程中的乐趣。比如，父母和孩子可以比赛收拾房间，把要洗的衣物远程投篮到洗衣筐里。当衣物整齐地放进抽屉里时，你可以跟孩子一起聊聊为什么先放进去的衣服往往最后才能拿出来，通过这些寓教于乐的方法既能把整理东西的家务给做了，同时也能让孩子学习不少新概念。

3. 用游戏的方式安排任务。

   有些无聊的功课和任务，变成游戏后就容易完成得多。比如，刚上小学的孩子需要完成三门功课，那么你可以摆三个毛绒玩具来陪伴孩子，他每做完一门功课就可以和对应的玩具玩一会儿。

4. 用游戏的方式教授孩子规则。

启蒙期的孩子理解力有限，有些规则需要用更生动的方法来教。比如"红灯停，绿灯行"的游戏，可以在家里和孩子反复玩，以教会他们简单的交通规则。又比如，用"举起勺子""放下筷子"等有趣的游戏教孩子使用餐具，让孩子记住餐桌规则。

请记住游戏的心态、游戏的方法，放轻松，和孩子一起享受游戏的过程比游戏本身重要得多。

"好奇心启蒙"行动清单

- 关注自己的言语，看自己能不能一天不对孩子说"不"。如果不能，记下自己一天对孩子说过几次"不"，看看哪些是不必要的、有更好方法解决的。
- 下次跟孩子玩儿的时候，先对自己说："我们拥有世界上所有的时间，不要着急。"
- 晚上，把家里的灯关了，和孩子一起点上蜡烛，观察烛光、影子。

批判性思维：让孩子问问题

我曾在游泳池的更衣室听到一个五六岁的女孩一直在问妈妈问题："今天人多吗？""今天水会不会太冷？""墙上那个圆圈是什么？""为什么这个门不开？"妈妈忙着带孩子去上游泳课，对这些问题很不耐烦地回答："我不知道。"后来她干脆说："你问的问题我都不知道答案！"

我理解这位妈妈，她可能正在想：孩子真是没有时间观念，上课马上就要迟到了！而且，孩子的问题天马行空，妈妈的确不知道今天游泳的人多不多。不过，其实这位妈妈可以给出更好的回答。

批判性思维，听上去比较高深，似乎是大人才具备的技能。其实，批判性思维就是动脑筋思考，孩子有认知后就可以拥有了。在启蒙期，孩子还不具有太强的逻辑能力或其他高阶思维能力，但是，他们已经具有了开放的思考能力和好奇探索的冲动。如果想要将下一代培养成更优秀的思考者和提问者，我们就应该从现在开始。

让孩子问问题

在这里，我要介绍在启蒙阶段培养孩子批判性思维的要点：问问题。

孩子到了启蒙期，问出的所有"为什么"都是逻辑思维的开始，因为他们发现世界上的事情是有关联的，他们也会从对话和答案中逐渐弄明白时间、地点、人物、顺序等概念，从而了解世间万物的来龙去脉。

问问题是认知发展的表现，问题越多的孩子思维越活跃。"为什么一扇门打不开？门后面可能有什么？"孩子问问题源于他们对周围世界的好奇，他们期待的不是正确答案，而是我们和他们一同问问题。

比方说，如果一个孩子问："为什么我们每只手有5根手指？"很多父母会回答："因为每个人每只手都有5根手指，人就应该是有5根手指的，这有什么好问的。"

类似的问题很多孩子都会问，很多家长对这种简单问题的答案有近乎本能的反应，但孩子显然是没有的。在孩子看来，世界不应该"本来就这样"。记住，每个孩子都有他的视角，他的经验，他的好奇心。直接对他说"事实就应该这样，不要问了"，会阻碍他思辨思维的发展，让孩子认为就应该接受和记住面前的信息，而不去想有什么原因，有什么其他的可能性。

你可能会说，他的问题太离奇了，我也不知道人为什么每只手有5根手指，而且，知道了又有什么用？其实，这个时候，你可以这样回答。

"如果我们每只手只有一根手指，我们能够拿起东西吗？"

"是不是所有的动物都有5根手指呢？我们来看看小猫小狗有多少手指！"

"手指数量一样多的动物，是不是很久以前都是从某一个源头演化过来的呢？"

还有一个好的万能回答："这是个好问题，我也想知道答案。"

我们大人总想告诉孩子正确的答案。其实最好的解答是寻找答案的过程。答案不是最重要的，对话、思考，让孩子觉得知识有趣更为重要。大人在孩子认识世界的过程中的作用，是帮助孩子认识世界，形成逻辑思维，给这个混乱的世界施加秩序。到哪里去找合适的信息，如何分辨各种情况，如何理解琐碎的信息，如何做出推理和关联，这都是在寻找答案的过程中锻炼的技能。

引导孩子问问题的一个好办法是我们也问问题。不过许多大人已经失去了问问题的能力。如何最快地把这种能力找回来呢？我教你一个很好的实操方法，就是大声说出你对世界的疑问，比如，为什么很多花都是5个花瓣呢？为什么柜子都要做成长方形的呢？路上的车辆数目是多少，就可以不堵车了呢？

我们会发现，其实这些问题的答案我们也是不知道的。孩子听到这些问题，就会发现爸爸妈妈对世界也充满了兴趣，然后很高兴地加入探讨。

家长和孩子对话时可以探讨几乎任何内容，甚至不一定局限在孩子的问题上。比如，我会和孩子聊人为什么要有朋友，世界上为什么会有钱，健康人和残障人士对世界的感觉是不是一样的。这些问题都可以反复地聊，不同年龄的孩子会给出不同的回答。求知无止境，我们也不知道这些问题的终极答案，所以，我们就从现在开始和孩子探讨吧。

没有正确答案的游戏

还记得开放式思维游戏吗？成长树家庭教育法的核心是开放、引导，让孩子像一棵树一样自己成才。在培养批判性思维方面，成长树家庭教育法的独家秘诀也是开放式的问题游戏和对话。

问题有不同的问法，一个问题有不止一个答案，一个游戏有不止一种玩法。我们现在就来介绍几个"有许多不同答案"的开放式对话游戏，这些都是我和孩子常玩的。

1. "我想知道"的游戏。和孩子轮流说："我想知道……"比如，"我想知道，为什么叶子是绿的？""我想知道，为什么肥皂可以洗干净衣服？"话题可以从日常生活中来，比如下雨天，妈妈可以说"我想知道为什么雨点从天上掉下来"，孩子可以接着说"我想知道为什么树叶漂在水上"。这个游戏的关键是它是提出问题的游戏，不是寻求答案的游戏，如果答案太复杂，这个游戏就不那么好玩了。所以，我更建议你不去找答案，尤其不要找到正确答案，问题本身就足够有趣了。

2. "会发生什么"的游戏。问孩子类似下面的问题，也可以由孩子自己来提问题。"如果小狗会说话，会发生什么？""如果你没有眼睛，会发生什么？""如果我们把这些糖都吃掉，会发生什么？"这是个培养想象思维的游戏。同样，我们应该接受任何答案，还可以和孩子一起继续想象，给出很多不同的答案。

3. "还可以用来做什么"的游戏。针对一些日常用品，问孩子除了正常的用法，它们还可以用来做什么。"纸巾还可以用来做什么？""勺子还可以用来做什么？""旅行箱还可以用来做什么？"看看孩子可以为这些日常用品想出多少种不同的用途。

这些游戏的共同特点在于，它们的目的都是引起讨论，鼓励"盒子外的思考"。和第 4 章中的开放式思维启蒙游戏一样，这些游戏的关键是要持续地玩，让孩子带领，我们辅助。这样我们会发现，培养孩子批判性思维这样的任务不仅不难，而且很有趣。

> **"批判性思维启蒙"行动清单**
>
> - 下次孩子问"为什么"的时候，不要急于回答，而是说"我们一起来想一下，如果这种情况不发生，会怎么样"，把一次性的回答变成多轮对话。
> - 下次孩子对一件事做出错误解释的时候，不要急于改正他，而是说"我们来看看还有什么可能性"。
> - 跟孩子玩"我想知道""会发生什么""还可以用来做什么"的游戏。记住，这些游戏不是只玩一次，而是要经常、持续地玩。

第 7 章

启蒙期身心健康：
建立安全感，礼貌待人

　　学龄前孩子的物质需求是很明显的：营养丰富的食物、保暖的衣服、喜爱的玩具。然而，成长树家庭教育法中关于身心健康的这些模块——运动、自信、韧性、同理心，应用于这个阶段的孩子身上是否有点儿过早了？孩子连自我意识都不那么清楚呢，有什么自信好谈，更何况同理心呢？

　　成长原则认为，所有的品质都是孩子渐进地学会的。一个信心满满的少年可能曾是一个乐观的孩子，一个富有同理心的年轻人可能曾经接受过许多爱和帮助，一个身心健康的成年人也曾是一个身心健康的孩子。

运动：运动和游戏激活孩子大脑

　　很多家长对于精力过剩的"熊孩子"十分头疼。其实，应该恭喜这些家长,这说明孩子身体健康、好奇心强、兴趣广泛。但我们该怎么对付他们过多的精力呢?最好的方式就是让孩子参加体育运动和运动量大的游戏。

运动类游戏和活动

你可能知道,人的运动技能分两类:大肌肉运动技能和精细运动技能。大肌肉运动技能是指涉及人体大肌肉运动的技能,例如走路、跑步、跳、坐、爬行。精细运动技能涉及使用较小的肌肉运动的技能,例如抓握、系鞋带、系扣子或者刷牙。

在大肌肉运动技能方面,孩子在5~6岁时身体协调能力提高,表现在他们的接球和投掷速度与准确性大大提高,跑得更快,开始骑两轮自行车。这个年龄段的孩子开始掌握更加复杂的运动类游戏的方法,比如爬架子、滑滑梯和荡秋千。他们可以学会跳绳、游泳,甚至在跑动中踢球等。

随着孩子本身身体机能的发展,我们可以给孩子足够的机会去锻炼加强他们的大肌肉运动技能。锻炼大肌肉运动技能的最好方法有以下4类。

1. 带孩子参加体育运动:跑步、踢球、游泳。
2. 带孩子参加运动类的游戏,比如跳舞、踢毽子、跳皮筋、跳房子。

3. 给孩子提供可以运动的场所或工具：滑滑梯、骑自行车。
4. 带孩子去室外活动：爬山、攀岩。

同样，随着孩子本身身体机能的发展，我们还可以给孩子足够的机会去锻炼加强其精细运动技能，比如串珠子、捏橡皮泥、搭积木等。要点是孩子需要同时进行锻炼大肌肉运动技能和精细运动技能的活动，建议启蒙期的孩子每天都进行这两种类型的运动，周末或者假期可以做更多运动。

有组织的运动

有组织的运动也就是有规则的团体运动，比如篮球、排球、足球、冰球等。在6岁之前，大多数孩子不具备团体运动和竞技运动所需的基本运动技能。他们的平衡力和注意力有限，视觉和追踪运动物体的能力还没有完全发育成熟。这个时期的孩子很享受运动，我们要让他们参加训练基本技能的活动，如跑、跳、游泳、翻滚、投掷和接球。这些技能可以通过积极玩耍来提高，孩子不一定要加入运动队。这个年龄段的孩子注意力持续时间短，他们能够探索、实验，也能模仿他人，但不懂过于复杂的指导和规则。

5岁以上的孩子可以参加一些有组织的课外活动，如空手道、体操或舞蹈。启蒙期孩子进行有组织的运动时应该注意以下几项。

1. 不要过早决定专长。学龄前的儿童更应该多尝试，练习体能、平衡力和灵活性，培养兴趣。至于孩子到底对什么运动感兴趣、有才能，是要在不断尝试中发现的。如同智力上有多种智能一样，每个孩子的体育才能不一样，在运动方面发展的速度也不一样。一般到小学后期，我们才可以看出孩子的运动天赋。在启蒙期，孩子可以慢慢地在玩中学，家长要多鼓励、表扬。
2. 避免竞争。启蒙期孩子的运动应该避免竞争，重在参与，可以"每个孩子都得奖"。孩子还在成长中，发育速度不均，所以我们要避免给竞争失败的孩子下定论，比如"这个孩子不适合打篮球"或者"那个孩子跑步总是比你快"。
3. 避免过于复杂的规则和组织。这个时期的孩子，还不懂复杂的规则，比如"球一定要传过两次后才能射门"这样的规则。如果需要的话，启蒙期的孩子应该被给予简化的规则。

关于启蒙期孩子的运动量，我建议学龄前儿童全天进行3小时左右的身体活动，包括游戏、走路等身体参与的活动。

每天的活动量可以分散在全天的不同时段。在理想情况下，其中应该包括 60 分钟的连续运动。对于小一些的孩子，运动时间也可以分成两个 30 分钟的片段或四个 15 分钟的片段。

同时，启蒙期孩子每个小时都需要一些活动时间，课间活动、家务时间都很重要。你一定要同意，定期运动可以为孩子的身心健康带来短期和长期的益处，包括让孩子少生病。研究也发现，身体活跃的孩子往往在学校表现更好，注意力持续时间更长，行为问题更少。反之，缺乏或没有足够的体力活动会导致孩子出现健康问题，比如体重增加或体内脂肪过多、骨骼健康问题和心血管疾病。健康的孩子才能成长为健康的成人，今天就带孩子动起来吧！

"运动启蒙"行动清单

- 下次你自己锻炼的时候，带孩子去看看你都在做什么。
- 带孩子去现场看球赛。
- 每周末，给孩子安排一次增强大肌肉运动技能的活动和一次增强精细运动技能的活动。

韧性：走出舒适区，独自处理问题

启蒙期的孩子虽然还不成熟，但被过分宠溺的缺点已经显现出来了。我们会发现，有的孩子非常不讲道理，凡事找大人，或者达不到目的就无理取闹。另外有些孩子会开始懂事，开始管理自己和关心他人。启蒙期的这几年，是培养孩子性格上优良特点的关键阶段。

韧性，是指一个人面对挫折时，承受困难、迅速恢复的能力。启蒙期的孩子的确还是小孩子，需要被保护，被温柔以待。家长培养他们的韧性，也需要用不同的方法，而不能"野外放养"。我建议的培养方法也许有些不符合直觉：对孩子韧性的培养，要先从建立安全感开始，然后再教他们面对障碍，解决问题。

建立安全感

心理学家认为，一个人成年后的安全感和自信心往往来源于童年获得的"无条件的爱之摇篮"。这种爱帮助孩子建立信任，帮助孩子变得开朗且自信。反之，被过度宠溺、忽视、控制的孩子，长大后往往会缺乏自尊，容易焦虑。

启蒙期的孩子心智初开。他们在吃饱穿暖之外，开始感受和观察父母或者其他亲人与自己的关系。安全感来自孩子对他的照顾者的信任。也就是说，当一件让孩子感到威胁、害怕、困难的事情发生的时候，他应当知道他有强有力的支持和"安全网"，他可以寻求帮助，也可以尝试自己解决问题，他不用一直待在困难的境地里。

启蒙期的孩子并不是天生就有安全感。反之，他们天生比较无力，很怕失去父母的爱和帮助。所以，他们常常表现出对父母的依恋，在父母发火的时候也会不知所措。他们不太会处理天生对父母的"爱"和后来对父母的"怕"。家长与孩子建立信任，给他们安全感，是孩子心理健康的基石。

家长具体应该怎么做呢？举几个例子，孩子在家里玩球，打碎了一件你心爱的瓷器，你怎么办？给孩子报了游泳班，但是孩子特别怕水，不想学游泳，每次从家里出去就开始闹个不停，上课时又不听教练的指导，不肯下水，你怎么办？

让孩子建立安全感，是要让孩子感受到我们对他们的爱。对孩子的爱表现在，他们犯了错误时，我们不会直接打骂。启蒙期的孩子不会理解为你是因为瓷器碎了而生气的，可能会理解为你不再喜欢他。常常被打骂的孩子缺少安全感，长大以后往往要么容易委屈，要么容易暴怒，不知道如何正常、开放地与他人相处和处理问题。所以，如果孩子弄坏了东西，我们应该带他们一起收拾好现场，确认没有危险的碎片留在现场。然后，我们可以平静地告诉孩子，什么样的物品容易碎，在哪里玩儿比较安全，如何避免再次打碎东西。

对孩子的爱也表现在，当他们不听话的时候，我们先理解孩子，再解决问题。比如孩子不肯游泳，是正常的对陌生事物的害怕。我们可以强迫孩子去学，用严厉的教练威慑他，用其他孩子不怕水的表现来责备他，也可以用一种叫"连接轻推"的方法：先和孩子连接，表示你非常理解孩子的处境，再在比较长的一段时间内，让孩子一步步接触水，在他探索的时候鼓励，在他害怕的时候和他站在一起，直到孩子自己走出这一步。这种方法需要很多的耐心，却是在给孩子安全感的同时，让孩子走出舒适圈的好办法。

让孩子建立安全感的另外一个方法是建立生活常规。启蒙期的孩子喜欢生活常规，比如每天你去上班的时候，出门前几分钟和孩子有个道别仪式，回家后和他有个见面仪式，又比如单独相处的时间，睡前讲故事，周末探望祖父母，等等。孩子会期待这些仪式。这些重复的温馨时刻能给孩子带来安全感，让孩子知道父母和爱他的人总是可以找到，总是可以对话，总是在那里。

启蒙期孩子的身心健康来自良好的家庭环境。积极的关系是可以建立的。我们和孩子做的每一件事，每次赞赏，每次感激，每次接纳，甚至每个道歉，都让我们和孩子之间的关系更加紧密。家长要不断地告诉孩子你和家人爱他，会保护他，要跟孩子建立信任，让他知道我们是支持他的，永远和他站在一起。

不在乎输赢

孩子从启蒙期开始有强烈的自我概念，不少孩子做什么都要自己占先，甚至不顾他人地抢夺。如果一个游戏他输了，或者一件玩具他没有先拿到，他就会大哭大闹。从儿童发展心理学的角度来看，孩子"输不起"是一种正常的普遍现象。无论什么事情，孩子总是希望自己能做到更好，比别人强，获得周围人的认可。可是因为孩子年龄小，各方面都不成熟，他并不了解自己的强项和弱项，在人前或在集体活动中，一旦不如人、输于人，他就会表现出不满、不高兴。

从认知发展角度来说，启蒙期的孩子开始在与别人的对比中建立自我意识。"好胜心"是一把双刃剑，一方面它不断激发孩子的进取心，另一方面孩子可能不知道如何应对挫折。当孩子逐渐接触复杂的世界，开始遇到失败、应对挫折时，这就是家长引导孩子懂得输赢的时机。

我们可以仔细观察自己。孩子"输不起"，往往是家长"输不起"的外化和放大。家长的虚荣心在于，希望自己的孩子比别人的孩子强，孩子赢了，父母很开心，不断夸赞孩子厉害；孩子输了，父母感到失落，虽然表面上不说什么，但是孩子捕捉到父母情绪后也能感知输赢的重要性。如果父母让孩子形成"不是第一就是失败"的观念,那么孩子肯定会特别在意输赢。所以,解决孩子"怕输"的第一步,是我们自己要抛弃这个观念,父母有颗平常心,看淡输赢,才能引导孩子看重成长。

关于正确面对输赢,平时我们可以注意以下几点。

1. 前面提过,启蒙期的孩子不太懂真正的输赢。在玩游戏的时候,每个孩子都可以赢,都可以拿到一份奖品。
2. 不要用比赛的方式来鼓励孩子,例如比赛谁吃饭较快,赢的那方经常得到表扬与奖赏,输的那方却被批评和惩罚。吃饭、做家务、完成功课都是孩子应该做的事情,不是竞赛,也不是一个孩子做得好,另外一个就做得不好。
3. 不要经常把孩子和同学、朋友等同龄人做比较,比如总是说别人在班上排名第几,你又排名第几之类的。

如果遇到孩子因为失败大发脾气的情况,家长既不要批评孩子"输不起"的坏情绪,也不要急于安慰或者讲道理,而是应该先平静地等待孩子把负面情绪表达出来,在此之后,用认可孩子情绪的方法开启有效引导。例如,你可以说"你是不是因为没得到奖品而感到伤心",表示你能理解他的情绪。在孩子平静下来以后，家长可以通过对话让孩子懂得，这个世界并不是非黑即白，不是只有赢和输，还有参与，以后还有机会。

另外，我们要学会正确地表扬，引导孩子注重过程。为了避免"只要赢就好，输了就不好"的思维陷阱，我们在表扬孩子的过程中要弱化结果，而强调努力的过程。在鼓励孩子的过程中，我们尽量不要说"你真棒""你真聪明"这种没有具体指向的表扬的话，因为这种表扬会给孩子压力，当孩子下次失败了，他就可能担心他不棒、不聪明了。给予表扬时，我们应该关注细节和过程，比如"你画的这只鸟，颜色搭配得很漂亮""你在比赛过程中特别专注，这是你取得好成绩的原因""你在刚才的棋局中，前面的布局非常好，只是在后半段面临进攻的时候没有做好防守，如果我们能返回去重新看一下哪一步是关键防守，我觉得你下次就能更好地应对这种情况"。

不溺爱孩子

法国思想家卢梭曾在《爱弥儿》中指出："你了解有什么办法可以让你的孩子感到痛苦吗？那就是，让他想要什么就有什么。"

我们都知道，溺爱孩子会造成孩子以自我为中心，养成坏脾气、坏习惯等，但是你知道溺爱会降低孩子的智力吗？

你可能听说过即时满足和延迟满足。每个人的大脑里都有一个部分用于调节情绪。假设一个孩子想要一个东西或者做成一件事，如果他们需要等待才能得到满足，那么这个等待的过程对孩子来说就是要抑制冲动，调节自己的紧张、渴望等情绪，这个过程也就培养了孩子的意志力和自我控制力。如果孩子所有的需求都得到即时满足，那么他们就没有等待的过程，他们就被剥夺了培养这种能力的机会。

如同人的肌体需要运动才能成长一样，人的大脑也需要锻炼才能成长。如同运动强度要合适一样，是否满足孩子的需求，何时满足，也需要适宜的尺度。我并不是建议家长主动剥夺孩子应该得到的东西，而是建议满足正常的要求，延迟和商量一些可有可无的要求，拒绝不合理的要求。

也许你会说，我就是爱孩子，不是溺爱孩子。如何区分爱和溺爱呢？请问下面这些动作，你做过吗？

1. 买。
    - 常常给孩子买玩具，孩子玩几天就不玩了。
    - 孩子的朋友有个玩具，孩子想要，你马上给孩子买。
    - 工作忙，总见不到孩子，给他多买些玩具补偿。
    - 别的孩子都有，也不贵，就给他买吧。
2. 做事。
    - 跟在孩子后面，收拾孩子一路上丢的东西。

- 收拾孩子玩过的玩具。
- 不让孩子做家务，认为孩子做不好，或者认为家务事浪费孩子的时间。
- 给孩子穿衣服、系鞋带，毕竟我们做起来比孩子容易得多。

3. 吃。
- 给孩子吃糖，虽然知道这对他的牙齿不好。
- 给孩子吃他想要吃的垃圾食品，觉得他爱吃，我们就高兴。
- 做饭按照孩子的口味来，全是他喜欢吃的。
- 吃饭时孩子可以挑食，只捡自己喜欢的吃。
- 不断鼓励孩子多吃，觉得生活好了，一定要让孩子吃好。

4. 界限。
- 当孩子对别人不礼貌时原谅他，比如他打断别人说话。
- 管教孩子时他不听，你只好就算了，向别人解释说，这个孩子就是不听话。
- 在孩子完不成作业的情况下，帮他请老师通融。
- 给孩子玩电子产品，因为这样最容易让他不吵闹。
- 让孩子超出你设的界限，比如规定看20分钟电视，孩子吵着要看更长时间，你便屈服于孩子的要求。
- 从来不对孩子说"不"，或者说了也不执行。

5. 中心。
   - 家里的日常安排都以孩子为中心，比如每天的时间表，周末的活动，度假的地点。
   - 大人听孩子的话，比如一起看电影，孩子说看哪一部片子就看哪一部。
   - 大人下班的时间完全交给孩子，陪他做功课，做他应该做的家务事。
   - 爸爸妈妈之间的话题全都是关于孩子的。

上面这个"溺爱清单"，我相信你一定做过其中的一些，当然我也做过一些。偶尔一次或两次特殊情况还好，如果这些行为成为我们的常态，那就是对孩子的溺爱。

溺爱孩子的直接后果有很多，比如下面这些。

1. 孩子认为你说话是不算数的。比如，你说的几点睡觉，电子产品玩多久，都可以不遵从。如果你不能坚持自己的界限，那么孩子就会感到迷惑，不知道真正的界限在哪里。
2. 孩子不做力所能及的事，比如捡起掉在地上的东西，而是动不动就叫大人，这样的孩子能力低下，在没有大人的时候会出现问题，也比较难走上自驱之路，而独立自驱是孩子将来学习所需的关键能力。

3. 孩子过分以自己为中心，认为家里其他人都要围着自己转，这样他们就不能很好地和其他孩子相处，难以交友，长大后也难以与他人相处。

4. 孩子得不到想要的东西就大吵大闹，这背后是因为他不懂得这个社会的规则。将来到了学校，学校里有不同角色，孩子需要听从老师，或者用合理的方法表达自己的问题，孩子如果不懂规则和尊重，在学校里和社会上是会吃亏的。

5. 坏习惯会造成健康问题，比如使用电子产品时间太长所造成的近视眼，注意力不集中，吃太多垃圾食品造成的肥胖等。

  父母溺爱孩子的原因有很多，包括觉得这是自己的孩子，一切都要为了孩子，渴望给孩子一些自己小时候从未拥有过的东西，因为工作太忙而感到内疚，图省事儿，自己缺乏持续执行规则的精力，等等。无论是什么原因，我可以肯定地说，家长溺爱孩子对他对己都是不利的。

  如果你有"溺爱清单"里列出的那些行为，你要把它们改掉。溺爱不是爱。溺爱的反面不是不爱，而是在信任的基础上有界限、有规矩。我们要做的是设置合理的规矩，给孩子讲清楚，并且帮助孩子遵从它们。

> **"韧性"行动清单**
>
> - 下次遇到表扬孩子的机会时，要表扬孩子的具体行为，针对细节和努力，而不要大面上说孩子真棒。
> - 回忆一下，现在你家里有哪些给孩子立的规矩，它们是否合理，是否被遵从？
> - 仔细对比"溺爱清单"，看你是否有这些行为，如果有，你打算如何改进？

同理心：礼貌待人

有同理心意味着我们可以想象别人的想法，感受别人的感受，然后以关怀的方式做出回应。

人类是极其社会化的物种，为了生存，彼此建立了深深的依赖关系。同时，人类也是一个复杂的物种，比其他任何物种都拥有更多样化的行为。我们一生中大部分清醒的时间都花在了解读别人的心理上：开心、伤痛、猜疑、幸福，一切都和其他人有关。我们在理解周围人的同时，也在了解自己的心理，这是我们自身成长过程中的一部分。

了解他人，建立社会关系，学会处世之道，这就是古老的"他心问题"，也是每个孩子、每个人都必须面对的问题。启蒙期是孩子形成自我、他人的概念以及自我和他人关系的关键时期。

我，他人，大家

孩子一开始都是以自我为中心的，一切都是"我、我、我"。他们的不少行为，比如抢其他孩子的东西，是因为他们只看到自己的需求，而不懂得别人也有需求，也有情绪。这个时候如果直接被管教，他们也不知其所以然。我们首先要做的是教他们知道别人的感受，也就是有初步的同理心。我们可以做下面这些事来引导孩子。

- 我们可以和孩子谈论他人的情绪或者所处的情境。比如，我们可以说"又到周末了，让我们问问姐姐想做什么""这个苹果好酸，你觉得爸爸喜欢吃吗""小朋友来了，问问你的朋友，他想玩什么"，然后在这些对话中，引导孩子去了解他人的需求。

- 同情孩子本身也可以教会孩子同理心。比如，你可以说："弟弟抢了你的玩具车，我知道你很生气。"悲伤、快乐、惊讶、愤怒，在孩子感受这些情绪的时候，我们要和他们谈论这些情绪。

- 赞美孩子善解人意的行为，及时告诉他，他做对了什么，并尽可能具体："你很慷慨地和你的小弟弟分享你的玩具车！这让他很开心。看看他笑得多甜！"他会从你的反应中了解到，他的行为是得到认可和重视的。

- 当孩子不够关心他人时，我们也要指出来。比如，你可以说："当你抓住你弟弟的拨浪鼓不让他动时，他真的很难过。你能做些什么让他感觉好些？"

- 跟孩子一起阅读描述人物感受和表达基本情感的故事与书籍，中途可以停下来一起聊聊："这只小鱼到了大海里，他的感觉是怎样的？""为什么你认为这个小孩会很开心？你怎么知道的？"

- 教会孩子给予和接受、分享。比如，孩子可以帮爸爸妈妈做事，比如帮他们拿衣服，安慰病人，把自己最喜欢的食物和玩具分给大家而不是独享。在给予和接受中，孩子慢慢就会懂得什么是正向的人际关系。

在孩子进入少年期之前，我们要帮助他形成正向、清晰的"我、他人和大家"的概念，知道如何与不同的人和平共处，如何寻求帮助或帮助别人。

礼貌待人

礼貌是人类社会的行为规范。孩子出生后并不会自然地懂得大人觉得理所应当的礼仪。比如，孩子扔东西玩，如果打到了老人，我们就要训斥他们。可是，他们可能并不懂得"尊重老人"这个基本的礼貌。很多孩子学习礼貌，都是在被训斥和不知所措中慢慢知道什么不对，并不知道什么是正确的做法。

所以，让孩子懂礼貌，先要教他们什么是正确的礼貌做法。家长要告诉他们应该做什么，而不是不做什么。这里我给大家列举一些启蒙期孩子可以开始练习的礼貌习惯。

1. 个人修养。
   - 良好的卫生习惯，比如饭前洗手。
   - 打喷嚏或咳嗽时捂住嘴。
   - 用餐时使用良好的餐桌礼仪。正确使用餐具，闭嘴咀嚼。
   - 如果嘴、手等被弄脏，用餐巾纸擦干净。
   - 全神贯注观看戏剧、电影和音乐表演，不说话或发出声响，表现出适当的尊重。

2. 礼貌用语。
   - 使用"请"和"谢谢"等礼貌用语,它们表达了对他人为你所做的事情的感激之情。
   - 当你需要打断谈话时要说"对不起",即使在紧急情况下,也要保持礼貌。
   - 麻烦别人时要说"劳驾",比如需要别人让出空间时,或者让别人拿一个东西过来时。
   - 如果撞到某人,你要说"对不起",确保别人知道你不是故意这样做的。
   - 在用餐结束时不要只是起身离开,而要说"我吃完了"。
3. 待人接物。
   - 向来访者致意并与他们道别,问候和再见都很重要。
   - 向他人介绍自己,并互相介绍朋友。
   - 在进入房间之前敲门,尤其是卫生间的门。
   - 别人说话时不要打断,等轮到你时再说。
   - 不在餐桌上使用电子产品。向他人表明他们的存在对你很重要。
   - 不评论个人形象,尤其不应当嘲笑别人的形象,因为这样可能会伤害他人的感情。
   - 借用物品后归还,尊重他人的财物。

- 收到礼物或者接受帮助后表达感谢。
- 和别人说话的时候要看着对方，不要东张西望。
- 打电话的时候先介绍自己。

4. 公众场合。
   - 排队时耐心地等待。
   - 在公众场合不大声喧哗。
   - 不乱扔垃圾。
   - 在公共场所进门时，为后面的人开着门，不要让门"砰"的一声在别人面前关上。
   - 注意别人的需求，有人需要帮忙时就帮一把，比如，看见老人拿东西可以帮着拿一下，看见别人双手腾不出来开门就帮着开一下门。

这些小的礼仪或者用语还有很多。我们可以在合适的场合向孩子讲授、解释这些行为。当然，学习礼貌的最好方法是以身作则，因为孩子随时都在观看和模仿你，尤其是表现和礼貌方面的行为。培养、展示和教授良好的礼仪是终生的课程。

家庭宠物

在启蒙期的后期，有条件的家庭可以考虑给孩子养一些宠物。家庭宠物不仅仅限于猫和狗，也有更好养一些的，比如仓鼠、金鱼、乌龟、鸟、兔子等。从孩子的视角来看，许多孩子都认为他们的家庭宠物是他们最好的朋友。这些宠物无条件地爱你，接受你本来的样子。

无论是为狗的水碗加水，还是清洁猫的猫砂盆这样简单的事情，照顾宠物都能教会孩子责任感。宠物自己不会干活儿，它们无条件地需要我们，我们可以把孩子力所能及的照顾宠物的工作都交给他们，并且表扬和鼓励这些行为。孩子天生专注于自己的需求，而照顾宠物会教他们关注"他人"的需求，让一个"自恋"的孩子远离自己。

在这里，我再告诉你一个养育宠物的作用：研究表明，与没有养宠物的孩子相比，拥有宠物的孩子的情商更高。这是为什么呢？

这是因为宠物不会说话。人与人之间的交流依靠"语言信号"和"非语言信号"。什么是非语言信号？它是指面部表情、肢体语言、手势等不用语言就能表达需求、情感的信号。宠物只提供非语言信号，如小猫想吃东西时会叫，小狗想出去遛弯儿时会跑到门口，这些动作会让孩子思考："它们有什么需求？我能做些什么来帮助它们？"

这些对非语言信号的理解是同理心的核心表现，也是孩子认知发展的表现。更进一步，孩子还需要照顾到宠物没有表现出来的需求，比如给它们足够的食物让它们度过周末，这会培养孩子对另一种生物的更深层次的关怀和理解。

当孩子学会尊重和关心动物时,他们将学会如何尊重和关心他人与自己。如果家里有宠物,父母和孩子会经常分担照顾宠物的工作,孩子在很小的时候就能学会如何照顾和养育动物,如何让动物依赖自己。宠物可以让孩子懂得生活中有重要意义的东西:陪伴、同情和无条件的爱。这为孩子在以后的生活中形成有意义的联系和关系奠定了基础,而正是这些关系让生活变得更有价值,对吗?

要注意的是,启蒙期的孩子还不具有单独照顾宠物的能力,所以养宠物之前,父母要想好自己要承担大部分的责任和义务,再去给孩子购买或领养合适的宠物。父母对宠物的照料和态度,无疑也是孩子的行为榜样。

"同理心"行动清单

- 和孩子讲述、讨论"礼貌待人"一节中的礼貌清单——"个人修养""礼貌用语""待人接物""公众场合",并增添孩子认为应该做到的新的条目。
- 和孩子谈论其他人,比如幼儿园的小朋友,家里的亲戚、老人,谈论他们的情况和不同的需求。
- 有条件的话,带孩子一起去做志愿者,比如喂养流浪猫。

第8章

幼小衔接

6岁后，孩子的大脑变得更成熟，他们的学习方式也从兴趣驱使的探索式学习转变为获得技能驱使的掌握式学习。孩子在这个时候，开始为上小学做准备。

小学一年级的功课是比较简单的。所谓幼小衔接，是指幼儿园和小学两个教育阶段的过渡。家长不要提前教会孩子一年级的功课，那样反而会适得其反。在幼小衔接过程中，孩子需要从以父母为中心的生活转为以同伴为中心的生活，从对父母和家庭的依恋转移到建立和同龄人的关系以及和老师的社会关系上。幼小衔接，是要让孩子在心理上、行为习惯上接受和适应小学生活。

在心理准备方面，我们要让孩子把上小学看作一个特别积极的、成长性的里程碑。我们家的两个孩子，弟弟很早就非常羡慕哥哥是一个小学生，非常羡慕"学生"这个称呼。所以，当我们对弟弟说"你就要像哥哥一样做一个学生啦"时，他非常向往，决定自己一定要好好表现。心理准备可以提前几个月开始，家长可以和孩子谈论小学，让他们知道这件事会发生，值得期待。

在行为准备方面，孩子在幼儿园以玩游戏为主，在小学需要安静地学习。在幼儿园里，一般来说，孩子是比较自由的，上小学就不一样了，学校要求会更加严格。所以，我们可以在孩子上小学之前的一段时间，在家里让孩子"模拟上学"，比如每天起床、上幼儿园、睡觉，都尽量去模仿小学的节奏。这样可以让孩子不必突然改变生活习惯。

这里还有几个关于孩子上小学之前的具体准备的建议，请家长们自取。

- 带孩子先去他要上的学校看看，让他熟悉那里的场景，这样他就不会在上学第一天感觉被丢在了一个陌生的地方。
- 让孩子记住家长的名字、电话和家里的地址。
- 带孩子一起准备物资，比如一起去买书包、铅笔等。
- 告诉孩子，他会有新的朋友。
- 告诉孩子一些安全常识，包括遇到自己解决不了的事可以求助于老师。

如果你仔细地阅读了关于成长树启蒙期的这一部分,并按照行动清单完成了不少的任务,我相信你已经有一个相对独立、自信,也准备好开启新里程的孩子了。

启蒙期的成长树原则

我们再来回顾一下爱的原则、团队原则、成长原则如何适用于启蒙期的孩子教育。

爱的原则:我无条件地爱孩子,也爱做父母的这个过程。

启蒙期是孩子一生中最可爱的阶段。他们爱我们、听话、让人感到温暖。我们要享受和他们在一起的时光,同时给他们打下终身受益的心理、生理和智力的基础。

团队原则:我和孩子是一个团队,孩子带领,我支持。

读完了这一部分,也许你会发现,无论是语言、逻辑、沟通,还是其他任何方面的启蒙,它们底下都有一个共性。你也会多次看到"天生"等描述和"保持""鼓励"等方法。孩子成长启蒙的秘诀是孩子带领,父母跟从。我们要做的是观察和理解孩子,提供良好的环境,让孩子顺其自然地发展。

成长原则:孩子是成长中的孩子,父母是成长中的父母。

要注意,这个阶段孩子的特点是发展非常不均衡。所以,启蒙一定要个性化,家长不要着急,不要太严格地要求他们,不要拿他们和同龄的孩子相比,而要注重自己孩子的个性发展。父母可以放松心态,和孩子一起成长,这样每次都能学到新的东西,每次都能享受新的乐趣。

下面我们复习一下成长路径图和启蒙期重点(见表8-1)。

表8-1 孩子成长路径图

		启蒙期	少年期	青春期
基础技能	数理	建立数字概念 开放式思维启蒙 配对、分类、序列	数理逻辑的乐趣 理解,理解,还是理解 培养早期STEM兴趣和技能	抽象思维能力 知识框架的整理
	文史	丰富的对话 识字启蒙 沉浸式英语启蒙	上下文学习法 文史类科目兴趣 英语学习	一套完整的学习方法 兴趣、理解、积累、练习、反思
	阅读	高频亲子阅读 用阅读启蒙	亲子阅读到自主阅读 让阅读成为习惯 分级阅读	疯狂的阅读者 阅读什么样的书 阅读的技巧
	写作	/	抄录、观察 写日记和写信 自由写作	笔记 社交写作,自媒体
综合技能	沟通	多轮对话 参与讨论 处理情绪	聆听 内向的孩子	保持沟通渠道畅通 讲解和演讲 协商
	合作	带孩子交友 兄弟姐妹	规则和界限 把规则写下来	角色和责任 领导力 人生导师
	规划	/	专注 时间管理	分解问题 设立可执行目标
	创造	画出世界和假想游戏 天才儿童	创意问题和寻求 有美感的孩子 莫扎特效应和留白	提供条件,鼓励创造 连接是创造的源泉

(续表)

		启蒙期	少年期	青春期
成长心态	使命感	/	目标的设立和完成 职业梦想	哲学话题 价值观和智慧
	自驱力	走向独立 专注力	自驱的孩子 导航的父母	责任和控制 自律 完成角色转换
	好奇心	让孩子做孩子 亲子互动游戏力	激情项目 课外领域兴趣	观察细节和看到本质 涉猎广泛
	批判性思维	让孩子问问题 没有答案的游戏	识别逻辑谬误 信商	反思 深刻的理解
身心健康	运动	运动类游戏和活动 有组织的活动	每个孩子的运动 培养运动专长 充足的睡眠	体育精神 青少年睡眠
	自信	/	自我意识的形成 我做的事和我这个人	关于自我形象 情商 避免贫穷思维
	韧性	建立安全感 不在乎输赢 不溺爱孩子	延迟满足 做家务	青少年抑郁和心理健康 将挫折变为转折 艰难的乐趣
	同理心	我，他人，大家 礼貌待人 家庭宠物	理解情绪 尊重他人 感恩	包容不同 高感性能力

第三部分

8~12岁少年期
——开发兴趣，培养助力一生的好习惯

孩子终于上小学了，我松了口气，以后，教育的事情就交给老师吧。

孩子第一次测验，虽然不是倒数，但是在班上排第20名。看来我没办法松口气。老师又告诉我，孩子的作业里不仅有错题，而且作业还没做完就交上去了。

晚上我观察了一下，这么简单的作业，他居然一个小时还没做完！其实他根本就没有好好地写，一直东张西望，玩铅笔，玩本子，头脑里不知道在想什么！

其他孩子都知道考试前自己复习，考试的时候自己检查，我家这个每天乐呵呵的，好像根本就不在乎。眼看着小学数学题越来越难，我都快不会做了，帮不了他，我该怎么办呢？

孩子的小学阶段，一直到初中阶段的青春期之前，也就是8~12岁这一阶段，我们称为少年期。

孩子到了这么大，家长先是觉得他们明显听话了很多，理性了很多。他们不再常常吵嚷，不再无理取闹。刚进小学的时候，因为学习内容相对比较简单，大部分孩子都能学得很好，家长一般都会看到孩子明显地进步了，不管是在学习上，还是在行为上。在这个时候，很多家长都会感觉不错，找到了做父母的"甜蜜点"。

的确，这段时间我们可以尽情享受父母和孩子共同的好时光，既不用担心儿时的养育和安全问题，也不用为中考、高考而感到焦虑。不过，不少父母很快就遇到了"三年级分水岭"。三年级之后，孩子们似乎一下子就分出了高下，有的品学兼优，有的学习明显跟不上了，有的还懵懵懂懂长不大。而且，随着学习内容的难度增大，父母除了催促孩子，好像在具体的功课方面也帮不上忙了。到了小学后期和初中，孩子连父母的催促也听不进去了。

少年期家庭教育的误区，在于父母前期还在用启蒙期的方法，而后期孩子的功课在数量和难度方面剧增，父母只能看成绩排名、安排功课，丢盔弃甲，放弃家庭教育中其他应该重视的内容。少有家庭教育类图书关注少年期的孩子在成长树上各个关键点如何发力。

然而，一棵纤细的树苗是很难长成参天大树的。在少年期，孩子还愿意听从父母，而且具备快速吸收信息和快速成长的能力，父母对孩子的影响是深远的。父母如果在这个时期能让孩子养成良好的习惯，那么少年期之后的孩子就会实现"自动驾驶"，在之后的人生道路上轻车熟路、茁壮成长。

那么，少年期家庭教育的重点是什么？家长又应该怎样操作呢？

当你惊喜地发现孩子上小学后变得懂事了，可以讲道理了，其底层的生理原因是，在这个年龄，孩子在认知发展方面上了一个台阶。他们的大脑发展得相对成熟，高阶能力有了很大的进步，包括自制力、自我意识，他们显现出独立思考的能力，对已有的价值观、为人处世方式、规则等提出疑问，他们也懂得了因果、归纳、谬误及其他逻辑，开始假设性地思考，考虑多种可能性。

孩子在行为上也有了比较大的进步，他们能够比较长时间地专注于一件事，能听懂和遵从相对复杂的、多于一步的指令，能使用相对复杂和抽象的语言，比如谚语、隐喻。他们开始用逻辑思维解决问题，开始理解抽象概念，这使得他们开始了解成人世界的方方面面，例如金钱、时间。

孩子在少年期已经开始上学，具体的学科内容和学习方法由学校老师教导。家庭教育关注的是长远的技能和动力，也就是成长树上的能力。家庭教育做得好，既可以辅助学校的学习，又可以丰富学校教授的内容，还可以为孩子长久的发展赋能。

了解少年期孩子的认知发展和行为发展状况，我们才能用更合适的方法来教育他们。下面是少年期家庭教育的三大重点。

重点1：培养良好的学习习惯，让孩子学会专注，懂得时间管理。

重点2：让孩子学会自主阅读。

重点3：设定界限，让孩子遵守规则。

你可能注意到了，少年期家庭教育的重点都不是培养具体的技能，而是培养把孩子放上"自动驾驶轨道"的技能。是的，这个时期的孩子看上去都在学习家长尚可以辅导的功课，但少年期教育的重点不是这些功课本身的内容和班级排名，而是让孩子通过这些学习和锻炼拥有自驱力，培养成长树上的技能。

自驱力开始于良好的习惯。大部分孩子的智力都不低，如果他们能够专注于自己应该做的事，那么他们都能够学会、做好。如果他们学会合理分配自己的时间，能够按照指定的时间完成指定的任务，那么他们就能拥有更大的潜力。这两个习惯听上去似乎人人皆知，但不是所有孩子都能做到，它们是孩子未来应对更难的功课、更复杂的问题所需要的基本技能。

上了学的孩子要学数学、语文、英语，之后还要学物理、化学、地理、历史等课程，为什么我认为自主阅读是少年期这么多家庭教育项目中最重要的技能之一呢？因为对于我们列出的所有科目，孩子的自主阅读能力都可以起到促进作用。自主阅读不仅仅是孩子认识书上的字，还包括孩子的主动理解、提问、总结、思考，这是孩子将来学好任何学科的底层能力。

少年期的孩子更加理性，需要和家庭之外的更多的人打交道，需要参加集体活动。在少年期后期，他们需要担负一定的责任。从学会理解界限和遵守规则开始，少年期家庭教育的第三个重点是，在这段时间把孩子培养成自律、自信、有优秀社交能力的孩子。

家长常常担心孩子"输在起跑线上"。人生是一场"越野"长跑，仅仅把眼光放在起跑线上是不行的。少年期就如同孩子尝试各种跑鞋，学会热身，学习正确的跑步姿势，了解路上可能面对的不同天气情况，学会和同伴交流与相互帮助的过程。这些工作是为孩子进入青春期、成人后的速度、耐力、策略进行的准备。

第 9 章

少年期基础技能：
培养兴趣、加深理解

有一个说法认为，小学的成绩不重要，到了初中，很多原来学习不好的孩子会变得成绩优良，而一些小学成绩很好的孩子会掉下队来，这是真的吗？这种情况的确存在。有一个统计"清北"学生来源的研究，大概是说，这些学生在高中有非常明显的集中度；初中呢，不是那么明显；小学呢，简直看不出什么规律。也就是说，很多"清北"学生来自不知名的小学，孩子的成绩似乎也不太重要。

那么这些优秀的孩子在少年期有什么共性呢？我们作为家长又有什么可以借鉴的呢？我发现，真正影响孩子的有三点：其一，孩子是否对学习感兴趣，孩子认为学习是积极有趣，还是可怕无聊，这是孩子前进或放弃的关键；其二，孩子对那些看似简单的内容是真正理解了，还是简单地记住了；其三，孩子是否有良好的学习习惯。

数理：理解是关键

少年时期，往往是一个孩子对数理学科产生浓厚兴趣的起始。这个兴趣可以成为一个人终身的兴趣，也可以成为他的专业和工作领域。

数理逻辑的乐趣

我对数学的喜爱，起源于小学三、四年级的时候看的一些趣味数学方面的书，比如《有趣的数学》《数学的奇境》《天才的智慧》等。其中的很多数学谜题我做了一遍又一遍。我还记得当时会跟其他小朋友一起做，或者拿这些有趣的数学题去考别人。这些题目不仅锻炼了我的逻辑思维，而且让我觉得自己"很聪明"，增强了在这方面的自信。

这段时间确实对我产生了一生的影响，因为从小学四年级以后，我不仅不怕数学，而且喜欢上了数学。到了初中、高中，我对数学和相关学科的学习，比如物理、计算机等，都保持了浓厚的兴趣。到了大学，我除了学习计算机之外，还专门去学了数学分析，后来出国又读了一个数学硕士学位。总体来说，数学对我来说一直都不是很难，溯源起来，就是因为在我少年时期，那些关于数学的课外书、趣味题目培养了我对数学的兴趣。

与我类似，我的两个儿子也都对计算机很感兴趣，因为在他们长大的过程中，我们常常谈论一些用简单的算法可以解决的问题，比如，排队的时候怎样找到所需时间最短的队伍？出门旅行时怎样打包是最好的方法？去麦当劳给全班同学买套餐，什么是最佳搭配？这些有趣的问题在孩子不同的年龄阶段可以有不同的解决方法。小的时候，他们觉得这些问题"好玩"，解决方案"聪明"，等到上中学以后，他们在编程课上发现，自己对许多算法已经无师自通了。从此，在没有学过少儿编程相关课程的情况下，计算机编程这门课，对他们来说都是有趣而不难的了。

我周围的很多朋友、同事都是理工科专业的优秀人才，包括奥赛冠军、各个省的理科状元，还有很多拥有数学、物理学、计算机科学的博士学位。他们有一个共性，就是觉得数学或者其他理工科的问题很好玩儿。直到现在，他们还会抢着做家长群里发的趣味逻辑数学题。

那么，作为家长，我们应该怎样帮助孩子进入这个正向的螺旋呢？最重要的就是找到乐趣。数学、物理、逻辑、计算机，都是充满想象和乐趣的学问，而且和生活息息相关。比如斐波那契数列就隐藏在很多植物的花瓣里，中国古代的建筑无不展现着对称之美，骰子可以用来研究概率问题。我们可以让孩子认识到，理工学科不代表枯燥的题目和公式，而代表趣味无穷的自然奥秘。

理解，理解，还是理解

数学的学习，包括数学基础知识和数学抽象思维这两种相互交织的要素。在学校之外，家长可以继续帮助孩子学习数理科学的概念。

从方法上来讲，学理科的关键是理解，也就是懂得"为什么"。对于偏理科的科目，后面学习的概念是以前面学习的概念为基础的，孩子在学习的过程中，一旦中途出现知识的空白或者遇到难点，困难就会积攒。孩子如果有不懂的部分，靠多次重复而记住解题方法是没有用的，说不定还掩饰了孩子并没搞懂这个事实。

家长怎样才能帮助孩子理解相关的概念呢？和启蒙期"建立数字概念"一样，少年期的孩子需要懂得他们所学的概念，比如加、减、乘、除的符号，分数符号，小数点，等等，究竟在生活中是什么意思，怎么用。下面是几个具体的方法。

第一，在日常生活中介绍数理概念。

小学阶段和初中起始阶段的数理概念，大都和生活相连接，孩子们很容易理解。家长可以抓住生活中的机会，把数学和生活中的场景联系起来。比如，分数在生活中比比皆是，切个蛋糕、分个苹果，都是讨论分数的好机会。在回答一个关于分数的选择题时，是选 1/3 还是选 3/5？如果孩子能估算出结果应该超过 1/2，那就一定是选 3/5。所以，很多时候，孩子理解了题目的内涵，解答起来就容易得多，甚至不需要详细地计算。

帮助孩子搞懂数理概念的一个好方法是形象化，或者图像化。很多概念都是可以画出来讲的，比如速度和距离的关系，比如简单的几何问题，比如各种统计和比较。我们可以和孩子的老师一起给孩子展示，或者给孩子买相关的图书，用图像把这些概念更加形象地印在孩子头脑中。

第二，举一反三，而不是采用题海战术。

学好理工科的一个好方法是举一反三。举一反三，也就是搞懂一道题，而不是去做十道题。反之，题海战术会掩饰孩子真正的理解程度，在不坚实的基础上一直搭建，让孩子感到越来越辛苦。孩子会做一道加法题，就应该会做所有的加法题。孩子不会解二元一次方程的话，不要一直练习解同样的题目，而是应该先看看是否理解什么是未知数，会不会解简单一些的一元方程。

父母需要关注孩子是否理解，而不是关注孩子做错了多少题。如果他有一半题目做错了，这就说明他不懂，他需要的是搞懂，而不是再加一倍的题目练习。

第三，不要一上来就做难题，基础题非常重要。

家长怎么才能知道孩子是否弄懂了一个概念？他做基础题时应该100%正确。基本概念会组合成复杂概念，基础题会了，难题也就不难了。比如孩子会做加、减、乘、除法，混合运算的问题也就迎刃而解。直接做难题，容易打击孩子的信心，或者让孩子养成死记硬背的习惯。

同样的道理，孩子只有把小学的数学思维学好，初中数学才不难。所以我们要配合老师，让孩子把每一步走稳。孩子即使有余力，也不要去做更难、更怪的题，比如奥数题，家长可以用课外的趣味题目、相关的课外书等来满足他们的好奇心。

第四，给孩子足够的时间。

在少年期，孩子学的概念逐步变深、变难，对于上面提到的每个概念，孩子都需要花时间去理解，需要看到很多不同的使用场景，不可能教过一遍，孩子就"会了"。比如，什么是数列？简单来看，1，2，3，4这样的一串数字是一个数列，孩子可以记住。2，4，6，8也可以是一个数列，那么，1，4，7，10，13呢？1，8，27，64呢？这些数列的下面一个数是什么，下面三个数是什么？所以，孩子如果记住几个数列，单凭记忆来回答是不行的，他们必须理解数列，才能够在任何情况下给出正确答案。

教孩子抽象思维非一日之功。在孩子刚开始接触一些抽象概念，比如上面说的数列，比如十位数和个位数，或者未知数时，你要多和他们交流，让他们解释给你听，并且举例子。不少孩子一开始没弄清楚一些概念，以后学习时会一直存在问题。所以，宁可开始慢，我们也要从多方面让孩子学懂，再加上一点儿实践。一旦给孩子讲通了，数学概念就变得简单清楚，孩子也不容易忘记。

数学是完美的学科，它的逻辑严密、整齐，抽象的优美是许多其他学科难以比拟的。所有孩子都需要理解数学的基本概念，而左脑思维的天分一般会在小学高年级时崭露头角。我们的目标应该是，让有天分的孩子被发现和启发，让没天分的孩子做到不害怕。

培养早期STEM兴趣和技能

也许你听说过STEM，它是科学、技术、工程与数学的英文首字母缩写。现代数理学科不仅限于数学、物理和化学，而且涵盖更广泛的天文、生物、材料、工程、计算机等。比如，如何发明新型的节能材料，如何用基因技术开发个性化医药，如何用人工智能技术协调全世界的物资供给，如何搭建现代化的无人驾驶交通，这些都属于STEM的应用范畴。

与STEM相关的现代和未来职业有哪些？这里给你举一些例子。

- 机械工程师、建筑工程师、材料工程师、土木工程师。
- 航天员、航空工程师。
- 环境工程师、地球科学家。
- 生物工程师、制药科学家。
- 电子工程师、计算机科学家、数据科学家、统计分析师。

除了直接和STEM相关的职业，在这个技术赋能的世界上，从事其他职业也需要用到STEM技能，比如当教师，你需要使用先进的线上内容和数据工具来帮助学生学习；比如当医生，你需要使用智能的辅助诊断工具和大量数据来做出合理的判断。

在孩子的少年期，家长能做的是帮助孩子培养对科学、技术、工程等领域的兴趣。"数理化"只是基础科学，那些STEM应用学科才是未来工作所需要的学科。所有STEM学科的学习奥秘都是理解，而不是记忆。比如计算机科学，现在很多家长让孩子学编程，然而编程只是表象，孩子需要想清楚他要让计算机做什么，一步步怎么做，才能拥有计算思维。

这里是我对培养孩子STEM相关兴趣的一些建议。

- 给孩子买STEM相关内容的书籍。大部分父母都会给孩子买书，但是很多孩子看的图书都是故事、童话等。孩子也需要有趣的科学、技术方面的阅读材料。

- 带孩子去科技馆、博物馆等开眼界的场所，不要走马观花，而要让孩子花足够的时间在他们感兴趣的项目上，观察、动手、问问题。
- 在日常生活中指出科技带来的便捷和高效，比如地图软件如何告诉我们交通路况，X射线如何照出我们身体内部的器官，疫苗是怎么起作用的。
- 和孩子讨论相关的资讯。新闻里经常会报道科技的新发展，比如火箭发射、新型机器人、大型基建项目、无人驾驶汽车。家长可以带孩子关注这些内容并讨论这些话题。

相比于数学和物理，STEM学科在动手方面也有不少要求。我们可以给孩子提供动手的机会，比如给他们提供建造类玩具，让他们拆装家里没用的东西，做搭建小型家具等家务。我们还可以给孩子创造解决问题的机会，比如家用电器不工作了，孩子能否和大人一起研究并发现问题，进而把它修好？

STEM技能是不是未来需要的技能？答案是"是"！我们已经进入一个由技术驱动和奠基的年代，从现在到可预见的未来，每年STEM相关人才的缺口已经超过百万人，这导致相关领域职位都是工资最高、待遇最好、最有竞争力和灵活性的职位。同时，每个人都需要了解STEM才能做好本职工作。所以，家庭教育不再只是认字和数学，STEM需要成为每个家庭中教育的核心部分。

> **"数理思维能力"行动清单**
>
> - 经常了解孩子正在学习的数学内容。孩子谈论到某个概念时，问问孩子它的意思是什么，生活中有什么例子。
> - 如果孩子遇到一些学习障碍，不要急于给孩子补课或者增加练习，而是和孩子的老师聊聊，看看孩子是否有更基础的知识点没有掌握。
> - 让孩子动手，下次家里有适合孩子修复或改造的东西，和孩子一起动手做。

文史：上下文学习法

和数学一样，小学语文开始时也不是很难，而且很有趣。所以，我们要做的就是保持孩子的兴趣，让他们循序渐进，逐渐把语文和其他文科学好。文科的内容是丰富多彩的，文科的表现形式也可以是丰富多彩的。我们要让孩子对这些丰富的内容产生兴趣和信心。

上下文学习法

启蒙期的孩子开始认识简单的字，而中文字词的大部分积累发生在少年期。在这个时期，孩子要完成从认识简单的笔画和字词，到认识3 000个左右常用中文字词的任务，既能够完成所有基本中文的阅读，也能够进行简单的写作。

想象一下，这对孩子来说是一个壮举，他们从不知道文字是什么，到能够读小说、念报纸、写文章、写信、写诗，还有和关系远近不同的人用文字交流。不少人一生的文化积累都发生在这段时间。

虽然孩子的记忆力很好，但是我反对靠纯记忆的方式来学习，而建议用上下文学习法来完成字、词、句、文章的积累。什么是上下文学习法？就是孩子把内容放到一个上下文语境里学习，而不是孤立地去学习。那么，什么是上下文？我们来看几个例子。

1. 生活是上下文。语文学习可以和生活紧密结合。识字、读句子、读文章都可以在日常生活中进行。对文字的掌控是一个积累的过程，聚沙成塔，集腋成裘，孩子可以在日常生活中认字，用丰富的语言对话。家长要多带孩子看世间百态，不过具体内容可以跟着孩子的进度进阶，比如，家长可以鼓励他们使用学过的成语来表达自己的想法。

2. 阅读是上下文。在学校学习之外，识字造句最有效的办法就是阅读。阅读可以帮助孩子识字、认词和造句，这就是一种"上下文识字法"，字在词中，词在句子中，句子在文章中，字、词、句都可以在文章的上下文中一起理解。

3. 朗读是上下文。诵读诗歌、诵读文章可以培养孩子的语感。人们常说口到、眼到、心到，朗读就能够把记忆和理解相结合。在学校布置的朗读任务之外，我们可以鼓励孩子朗读或者和孩子一起朗读我们喜爱的内容，孩子可以在其中学到优美的字词用法。

4. 故事是上下文。无论是我们给孩子讲故事，还是让他们自己编故事、写故事，都可以让孩子把学到的字、词、句活学活用。所以，我们可以延续和孩子一起编故事的活动，但是要加入更丰富的表达，比如区分不同性格人物的对话、不同场景的描述等。

上下文学习法是成长法则的一个很好的体现：学习是灵活

的、渐进的。学习的关键不是孩子今天记住 10 个字，而是一个月、三个月、一年之后，孩子可以自己阅读合适程度的书，孩子理解了学到的词语的意思，他们再也不会忘，而且可以将其用到自己的创作中。

文史类科目的兴趣

上中学之前，一般的孩子不会专门涉猎历史、地理、政治等文科领域。但这并不是说我们在家庭教育中不需要关注这些领域。文史学科博大精深，语文是工具，是通往人类文明宝藏和文化精华的工具，我们需要向孩子介绍这些人类文明的宝藏和文化精华。

保持孩子对语言等文史类科目的兴趣的最好办法，当然是让他们读课外书了。作为一个理工生，我对文科的兴趣主要来自课外书。我在小学的时候开始大量读课外书，比如我先读了《上下五千年》，后来读《三国故事》《东周列国志》等，这些书都读了多遍。读多了，这些历史也就在我的脑海里连接了起来，我对各种历史人物都有了鲜活的印象。这些兴趣保持至今，塑造了我的思想和眼界，对我写书、教育孩子等也有很大帮助。

随着现代媒介的变化，读书也不再是吸收好内容的唯一方法。比如，现在有不少高质量的视频，它们用更加生动的方法介绍历史、地理、人文，可以引起孩子浓厚的兴趣。家长要注意的是，一定要挑选高质量、有深度、有趣的内容，而不要选简短的、浅显的短视频或帖子级别的介绍内容。

旅游也是让孩子去实际感受历史、人文的好方法。在家庭旅游的时候，我们不仅可以去游乐场、公园，也可以带孩子去看有历史背景的景点、有文化意蕴的山水，既可以选择泰山、故宫这样的名胜古迹，也可以选择周边的某个没有太大名气的古建筑，有故事的庙宇、民宅。旅游的时候，看看介绍，看看建筑的设计，聊聊当时的情况，孩子自然会产生兴趣。

在和孩子对话方面，我们可以用更加复杂的词语，也可以用更加复杂的句子。比如，我们先分三步解释一个现象，再总结，孩子也会学会这种"先分再合"的表达方法。从内容上来说，这个阶段的孩子很喜欢有故事性的内容，但是接受能力比之前强了很多，我们可以向他们讲述一天的所见所闻，讨论我们一起看到的社会现象，讨论家里需要做的决定，人们的感情、情绪等。这些内容不仅能帮助孩子学习语言和文字，也能帮助孩子学会观察和表达。

英语学习

和启蒙期一样，英语学习最好的方式还是"沉浸式学习"，也就是多听、多读、多用。孩子在这个阶段的理解力比启蒙期强很多，所以能看懂更长、更丰富的内容。在英语家庭教育方面，家长可以在以下几个方面用力。

1. 多听。多个渠道可以让孩子听到原版英语，比如听广播，听播客，看原版电影、电视剧，也有不少这方面的App可以使用。听的第一个好处当然是孩子可以学会标准的发音，第二个好处是这些内容本身可以激发孩子的兴趣，让他们把语言当语言来学，而不是将其当成可怕的学习任务。听英语符合我提倡的"上下文学习法"，把英语放在上下文中，放在环境中学，孩子一旦学会就不容易忘记。

2. 多读。孩子可以开始进行英语分级阅读。分级阅读是一种非常普遍的儿童英语阅读模式，有许多的阅读材料已经被分级，每个孩子都可以找到适合自己接受程度的内容。阅读内容的分级，是根据文章中的单词、句子和故事情节的难易程度来进行的，网上有大量资源可供查找。孩子能轻松地读完一个级别，就可以进阶到下一个级别。孩子如果还不能完全理解某一个级别的内容，那就在同一个级别里读不同的内容。这样，阅读的速度是个性化的。在适合的难度以及丰富有趣的题材中，孩子可以通过分级阅读慢慢地积累知识，提高语言水平，爱上阅读，成为一名独立而自信的自主阅读者。

3. 多用。对所有语言学习来说，用都是最高效的学习方法。无论是在学校，在家中，还是和其他朋友在一起时，让孩子用他们学到的英语进行简单的对话都是很好的方法。这样不仅可以让孩子巩固学到的语言知识，而且可以增加孩子的信心，让他们坚定地认为：我能！

在少年期，孩子在学校也要开始英语学习了。家庭教育可以配合学校教育，给孩子提供大量相关的课外书，鼓励孩子朗读和使用英文。和学习中文时一样，检验孩子英文能力的标准不应该是记住了多少单词，而应该是孩子是否可以用英文进行简单的阅读和写作。

"文史语言能力"行动清单

- 和孩子一起编长一点儿的故事，比如，我们虚构一篇小说，设定几个人物和目标，然后按照这个思路来编故事。

- 和孩子讨论一下，他最喜欢哪个历史人物，最想做哪个历史人物，以及为什么。
- 和孩子的老师一起给孩子布置分级阅读任务：先了解孩子的水平，然后让孩子读合适的书，并在合适的时候帮助孩子进阶。
- 每天设定英文朗读时间，比如15分钟，孩子可以大声朗读课文或者课外书；每周给孩子看一部英文原版电影或者一集电视剧。

阅读：过渡到自主阅读

仿佛拿到了一把通往无尽宝藏的钥匙，少年期的孩子学会自己读一段话、一本书后，这样的时刻对他来说是一个神奇的时刻。从此以后，这个世界就向他打开了，他可以独立学习世界上海量的知识，和智者对话，找到他想要的答案，以及交到心心相印的朋友。我们要帮他庆祝这个时刻，这是比过生日还要有意义的里程碑！

在少年期，我们要从父母带领的亲子阅读逐渐过渡到孩子的自主阅读。这个过程对有的孩子来说自然而然就发生了，对有的孩子来说却很难。一位妈妈说："我的孩子一岁开始进行亲子阅读，小时候很愿意听故事，阅读量也不少。但是亲子阅读时，孩子看书只喜欢看图，不喜欢看字，喜欢看新书，不喜欢反复看同一本书，识字量增长慢。现在孩子四年级了，还是喜欢听书，不太愿意自己看书，自主阅读习惯还没养成，怎么办？"

亲子阅读到自主阅读

孩子自主阅读符合成长原则，但这不会自然发生，而是在长期积累的情况下学会的。孩子开始自主阅读需要两个先决条件：孩子认识一定数量的字，孩子知道读书是怎么回事。培养孩子自主阅读，我们可以分以下三步走。

第一，让孩子加入亲子阅读，逐渐过渡。在我们和孩子一起读书的过程当中，我们可以让孩子念已经读懂的部分，沿着这条简单的路线，先是读一些字，然后读一些词语，再之后可以读一些段落，慢慢由我们给孩子读，变成孩子给我们读。这个过程可能比较漫长，请家长不要着急，我们的主要任务还是给孩子读书，只是偶尔在孩子有阅读欲望的时候让他参与。

第二，给孩子买一些非常简单的书，从带着他们阅读到让他们自己阅读。每个年龄的孩子都有适合的读物，我们可以给孩子买他们自己喜欢的简单的书，让他们反复阅读。在这个阶段，学会阅读、享受阅读最重要，具体的内容导向只要相对健康就行，比如一些夸张的、搞笑的书，孩子常常很喜欢。

我经常强调反复阅读的重要性。大家可以看到，只有反复阅读才能帮助孩子完成从亲子阅读到自主阅读的这个过程。反复阅读能让孩子熟悉书中的内容，书上的文字、图画和故事可以在孩子头脑中产生联系，孩子在不断重复中模仿大人的阅读行为。同时，反复阅读会给孩子带来很大的成就感，因为孩子会觉得自己学会了。

第三，将亲子阅读和自主阅读并行进行。为什么？因为这时孩子可以自己读简单的书了，读相对复杂的书可能还需要大人帮忙。到了小学高年级，孩子还会经历一个认知和理解超过词汇量的过程。或者说，这时他们的认知发展已经比较完善，能够懂得复杂的故事和情节，但是识字量可能还不足。比如，孩子已经能懂《三国故事》了，但是自己读不了这本书；再比如，孩子可能已经理解了机械的原理，但是自己无法读懂一本关于机械装置的书。

所以，按我自己的经验，我们可以在一段时间内将亲子阅读和自主阅读并行进行。我们可以给孩子读一些复杂高深的内容，让孩子自己阅读简单适合的书籍。这个过渡期也需要一两年。这之后，随着孩子词汇量的增加，孩子就会一步步更多地靠自己读书了。

让阅读成为习惯

不少家长看到孩子会读书了，就认为可以放手了。其实，孩子学会认字读书，只是阅读的开始。孩子要想成为真正的阅读者，就需要让读书成为生活的一部分，成为习惯。对于已经可以自己读书的孩子，我们还要持续引导阅读。

家长要为孩子设定每天的阅读时间，这个时间可以安排在放学刚回来、做功课之前，也可以安排在睡觉前，哪怕只有20分钟也行，贵在坚持。在周末，孩子业余时间多了，可以安排更多的时间阅读，比如每天至少一两个小时。现在的孩子普遍功课很多，不过，大多数孩子并非完全没有时间，尤其不会没有20分钟到半小时的阅读时间。关键是我们认为什么重要，孩子就认为什么重要。在给孩子排时间表的时候，请家长把阅读安排进去，把阅读的优先级提上去。

有条件的家庭可以给孩子提供一个阅读的地点，比如说房间的某一个明亮的角落，把他喜欢的书都放在那里。这样做有两个好处，一是孩子每次阅读都去同一个地方，容易进入"阅读状态"，我们可以把这个角落布置得有书香气，让孩子把阅读当作一个享受的过程；二是可以让孩子专注，这里没有电子产品和玩具，孩子可以专注于读书。

人受环境的影响是很大的，家长如果真的相信读书很重要，就要让孩子接触书的机会远远大于接触电视和动画片的机会。家里最好随处都有书，孩子随时能看到书，随手能拿到书，要让孩子从小就自然而然地觉得书是生活的一部分，例如卧室、卫生间等大家经常出入的地方，桌子、床边等经常经过的地方，到处都摆上触手可及的书，人们无聊的时候就可以随手拿起一本来读，这样的环境最有利于培养阅读的习惯。

除了在家里营造阅读氛围以外，我们出行或者外出的时候最好也随身携带图书，比如车上、背包里。这样我们在排队的时候，等位的时候，吃饭的间隙，都可以有一本喜欢的书随时拿出来看。我们要从小为孩子提供这样一种生活方式，让孩子觉得书就像伙伴一样随时随地陪伴在身边，书是生活的一部分。

除了给孩子时间和空间读书，创造条件读书，我还总结了下面三个鼓励自主阅读的关键点。

第一，让孩子按照兴趣自主选书。

阅读能否坚持，与孩子是否对书的内容感兴趣紧密相关。选择看什么书的权利一定要交给孩子，孩子喜欢看，才能持久。父母不要限制，不要干涉，这一点父母往往很难做到。父母不应该要求孩子只读名著，孩子想读什么就应该让他读什么，比如《哈利·波特》等少年小说，《神探》等奇幻故事，科普读物，武侠小说，只要不是有害的内容，孩子都可以读。我家老二就是在读了金庸的作品之后开始喜欢阅读的。

我们强调自主阅读，"自主"二字尤其重要，父母要让孩子自主选书。记住，孩子带领，我们跟从。如果我们让孩子自己选择轻松有趣的阅读资料，那么"阅读时间"就可以成为孩子最向往的"玩的时间"，而不是"学习时间"。

第二，父母随时在读书。

父母在家玩手机、看电视、打游戏，然后命令和要求孩子自主阅读，对孩子来说这很难做到。在我所写的家庭教育书《魔鬼老大，天使老二》中，有一节我专门讲了父母"一直有一本正在读的书"对培养孩子阅读兴趣的重要性。在家庭教育中，父母随时有一本正在阅读的书的话，孩子是会看在眼里的，这会产生潜移默化的影响。父母如果相信阅读重要，自己就要先成为一个阅读者。

当父母自己也是阅读者时，父母就有很多机会跟孩子的阅读产生交集。你可以像朋友一样跟孩子讨论书中的故事和情节，你也可以跟孩子分享一下自己读书的收获。孩子不能全懂也没关系，他们会感兴趣。比如，我在读达·芬奇的传记时，里面有些很有意思的小故事，比如讲达·芬奇在年轻的时候设计的很有想象力的新型武器，我就可以分享给孩子听。这样能让孩子知道家长也在读书，而且有趣的话题可以从书里来。

第三，为孩子找爱读书的小伙伴。

很多时候孩子读书会受朋友的影响，他们会交流从书中读来的有趣的情节并评论。所以，让孩子交爱读书的朋友，鼓励他和朋友互相推荐读过的好书，让他们共同成长，也是养成阅读习惯的一个好方法。

关于激励，在阅读方面，我不赞成奖励，比如读完一本书就奖励玩具等。要让孩子从小就知道，阅读不是一项任务，而是一个习惯。

中文分级阅读

孩子在不断地成长，他的阅读兴趣和能力也会根据他的语言和认知能力发展而不断地变化。一开始，中文的自主阅读要比英文难，因为中文的特点，孩子在识字积累到一定程度之前，没有太多有趣的阅读内容。很多孩子不喜欢阅读，不喜欢识字，其实都是因为在阅读之初感受到了挫败：阅读材料要么生字太多，要么句子结构太复杂。

中文的自主阅读中最基础的阅读也大概要求孩子有1 600字的识字量，正常的阅读大概要求孩子有3 000字，也就是小学毕业前后要求的识字量。在此之前，孩子可以读注音读物。

通过上下文学习法，家长可以在阅读中帮孩子学会理解字、词、句子、文章。

《2020年中国K12阶段学生"分级阅读"白皮书》的数据显示，在孩子阅读方面，94.6%的父母有各种困扰，其中，46.6%来自孩子读书不专注，45.3%来自为孩子选书，40.8%来自孩子缺乏阅读兴趣。在选书方面，父母的几大困惑分别是，书太多，不知道怎么选；父母选的书，孩子不爱读；孩子选的书，父母不认同；不知道去哪找专业书单。

分级阅读试图帮助家长解决这些困惑，即在图书上标明读者年龄和阅读能力标准，在固定的生字数目之上编出精彩有趣的内容，循序渐进地提高阅读能力。2019年11月，中国第一个中文分级阅读学术标准正式发布，该标准把图书分为童话、小说、童诗、散文、绘本五大类，把小学阶段的分级阅读分为读物水平与读者水平两项，每一项都分为1~16级。

不少出版社和教育机构也为4~16岁孩子能阅读的中文绘本和书籍做了分级，在考虑阅读难易程度和趣味性的基础上，兼顾中外作者，兼顾文学、人文和百科等不同内容。比如，一个分级阅读文库一共给一到九年级的孩子提供108本书，其中中国作品58本，外国作品52本，文学作品60多本，科普作品40多本，包含童话、小说、传记、传统文学、戏剧等多种体裁，包括经典获奖作品和现代内容。

除了正规评测，家长如何判断给孩子的读物是否合适？这里我给你一个"5手指"指导性原则，即一页书上面，最好对孩子来说生字平均不超过5个。如果孩子读分级阅读的内容，家长要注意，分级读物为了照顾孩子的水平，内容相对单一，所以单靠分级读物获得的阅读营养是不够的，一定要靠其他读物做调节补充。阅读本来就没有明确的界限，内容本身的趣味性对孩子的吸引力要比文字大得多。

总结一下，关于孩子的阅读目标、进度和建议，我给大家列了一张表（见表9-1）。

表9-1　关于不同阶段孩子的阅读、进度和建议

启蒙期	亲子阅读绘本，共同表演、编故事，孩子也可以认识简单的字，读简单的绘本，和父母共读
少年期	完成从亲子阅读到自主阅读的过渡，培养兴趣，养成阅读习惯，增加对修辞、语音、词语的理解
青春期	孩子需要大量阅读，泛读各种不同形式和内容的书与文章，形成从书本中学习的终身受益的好习惯

"阅读能力"行动清单

- 在孩子学会独立读一本书的时候，专门给他庆祝一下，告诉他这是一个里程碑，他从此就是一个阅读者了。
- 检查一下现在孩子是否每天有"阅读时间"，没有的话

> 设置一下。每日阅读时间不用很长，根据孩子的年龄，10~30 分钟即可。
> - 在家里给孩子设置一个专门的"阅读角落"，问问孩子他正在读的书有哪些，现在最喜欢的书是哪一本。
> - 反思一下自己是不是个阅读者，孩子是否常常看见父母在读书，如果不是的话，从今天开始做一个阅读者吧！

基本写作技能培养：抄录、写日记

少年期的孩子，不仅要识字念书，而且要完成另一个里程碑：写。他要走过从简单的写笔画、写字、写句子、写段落，到能写出一篇完整的文章的过程。仔细想来，这也是孩子很大的人生成就，是孩子成为一个有文化的人的第一步。

孩子能在这个时期学会写作，第一是因为他们精细运动技能的发展，他们的手指能够从胡乱涂鸦到精确地写笔画；第二是因为他们思维能力的发展，这使他们能够组织自己的想法，并用学到的语法和逻辑表达出来。写字是一个机械的技能，而写作是一个创意的技能，是孩子思想和感情的表达。

抄录：写作的开启

写作是输出。输出之前要先有输入，字、词、句子和文章的组织方式，是写作的基础模块。在孩子会写一些字但不太会自己写作时，家长可以让他抄录一些合适难度的词语或者句子，算是写作的准备工作。抄录什么呢？当然是抄录孩子读的书中的字、词、句了。记住我在前面所说的上下文学习法，单纯地重复写字远不如在读书过程中抄录喜欢的内容。

家长可以给孩子一个合适的本子，让孩子每天抄录一页左右的内容。家长可以从孩子喜欢的书里帮他用笔画出这些句子和字词，然后让孩子抄录。当然，孩子也可以抄录诗歌、段落、名言警句等。抄录的目的是让孩子熟悉"写"这件事，让他知道一支笔可以让他优美地表达感情，生动地描绘世界。

在我们的教育中，听写和默写都是常用的方法，一个注重练习字怎么写，一个注重记住文章的内容。抄录是一个更简单但是常常被忽略的方法。其实，抄录门槛低，孩子不容易抵触，同时，抄录的难易程度可以根据孩子的水平决定，所以这个方法不仅仅适用于写作入门，也可以一直沿用到孩子长大。抄录极其符合成长树家庭教育法中的成长原则，让孩子轻松、自如、愉快、开放地开始学习写作。

除了抄录之外，对于初学写作的孩子，演练写作还有另外几个好办法。

- 造句。我们可以鼓励孩子在造句过程中使用更加丰富的词语和句式，而不只是完成任务。也就是说，有机会的时候，我们要鼓励孩子不仅可以写"小明眉飞色舞"，更可以写"拉开教室的门，老师发现小明正在眉飞色舞地给同学们描绘他周末看到的海豚游戏"。
- 看图写话。给孩子看一些图画，让他用一两句话描写看到的场景。根据孩子的能力，这个练习要求可以很简单，也可以逐渐变得丰富。我们可以给孩子提供关键的词语。看图写话比造句更富有多样性，相对简单，又能出比较有趣的成果，比如孩子可以看着图写出："一只长尾巴的风筝在蓝天上飘着，比小鸟飞得还要高。"这样的句子不是简单的造句，但比作文简单。
- 给孩子提供一些实际生活中的写作机会，比如写生日卡片、感谢卡、购物清单、通知、便笺，让他们懂得写作在生活中的用途，这也是一种上下文学习法。

当然，写出语法正确的句子和段落只是写作的第一步，写作的精髓是内容，是如何表达，是想象和思想。写作的内容源于生活。我们在日常生活中随时随地都可以引导孩子观察生活中的细节，比如对面走过来的人穿了什么样的衣服，是很匆忙还是很悠闲，可能是做什么工作的。我们可以和孩子一起去观察，用丰富的语言对话，帮助孩子积累丰富的感受和词语，这些都会对孩子写作有所帮助。

写日记和写信

在孩子能写一个完整的长句后，写日记是一个很好的练习写作的方法。写日记的习惯可以保持很久，甚至一直到成人。和写作文不同，写日记是出于实际需求的写作练习，目的是记录孩子周围的事，喜欢的事，可难可易，可长可短，不仅仅锻炼了写作，也留下了生活的珍贵记忆。

我本人从 5 岁开始写第一篇日记，当然是在爸爸妈妈的帮助和引导下写的，最早可能是他们写好，我来抄录。开始我每天只写一句话，但是这个习惯坚持了下来。在小学，我还是经常写日记，一般是一次写一个段落，记录一下当时一起玩耍的好朋友、看的电影、吃的食物。到中学，我在日记里开始长篇大论，有对周围人和事的看法，有读的书，也开启了对自己的要求和反思。到了大学，我同宿舍的同学都还记得，每天在她们睡午觉的时候，我都在写日记，详细地记录在清华大学每一天学习和活动的经历，也真实地反映了那个时代一个青年人的感受和思想。到后来我有了孩子，我也给他们写育儿日记，记录他们的成长和趣事，而这些日记，后来变成了我写的第一本书《魔鬼老大，天使老二》中的很重要的内容。

教孩子写日记只有一个要点：坚持。所以，家长一开始要求不要太高，每天可以从一两句话开始。具体的内容由孩子决定，写什么都行，比如去哪里玩了，玩什么玩具了，看什么电影了，见到哪个小朋友，吃了什么东西，父母不要过多地限制。如果出去旅游，孩子就可以多写一点儿。

孩子在写日记的过程中，除了描述发生了什么事，也可以记录自己和他人的情感，比如，去参加聚会了，和朋友有怎样兴奋的心情？看到小动物，有什么联想？围绕着自己的经历和活动，孩子可以通过书写来回忆、反思、发泄、想象。有人说，当一个人书写的时候，他的思维进入了一个不同的层次。在这些最初的写作经历中，孩子开始经历写作带给他的新体验，这比写作直接的产出更重要。

用写日记来锻炼写作也极其符合成长原则：开放式的内容有无穷多种变化，随着孩子的成长，写作技能和作品质量都会提高，这个过程充满乐趣而永无止境。

当然，日记也不只有一种形式，不一定是每天简单记录。孩子可以写"我会做了"的记录。比如，"我会拍篮球了""我会游泳了""我会用筷子吃饭了"。每次孩子做了一件事就可以画一张图，写一段话，这也是某种"日记"。有的父母也会带孩子一起做家庭剪贴簿，把家里的照片、纪念品、孩子的画、捡来的叶子等都结集成册，写上合适的内容。这些记录方法也都很有价值，只是操作起来更费工夫些，往往不如简单的日记容易坚持。

另一个练习写作的方式是写信。在即时通信技术发达的今天，写信已经成为历史，人们也慢慢失去用比较长的篇幅向熟悉的人描绘经历、抒发感情的机会。不过也许你会惊喜地发现，孩子是喜欢写信的，这给了他诉说的机会。我们可以在我们出差的时候，或者孩子旅游的时候，让孩子给我们写信，也可以让孩子给他喜欢的卡通人物写信。写信可以叙事，也可以讲道理、有诉求，写信是介于简单记录和命题作文之间的一种写作锻炼。

自由写作

孩子在上小学三年级之后，一般就可以写完整的段落了。在这个时候，孩子可以开始一些自由写作项目，也就是写一些不限制题材和长短的文章。自由写作可以从生活中自然地开始，比如前面提到的写信、写贺卡。我有个朋友每次带孩子去餐馆吃饭后都会鼓励孩子在大众点评上写一段评语。孩子也可以写诗、写便笺、写对话、写小说，这些都是自由写作的方式。

少年期的孩子想象力丰富，所以编故事、写小说是很好的自由写作方式。在老师的鼓励和带领下，我家老二曾经在小学二年级以家里的仓鼠为主角写了一篇武侠连载故事，另一个朋友的孩子围绕她想要的宠物狗写了一篇小说。所以，千万不要以为孩子小，只能写简单的内容，他们的文字表达可能相对简单，但是故事内容绝对精彩，你会被他们的想象力和创造力折服。

很多孩子在小学高年级的时候有表达的欲望，鼓励这个时期的孩子自由写作的关键在于"自由"。不要把孩子写作当作在学校里写作文，不要有太多结构上、内容上、长短上、词句上的要求。自由写作的另一个关键点是有趣的内容。这里给你一些鼓励孩子产生有趣写作内容的提示语。

- 说服我。写作不仅仅是写记叙文、说明文，写作还有实际用途。孩子可以用他的写作来说服一个人。我们来挑一件你和孩子有分歧的事情，让孩子给你写一封信，说服你同意他的看法。比如，"说服我玩电子游戏有好处""说服我孩子比大人懂得多""说服我不用每天吃蔬菜"等。家长可以鼓励孩子用事实、数据，甚至引用其他人的论据来说服自己。
- 告诉外星人怎么做。假装来了外星人，你要接待它，请告诉它怎么做地球上的事情。比如，"告诉外星人如何刷牙""告诉外星人如何包饺子""告诉外星人怎么走路去学校"。孩子需要组织语言，尽可能详细而清晰地向外星人解释每一件事怎么做。

- 如果。以"如果"开头来命名写作的内容，比如，"如果你能去任何一个地方，那么你会去哪里？""如果你能变成任何一个年龄的自己，那么你选择几岁？"家长可以把这些话题写在纸条上，孩子随意抽取，再用这个话题作为题目来写内容。
- 今天的世界上。用"今天的世界上"作为一篇文章的开头，比如，"今天的世界上人口总数达到了78亿""今天的世界上有各种不同肤色的孩子"等。

你可以看到，上面所有这些关于自由写作内容的建议都是开放式的，这些题目可以有很多新意，带来深度的思考，随着孩子成长而变化，让孩子把写作当成一件有意思的事。在孩子写作的过程中，我们只负责启发和鼓励，孩子自己出题目，自己写内容。

成为一个好的写作者非一日之功，需要经年累月的积累和练习。最关键的是要多写、常写。孩子写得越多，就越有可能成为好的写作者。

"写作能力"行动清单

- 孩子会写字了,就可以开始写日记了,给他买一本好看的日记本。
- 让孩子给他喜欢的动物写一封信。
- 按照孩子的喜好,按照"自由写作"一节的内容,让孩子每周进行一次自由写作。

第 10 章

少年期综合技能：好习惯养成

综合技能是指做成事情的能力。少年期的孩子还没有自己的成见，我们要趁他们可塑之时直接把这些能力用正确的方式教给他们，让他们养成好的习惯：遵从规则，专注，做好时间管理，能和他人顺畅地沟通，喜爱创作。

沟通：清晰表达

说话是沟通，写作是沟通，口头演讲也是沟通。好的沟通不仅仅在于表达的完整，更在于沟通的内容准确，思路清晰，能和他人进行良好的互动。少年期的孩子需要学会完整清晰地表达自己的观点，学会交流。有意思的是，教孩子沟通技能的第一步不是说，而是听。

聆听

请你做一个练习：首先，预估一下，在你和孩子的交流中，你说话的时间大概占多少，孩子说话大概占多少。然后，在接下来的一天之中记录你和孩子的每次对话和交流，看实际上你说话的时间大概占多少，孩子说话大概占多少。

也许你会非常吃惊地发现，在跟孩子的交流中，大人说的话往往占绝大多数，可能在80%以上。这个沟通的比例非常不健康，但它却在很多家庭中每日、每月重复发生。家长只是不知晓它在发生，直到孩子长大，有能力逃离家庭，再也不想听大人啰唆时，家长才发现孩子"听不进去了"。

所以，无论孩子多大，我们都要开启聆听模式，目标是在我们和孩子的沟通过程中，将我们说话的部分降到50%以下，孩子说、我们听的部分升到50%以上，随着孩子长大，这个比例还可以更高。

聆听，是要专注地听孩子说话，要放下手中的其他东西和工作，看着孩子的眼睛，有眼神交流，要点头表示听到。我们要给孩子时间，不要着急。我们可以问一些澄清类的问题，比如："你说的同学是五年级的吗？"但是不要加入自己的判断，比如："这么简单的题你都不会，你上课一定没听讲！"

我们不仅要听到孩子说的具体内容，也要给他们以尊重，并锻炼他们的表达能力。我们甚至只需要说"听到了""我理解"，而不用具体分析，帮助孩子下结论、解决问题。

当我们成为一个好的聆听者时，我们不仅听到了孩子的心声，而且也以身作则地教会了孩子如何聆听。孩子会模仿你，在他们的沟通过程中会听又会说。父母做一个好的聆听者，还会为孩子青春期后的亲子沟通打下良好的基础。孩子小的时候常和父母有说不完的话，这是我们与孩子建立良好沟通渠道的好时机。平等、顺畅、愉快的沟通会为颠簸的未来铺好路。

内向的孩子

有的朋友会说，我的孩子很内向，不爱说话，也不爱主动交朋友，有时候见到陌生人还会害怕，这孩子不擅长沟通。这里犯了一个错误，也就是把爱说话和擅长沟通画等号。沟通不仅仅是会说话。话很多的孩子有时候找不到重点，也不会聆听他人，还常常为情绪所影响，并不一定是擅长沟通的孩子。

人的内向和外向是天生的性格，没有好坏之分。人的大脑神经结构不同，每个人对外界刺激的敏感度也不同。内向的孩子往往是更加敏感的孩子，有的表现为不善言辞、不合群、胆小、腼腆、害怕跟人相处。外向的孩子相对放松，他们主动积极，不怕生，敢说敢笑，容易吸引大家的注意力，有时候会成为社交的中心。

在人的一生中，偏内向的人动力来自内心，他希望能够自己思考，自己做主；偏外向的人能量更多来自外部，他会从外人的鼓励或者朋友的羡慕的眼光当中得到更多的驱动力。长远来讲，成功人士中内向和外向的人各占一半，在优秀、成功、自信的人里面有很多内向的人。

所以，如果你有个害羞、不爱说话的孩子，不要先入为主地认为他不擅长沟通，要观察他在真正沟通的时候，是否知道该说什么，是否有礼貌、有条理，能否达到他的目的，而不要以"讲话多少"来衡量孩子的沟通能力。沟通也不完全是口头表达，还包括书面表达。但沟通的核心其实是思想：有了好的想法，才能有好的沟通。

当然，对于内向的不爱沟通的孩子，我们也可以做些努力，帮助孩子学会交往和表达。

- 多为孩子创造一些交往的机会，带孩子去亲戚朋友家，或和不同年龄的孩子玩儿。内向的孩子在熟悉的环境下可以更安心地玩耍和交流。
- 活动前要多给孩子一些"预热"时间，提前告诉他们将要发生的事情、将要见到的人，这样可以缓解孩子在活动中的紧张感。
- 用愉快的话题和孩子开始对话，如果孩子难以进入比较复杂的对话或者紧张，先讲个笑话让孩子松弛下来，然后让孩子自然地加入对话中。
- 给孩子创造一些表演机会，不管是在家庭聚会上唱首歌还是在学校演出里担任一个角色。孩子会通过这些表演机会锻炼在他人面前讲话和表演的胆量。

我的两个孩子，从性格上来说都是内向的孩子。在他们小的时候，我也曾经希望他们更加主动地与别人打招呼、交朋友。现在回头来看，这些担心是不必要的。当孩子长大后，沟通的本质是内容和思想。我的孩子都是有趣的人，他们有朋友，会聆听他人，擅长写文章，这些都是良好沟通的要素。

这里我要专门讲一下不常被提到但是极其重要的沟通要素：帮助孩子锻炼良好而大方的身体语言。你会发现，一个良好的沟通者不仅用语言沟通，他们整体都显得自信、落落大方，让人觉得舒适而亲切。身体语言包括面部表情、身体姿势、手势、眼球运动、触觉和空间使用等。从细节上来说，我们要教孩子说话的时候与他人有眼神交流，专注于对话的人，打招呼时面带微笑。从身体姿势上来说，我们要教孩子站立时站直，身体不要摇晃，走路时保持挺拔，和别人握手、打招呼时带着热情和自信。身体语言是沟通的重要组成部分，有研究结果表明，沟通效率的50%以上来自身体语言。我们要在孩子小的时候就培养他们的身体语言，从而提高他们的沟通能力。

> **"沟通能力"行动清单**
> - 下次孩子向你讲述一件事的时候,做到5分钟内不打断孩子,除了问一些简短的澄清类问题。
> - 你觉得你的孩子是内向的还是外向的?如果你觉得他过于内向,那他的行为是否影响了他的学习生活和心情?如果没有,那就维持现状;如果你对现状有所担心,那么按照本节的建议做一些改变。
> - 在合适的时候,给孩子创造一些需要和众人沟通或者在众人面前表演的机会。

合作:规则的建立和遵从

我们希望孩子能学会合作,不仅仅是学会和其他孩子和平共处,"好好在一起玩儿"。孩子长大以后进入社会,他做的大部分事情,无论是完成一项工作任务,还是参加运动,都需要和他人合作完成。孩子从小就要理解合作,锻炼和他人合作的能力,长大后才能在更大的团队、集体和社会中贡献自己的力量。

树立规则，执行规则，设定界限

良好合作的前提是有明确、公正、合理的规则。理解规则和遵从规则是少年期的孩子需要学会的核心技能。这里所说的"规则"是指宽泛的规定，包括绝对不能做的事，比如不能违反学校纪律；包括对孩子学习和行为的要求，比如按时完成作业；也包括孩子可以做但要有所限制的事情，比如玩电子游戏的时间，可以花多少钱买东西。总结起来，孩子需要理解和遵从的规则大致有以下几类。

- 日常行为类：比如饭前洗手，睡前刷牙，爱护玩具。
- 学习习惯类：比如做功课的时间安排，睡觉时间。
- 礼节类：本书第二部分讲到的许多礼貌和礼节。
- 界限类：不可以做的事，比如不许打人、骂人，不能欺负更小的孩子，不能毁坏东西。
- 具体活动的规则：比如球赛规则、下象棋的规则。
- 具体场所的规则：比如公园不可随处丢垃圾，电影院不可以讲话。

"孩子不听话"是令所有父母头痛的问题。所有父母都梦寐以求有一个遵守规则的孩子。让孩子遵守规则的秘诀是，规则需要先树立再执行，先理解再遵从。

在树立规则方面，我们需要花大量时间向孩子讲解规则，和他们讨论，讲清楚背后的道理。讲解规则的关键在于它需要发生在孩子违反规则之前。比如，去公园的时候，路上就给孩子解释一下为什么不能随便摘花。每个规则都有它的道理，孩子充分理解这个规则后，遵从起来就容易多了。

规则是需要被执行的，违反规则是有后果的，我们在树立规则的时候就要和孩子解释清楚。举个例子来说，对于上小学的孩子，我们可以规定玩具只能玩半小时，如果半小时之后孩子继续玩，这个玩具就会被收起来，一直到周末才能再拿出来。如果孩子违反了这个规则，我们就要严格执行，执行的时候也要告诉他，这是按照我们设定的规则来执行的。

我们用"后果"这个词，而不用"惩罚"，因为惩罚只是违反规则的一种后果。我们要合理执行规则，违反规则的后果不一定是惩罚或者打骂。比如，玩具坏了，需要孩子自己攒钱才能再买，否则他就没有这个玩具了，这不算是惩罚，但是需要孩子付出努力。心平气和、和蔼而坚定地按约定执行规则，是规则有效、长久的保障。

你会发现，孩子不听话，很多时候问题在于规则的制定和执行。

1. 在事情发生的时候临时制定和执行规则。

管教孩子时很多矛盾来自父母没有事先树立规则，而在孩子没有按照自己所想的去做的时候责骂孩子，孩子反抗或者哭闹，或者再次犯错误。比如，父母在出门的时候发现孩子没有带文具盒，就很着急地责怪孩子："你怎么总是丢三落四！"父母没有事先让孩子理解应该怎么做，从孩子的角度来看，他的遵从只是因为屈于父母的强权，而不是真正理解或者同意这样做。

2. 把情绪带入规则的执行。

不少时候，"管教孩子"是"听你的还是听我的"这样一个权力斗争。"管教"这个词，本身就带着"我来管教你"这一含义。"我叫你把房间收拾了，你怎么还不动！"这就直接把孩子没有做这件事上升为"你不听我的"这样一个反抗行为。

3. 父母自己违反规则。

你可能会吃惊地发现，我们常常主动违反规则。比如，不少人试图在家庭和事业之间取得平衡，而这又很难做到，因此没有足够的时间陪孩子，于是产生一种深深的内疚，他或她就会纵容孩子：外地出差回来给孩子买很多玩具，孩子没做完功课时帮他写假条。这些时候，我们没有给孩子设限，或者设了不算数的界限。

4. 规则太多、太严，没法顺利执行。

如果你一直在管教孩子，不许孩子做这个，一定要孩子做那个，那么你的每一个指示都是一条规则。如果规则太多或者孩子根本做不到，那么你的管教过程从一开始就注定是一个充满矛盾和失败的过程。不少家长混淆了目标和规则，比如把"考到班上前五名"作为目标，这不同于"考试一定要进前五名，不然就没有零花钱"。

规则太多、太严不好，那完全没有规则行吗？有一派让孩子自然成长的父母，他们基本上不为孩子设限制，认为孩子就是孩子，不管最好。其实，在这样的环境下长大的孩子并不知道他们的边界在哪里，在思考、协商方面得到的锻炼也比较少。拿电子产品举例，父母不能不管不问地任凭孩子沉迷于手机、iPad，必须给出底线和边界，讲清楚理由，限制还没有自制力的孩子。

当孩子长大以后，立规矩、设限制的过程，也可以是一个和孩子协商的过程。比如，关于每天晚上的作业和玩耍，你可以让孩子自己制订一个计划，说他什么时候做功课，什么时候休息，什么时候玩儿。如果计划不合理，那么我们可以和孩子谈判，调整计划。我的一个朋友在这方面做得比较好，她会和孩子共同商讨多少零花钱合适，准备怎么花，花多少钱以下可以自行决定，花多少钱以上需要和父母商量。这样设立的规则，孩子一般都会遵从。

给孩子设定界限，是为了告诉他们，生活中充满了选择，每个选择有不同的后果。你可以选择你想要的，但要承担责任和后果。

把规则写下来

你可能会说，让孩子自觉、守规矩，往往说起来容易做起来难，尤其对于不太听话的孩子。有个妈妈说："孩子越大越调皮，能量越大，破坏力越大，越不听话。教他规矩，对他就是耳边风，说了很多遍，一点儿用处都没有。尤其到了六七岁的时候，什么事都做得出来。爸妈嘴皮都磨破了，道理讲不通，行为不改变，怎么办？"

有一个办法可以大大增加孩子遵守规则的概率，这个办法就是把规则写下来。

不要低估这个简单的操作的作用，它能帮助你意识到，你觉得清楚的规则，你未必想清楚了或者讲清楚了。

这个方法适用于所有少年期的孩子。从孩子五六岁时开始，那时候他们刚开始认字，你甚至可以用简单的写好的规则教他们认字。写的规则要简单，直接指出孩子需要做什么，比如"玩过的玩具放回玩具箱""每天晚上九点睡觉"。这样，孩子可以直接遵从规则。当然，写下来的规则一定是和孩子解释过的。

"写规则"之所以有效果，有两个主要原因。

首先，孩子和大人一样，耳朵并不是唯一的获取信息的渠道。人有不同的学习风格，关于学习风格的一个流行理论是 VARK 模型。

- 视觉（visual）：视觉学习者更喜欢通过"看"来学习。
- 听觉（auditory）：听觉学习者更喜欢通过"听和说"来学习。
- 阅读或写作（read/write）：阅读或写作学习者喜欢阅读和做笔记。
- 动觉（kinesthetic）：动觉学习者更喜欢边做边学。

当然，大多数人的学习风格只是有一定偏好，并且都是不同的学习风格的组合。我之所以介绍不同的学习风格，是为了指出"听、看和做"是孩子接受信息的不同方式。有的孩子会"听话"，有的孩子对文字信息更加敏感，有的孩子需要教他怎么做。

如果你的孩子不听话，很可能他不是"听"敏感型，但是他愿意遵守写下来的规则。我家老大小时候就是这样，你跟他说话，他当"耳旁风"，但他对于写在纸上的指示执行得非常认真，喜欢在任务清单上打钩，还积极指出错误，参与家庭规则制定。我们不能寄希望于孩子记住我们说过的规则细节。直接"看到规则"，是让孩子集中注意力，懂得他需要做什么的好方法。

其次，把规则写下来的最大好处是，把父母和孩子之间常见的矛盾，以及"你和我"的权力斗争，变成了遵守规则的团队胜利。

成长树家庭教育法遵循团队原则，不是"我赢你输""你听我的"，而是"让我们一起把事情做好！"写规则是团队原则的最好体现。举例来说，"我要你现在就去睡觉"是一个命令，对孩子来说是一个听话还是不听话、同意还是反抗的选择。而"晚上九点睡觉"是一个规则。这个规则清楚，有道理，孩子只要遵守就可以了。

我所提的这个建议的背后，是想教会孩子在规则面前人人平等。父母要求孩子做事，不是因为身份和权威，而是因为这是合理的规则。这个道理，在孩子长大后进入社会，决定什么该做、什么不该做，如何遵纪守法又如何为合理力争时，都是适用的。

> **"合作能力"行动清单**
>
> - 按照本节所示不同类别的规则，回忆一下目前给孩子设立了哪些规则，自己列一个清单。
> - 思考一下以上规则是否给孩子讲清楚了。如果没有，找时间耐心地和孩子谈论，聊聊为什么会设立这些规则，它们是什么意思，也听听孩子的意见。
> - 反思一下自己是否有不按规则执行的时候，原因是什么，是违反规则的后果设置不合理，还是没有好好执行。
> - 和孩子一起讨论几个近来实用的规则并且写下来。如果孩子已经有能力，让他自己把这些规则写下来，贴在大家都能看见的地方。

规划：专注和时间管理

为什么不少孩子到了小学高年级或者初中，会感觉学业艰难，对学习丧失兴趣，就是学不进去呢？有的孩子在数学、语文成绩上也有明显的倒退。有的孩子在上课的时候跟不上老师的教学节奏，课后花费在做作业上的时间有明显的延长，因此学习压力骤增。

据我对多个孩子的观察，这是学习效率的问题。小学的内容简单，学习效率低的孩子也能应付。初中阶段的学习科目相较于小学阶段明显增多，即便每一门科目布置的作业都不多，全科加起来作业量也会有明显的增加。初中的内容更难、更多，孩子本应该不断成长从而能够学会这些内容。然而，如果孩子的学习效率低，他的时间不够用了，他的问题就会表现出来。

两个关键习惯决定孩子的学习效率，这两个习惯就是专注和时间管理。

专注

所有的孩子都足够聪明，只是有些孩子不能专注于要学的内容，不能专注听讲、思考或者写作业。这样就会进入负循环：孩子在学习上需要花的时间更长，更没有时间去学更多的内容，更害怕学习。孩子学习的难度增加，缺乏专注力，表现出来就是孩子能力不足："我搞不懂这个数学问题。"其实，这个数学问题可能需要30分钟持续的专注才能搞懂，但是这个孩子不擅长长时间地专注于解决一个问题。这就导致很多家长在孩子初中后期或高中时忽然发现自己的孩子功课跟不上了。于是，他们就赶快想办法给孩子补课。然而，孩子面临这种状况的真正原因并非知识的缺乏，而是专注力的缺乏。

雷米兹·萨松在《意志力与自律》一书中写道，专注力是指按照个人意愿引导注意力的能力，它是一种将思想集中在一个主题、对象或想法上的能力，同时从思想中排除其他所有不相关的思想、想法、感受和感觉，也可以说是"心无旁骛"的能力。

根据麻省理工学院教授厄尔·米勒所做的研究，人脑不能多线程工作，每次转换内容需要花25分钟来重新热身。惠普公司的研究发现，不断被打断的员工，在工作时的智商会降低10分。手机、玩具、背景里的电视剧、胡思乱想，这些都是影响孩子注意力的因素。不过，简单粗暴地去除这些因素只是表面功夫，并不能直接让孩子的注意力集中。

培养孩子的专注力是一个漫长的过程，也是值得的过程。我们可以考虑以下这些方法。

1. 不要打扰孩子，给他更多的专注时间。很多父母给孩子的指导不是太少，而是太多、太细碎。无论孩子在玩儿还是在做功课，我们都要让孩子独自完成，让他们有足够的专注时间。

2. 以让孩子完成功课为目的，而不是让孩子按时间来做功课。有个孩子偷偷告诉我，如果她很快做完功课，妈妈就会给她加一些题目，所以她就故意慢慢做。长此以往，孩子可能不会养成集中精力尽快完成功课的习惯。我建议，孩子只要做完被布置的任务，就可以去玩儿，而不是一定要坐到规定的时间。孩子都是很聪明的，他们可以专注且高质量地完成任务，而我们应该奖励这种行为。

3. 创造趣味和分解任务。为什么孩子一做功课就心思乱跑，而打游戏却全神贯注？因为他喜欢打游戏。孩子的注意力能否集中也取决于他能否从中得到乐趣。当孩子遇到对他们来说太难的任务的时候，他们会选择不去理会、不再专注。这时，他们需要家长的指导，将任务分解成一个个的小步骤。

第6章中所给出的计算孩子注意力时间的公式，也就是孩子能够保持专注的时间等于他的年龄乘以2~3，对于少年期孩子还基本适用。我们对孩子的要求应该是他在适龄的时间能完全专注地做一件事，然后有合理的休息、玩儿的时间和自由时间，而不是孩子"坐住的时间越长"就越好。

时间管理

孩子没有时间意识，说话不算数，每次约好玩儿半小时后就学习，但到时间了他还是一直玩儿，怎么办？

时间是很抽象的东西，看不见、摸不着，对孩子来说是很难理解的。孩子很难理解十分钟或半小时到底是多长时间。我们和孩子之间的矛盾往往在于，时间对我们大人来说太自然了，我们没想到"孩子不理解时间"，只想到"孩子不遵守时间"。同时，孩子很难正确评估做一件事所需要的时间。只有了解了这些难点，你才会理解为什么我会给出下面这个解决方案。

把时间视觉化能让孩子懂得时间管理。其中关键是让孩子"看见"时间和任务，并获得完成任务的成就感。下面我给出几个具体、可操作的"视觉化"时间管理方法。

1. 列清单：最简单的时间管理方法，是让孩子列一下他要做的所有事情。这个简单的步骤可以让孩子知道晚上睡觉前一共有几项任务。很多孩子没有这个全量的视图，才导致做第一个任务时不着急做完。清单要写下来，年龄较小的孩子可以在我们的帮助下写任务清单。

2. 预测时间：我们可以教孩子在他的清单上加一个预测的时间。比如，周六早上和孩子一起列一下他一天要做的事和大致需要的时间：写数学作业计划40分钟，弹钢琴计划30分钟，做手工计划1小时。你会惊奇地发现，孩子在一开始对一件事大概需要多长时间很没有概念，可能会以为5分钟就可以完成实际需要1个小时的任务。这个时候，最好的办法是在孩子真正做这件事的时候，教他记录一下时间，将记下来的时间写在同一个清单上。这种计时训练可以让孩子学会感受时间，预测完成一个任务需要的时间。

3. 画进度条：清单上的任务完成后，可以让孩子打钩来标记。如果任务需要的时间比较长，或者中间需要休息，比如做20道数学题，完成一个手工，读一本书等，我们可以让孩子画一下这个任务的"进度条"，也就是用一根"条"标出完成任务一共需要多长时间，目前大致完成了多少。进度条能让时间管理的过程更有趣，但关键还是让孩子"看见"时间和任务，并获得完成任务的成就感。

4. 列日程时间表：孩子容易专注于眼前正在做的事，对一天或者一周会发生的事往往没有概念。我们可以和孩子一起写一下一天的时间表，专注于大事件，比如，几点起床，几点吃早饭，几点上学，几点放学，然后做什么，几点睡觉。周末可以执行不同的时间表。这样，孩子可以有一个总体的概念。这个时间表可能就在我们的脑子里，但是孩子并不知道，写下时间表有助于减少我们突然让孩子做一件事而孩子表示反对的矛盾。

清单、时间表、进度条、日历,其目的都是让孩子看见时间,让任务可视化。在这个时候,我们也会发现不同的任务的重要性是不一样的。于是,我们就可以向孩子引入优先级的概念,比如说,同样是功课,明天马上就要交的应该先做完,然后再去做后天交的。再比如说,有的事情是可做可不做的,有的事情时间可长可短,学会排优先级,学会取舍,懂得不是所有的事都能够做到、都需要去做,也是孩子将来在学习和工作中需要掌握的一个技能。

学校老师一般也会教授孩子具体的学习相关的良好习惯,比如上课集中注意力、课前预习、做笔记、课下复习、整理错题集等。你会发现,如果孩子有专注力,能管好自己的时间,那么他们就能更好地按照老师的要求去学好功课。家庭教育的内容更抽象、更偏技能,学校教育的内容更具体、更偏知识,两者相辅相成。

"规划能力"行动清单

- 和孩子玩"给你一小时"的游戏,具体就是和孩子讨论一下,给你一个小时,你可以做任何事情,那么你会做什么?然后让孩子真正去做他说的那件事,再看看用了多少时间。

- 和孩子一起玩"预测时间"的游戏。在做某件事之前，和孩子各自预测一下做这件事会用多少时间，事后看看谁猜得准。
- 在周末或者假期开始时，和孩子一起列任务清单，用不同的颜色来标记不同重要程度的任务，比如必须做的用红色，可选择的用绿色。教会孩子使用进度条来管理某类任务，比如阅读，让孩子选择他喜欢的方式和颜色来标记。

创造：给孩子留白

说到创造，你是否立刻想到凡·高或者莫扎特？他们当然是有创意的大师，但是，与很多人理解的不同，创造不仅限于艺术和音乐表达。创造对于科学、数学、语言、社会和情商也是必不可少的。20年前，你能想象每个人的手机都是一台照相机吗？你能想象这个创造给整个世界带来的革命性改变吗？创造能力使成长阶段的孩子思维更加灵活，并成为更好的问题解决者。

创意问题和寻求

创意构想不是凭空而降的，它首先来自疑问和寻求。比如，为什么手机只能用来打电话？它还能做什么？人们在使用手机的场景还想做什么？手机是否也可以用来听歌、拍照、导航？只有先提出这些问题，才有可能找到答案。

本书第二部分提到，要让启蒙期的孩子多问问题。到了少年期，问问题这个习惯应该保持，而问题和答案可以更加复杂、深刻而充满创意。

孩子问的最简单的问题是"是什么"的问题，我们将这些问题称作"事实类问题"，它们的答案往往是一个事实。然后孩子会提"为什么"的问题，我们将这些问题称作"解释类问题"，这些问题的目的是寻求一个解释。比如，为什么天是蓝色的？孩子逐渐长大，从对"为什么"感兴趣到对"怎么工作的"感兴趣，比如，地心引力是怎么工作的？大吊车是怎么工作的？这类问题的答案可能是一个复杂的过程。解释大吊车的工作场景足以引起孩子对重力、机械设备、控制等的兴趣，这些也属于"解释类问题"。

孩子继续长大，他的问题可以从事实类、解释类问题演变成多种不同类型的问题。

- 分析类问题。
  - 你能找到什么证据？
  - 你可以得出什么结论？

- ○ 不一样的路径是什么？结果会怎样？
- 评估类问题。
  - ○ 哪一个途径、哪一种方式更好？
  - ○ 什么是一个更好的解决方案？
  - ○ 有哪些雷同的情况？
- 想象创造类问题。
  - ○ 你会写一个什么结局？
  - ○ 你会做一个怎样的设计？
  - ○ 有多少种不同的方式？
  - ○ 如果换一个场景、换一些角色，会发生什么？
- 挑战类问题。
  - ○ 这个方法正确吗？
  - ○ 时代不同了，故事应该怎样讲？

  这些都是有创意的问题，问问题本身就是思考，寻求答案的过程也是思考。教孩子问有创意的问题可以发生在任何时间和场景，我在这里举两个例子：阅读和讨论新闻。

  首先是阅读。大家都熟悉丑小鸭的童话故事，它讲述了破壳而出的一只小鸭子，因为长相与其他同类不一样，被欺负、被孤立，最后历经千辛万苦、重重磨难，变成了美丽的天鹅的故事。我们如果陪孩子读这个童话故事，不仅可以一起看故事情节，还可以边读边问下面的问题。

- 事实解释类问题。
  - 小鸭子都长什么样？丑小鸭又长什么样呢？它们有什么不同？
  - 丑小鸭一共碰到了多少种动物？
- 分析类问题。
  - 为什么野鸭子不喜欢丑小鸭？丑小鸭是否长得和它们希望看到的小鸭子不一样？
  - 你能找到什么证据？
  - 你可以得出什么结论？
  - 我们周围有类似丑小鸭的事情吗？
- 想象创造类问题。
  - 如果你来写这个故事，你会写一个什么样的结局？
  - 如果丑小鸭的妈妈一开始特别喜欢丑小鸭，会发生什么？丑小鸭还会伤心和自卑吗？
  - 如果大家一开始就知道丑小鸭会长成一只天鹅，会发生什么？
- 挑战类问题。
  - 你认为野鸭子对待丑小鸭的方式是正确的吗？它们应该怎么做？

- 童话故事里的丑小鸭变成了天鹅，真实世界里被歧视的孩子都会有美好的结局吗？

其次是讨论新闻。吃晚饭的时候我们可以和孩子聊一条最近的科技新闻，如 AI 机器人 AlphaGo（阿尔法围棋）在围棋比赛中打败了人类世界冠军李世石。我们可以和孩子一起问下面这些问题，并寻求答案。

- 事实解释类问题。
  - 这是什么棋类比赛？一共下了几局？下了多长时间？双方各自输赢几局？
  - 这个机器人是哪家公司做出来的？
  - 这件事发生在哪一年？
- 分析类问题。
  - 为什么机器人会下棋？它是怎么学习的？
  - 你能找到什么证据？
  - 机器人下棋和人有什么不同？它有什么优点和缺点？
- 评估类问题。
  - 机器人下棋赢了一个世界冠军，可以说明机器人比人聪明吗？
  - 一个机器人只会下棋，算是聪明吗？什么样算是聪明呢？

- 想象创造类问题。
  - 如果你来设计机器人，你会让它干什么？
  - 假如你有一个机器人助手，它能帮你下棋，你能当世界冠军吗？
  - 如果两个机器人比赛，会出现什么情况？
- 挑战类问题。
  - 为什么我们要造比人类还要聪明的机器人？这有什么用处？
  - 如果机器人下围棋时每次都能赢过人类，我们学围棋还有用吗？

爱因斯坦曾说过："我如果有一个小时来解决困局，那我宁愿用 55 分钟确定该提出一个什么样的问题。提出问题往往比解决问题更为重要。"一个好的问题能驱动思考，把我们和孩子带到充满想象力的创造空间，帮助少年期的孩子打破既定模式，探索无限可能。

有美感的孩子

审美——对美的感知和理解能力——是伴随孩子一生的高阶能力。审美中有细节思维，有整体思维，最终定义一个人的品位和一个人享受生活的能力。法国著名作家罗曼·罗兰说过，艺术的最高境界是善良、纯真和美好。如果让孩子在童年就浸润在美好中，不仅会培养他对美的感受力，而且能培养他对世间万物的观察和欣赏的能力，这将是他创造的动力和源泉。

美是一切能让人感到愉悦的东西。美学是哲学的一个分支。有人认为艺术是美学的一部分，美的体验大于艺术体验，可以是观看视觉艺术、听音乐、阅读诗歌、体验戏剧，也可以是探索自然，感受物品的质感，甚至包括欣赏数学、物理等自然科学的奇妙精深。

品位是审美能力的外在表现。也就是说，一个人有审美能力，知道什么是美，什么是好，什么是高质量，我们就说他有品位。创造美必须先懂得美。只有孩子有了这些辨别能力，有了品位，我们才能进一步谈创造出美的作品。

那么如何做好孩子的美感教育呢？和其他高阶思维能力一样，审美能力不是一天就培养成的，也没有明确的衡量标准。反之，美感也不是高不可及的。从生活中的服饰造型，到对自然的欣赏，再到环境、文化，处处可以培养孩子的审美能力。

培养审美没有指南，这里有几个小建议。

1. 培养日常美感小习惯：把鞋子和衣服放整齐。我们要告诉孩子，整齐的物品干净、好看，方便使用。整理是一个愉悦的过程，不是不得不做的家务事。服装搭配要颜色、款式恰当。给孩子买衣服、穿衣服的时候顺便和孩子谈论一下衣服颜色和搭配，还有不同场合如何合适着装。带孩子感受物品的质感，抚摸各种不同质地的纺织品，观察和触碰不同材质的物件，例如木质、藤质的物件。

2. 欣赏经典的、美的艺术作品：带孩子看话剧、音乐剧、芭蕾舞，让孩子身临其境，直接感受这些作品的震撼，也让孩子知道真正美和有深度的作品与手机上刷到的小视频有多么不同。带孩子听古典音乐，音乐之美不仅能提高孩子的鉴赏能力，也能直接影响他们的创造力。欣赏不同历史时期、不同文化的建筑作品，可以给孩子带来无尽的遐思和敬畏。雕塑、手工艺品比如陶瓷，可以让孩子感受到和前人的连接。

3. 享受自然的美：带孩子听风声、雨声，看日出、日落，欣赏夕阳的色彩。大自然是最伟大的艺术家，一花一草一石一鸟都是大自然优美的作品，常欣赏自然的孩子，会自然地培养出美感。

审美不等同于学习画画或音乐。这些领域的学习是掌握一门技艺，而审美是一种底层、普遍的能力。孩子并不是只有通过学习和成为专业工作者才能培养审美，他需要培养的是品位，是成为一个有趣的创造者，一个优雅的生活者。

莫扎特效应和留白

这里引用一篇关于"莫扎特效应"的科学文献，这是为数不多的直接证明听音乐会提高人的智商和创造力的研究。

加州大学欧文分校的三位研究人员在《自然》杂志上发表了一篇具有煽动性的论文，声称找到了听古典音乐可以提高智商分数的因果证据。研究人员招募了一些大学生，对他们进行分组，分别听10分钟的莫扎特的作品（如果你好奇的话，作品为两首D大调钢琴奏鸣曲）、10分钟的放松录音带或10分钟的沉默，然后让他们完成空间推理任务。结果表明，听莫扎特的作品的实验组相较不听的对照组，智商提高了8~9分。研究人员也没想到区别会这么大。如果这是你只听几分钟音乐就能得到的，想象一下你会从完整播放中得到什么！

这就是流行的莫扎特效应，常常用来泛指音乐对人的创造力的促进作用。其实，莫扎特效应可能只是古典音乐让人充满想象、情绪高涨的产物，我们不必极其严格地证明这是什么原理或者如何复制。还有一个让孩子充满想象的方法，即给他们留白，让他们胡思乱想。

现在的孩子学习压力很大，到了小学后期和初中，往往忙于功课，很少有自己的时间。给孩子留白，不把他们的时间和脑子填满，是让孩子拥有创意的另一个秘诀。我的一个朋友曾说过一句让我印象深刻的话：小孩子需要的是"什么都不干"。这位朋友是麻省理工学院和斯坦福大学毕业的博士，他说："你们为什么要把孩子的时间都塞满呢？让他们发呆和自由地玩儿就好了。"

几乎所有关于培养孩子创造力的方法论中都会有"留白"或"给孩子自由时间"这一条。给孩子留白，目的是帮孩子进入自由想象的空间。当孩子进入想象的空间，幻想并不存在的世界，相信奇幻故事，憧憬未来世界时，他们的思维能力会飞跃式发展。有教育学家研究了多位名人——包括作家、画家、科学家等——的自传后发现，每个人都回忆了少年时期空白的时间和独自想象的经历。无论在科学还是艺术等领域，许多大师的创造都源于他们少年时期的想象。花时间在想象里，包括做白日梦、独自遐想，是大师们共有的特征之一。

事实证明，音乐、冥想、留白、遐想都能帮助大脑的两个半球之间建立更强的联系，提高两个半球之间相互交流的能力，从而提高大脑的认知能力、创造能力。在孩子想象力丰富的少年期，让我们给孩子一定的时间和空间。

"创造能力"行动清单

- 带孩子去看一部小众电影。
- 给孩子听没有词的纯音乐。
- 带孩子从头到尾慢慢看一次日落。
- 下次下雨的时候,带孩子静静地观察和聆听,而不是忙于做其他的事。

第 11 章

少年期成长心态：开启自我管理

写这一章的时候，我刚好看了特斯拉创始人埃隆·马斯克的母亲梅耶·马斯克写的自传《人生由我》，其中第十二章的标题为"十二岁的魔法"，说她的三个儿女，都是在 12 岁时发现了自己一生的兴趣：大儿子喜欢看书和编程，长大后成为特斯拉等多家公司的创始人和世界首富；二儿子喜欢做菜，开了一家健康蔬菜餐厅；三女儿喜欢表演，开了一家娱乐公司，制作电影。梅耶·马斯克说，她所做的是在孩子 12 岁之前鼓励他们，帮助他们，让他们在任何喜欢的方向上找到自己的兴趣，他们的兴趣在 12 岁左右成为深度兴趣，将他们带领到未来取得成功的职业领域。

使命感：设立和完成目标

使命感是指崇高的目标和愿望，有使命感的孩子不会"躺平"，有内在的动力。目标感是使命感的第一步，目标会给孩子行动的理由。

目标的设立和完成

与其教孩子完成任务，不如教他们达成目标。任务是别人布置的，目标是自己设定的。任务是按部就班地做，目标可以通过各种途径达成。关键在于，在达成目标的途中，孩子一直知道为什么要做这件事。

首先，你可以用孩子能够理解的事物向孩子解释"目标"。你可以这样对孩子说："目标就是你希望达成的事情。比如你希望在周末的足球赛中进球，进球就是你的目标。你希望下次语文考90分以上，这也是一个目标。目标不仅限于运动、学习，在生活中，我们也有很多希望达成的目标。"

然后，你可以和孩子一起制定一些短期目标，比如几点之前要完成作业，周末要读几本书，等等。目标不用太多，三个就可以，制定目标后把它们写下来。不同年龄的孩子对时间的理解能力不同，在孩子七八岁的时候，他可能只对短期的时间有感觉，所以我们可以给他设当天或者本周的目标，孩子长大后，他可以逐渐地设长远目标。

一旦孩子设立了自己的目标，我们就可以帮他想清楚如何才能成功，比如，"我在什么时候需要做什么事情？""我需要哪些来自外界的支持和帮助？"你可以提示他：你需要预先准备什么材料？你想第一步先做什么？有谁可以帮你做这一步？可以向谁问问题？

我们可以在固定时间，比如每周末，和孩子一起检查目标的完成情况。这里教给你一个具体的检查目标执行进程的方法，分"什么做得好，什么还可以更好，修正目标"三步来进行。

1. 什么做得好。我们先要表扬孩子达成的目标和他付出的努力，可以问孩子这些目标的完成情况，让他们学会对自己的行动进行评价。比如孩子制定的一个目标是每天在闹钟响后自己起床，周末我们可以让孩子回忆一下他是否都做到了。我们也可以和孩子庆祝目标的达成。

2. 什么还可以更好。对于没有达成的目标，我们可以讨论是什么原因，怎样能够做得更好。

3. 修正目标。对于不切实际的目标，我们要让孩子知道可以修改目标，也可以重新设定目标，但是只能在这个固定时间修正目标，平时不能随便修改。我们可以和孩子一起讨论什么更可行，设立新的目标。在上面的例子里，如果孩子每天都不能自己起床，我们可以在周末讨论一下他是否需要更长的时间来养成这个习惯，是否需要调整起床或者睡觉时间，是否需要增加一个闹钟。

让孩子把目标写下来并贴在墙上，在家中的醒目处记录孩子的进度，往往会持续激励孩子不断努力。目标设立和执行之后，我们不能忘记它们，我们要庆祝成功，修正不足，不断迭代目标。

职业梦想

"我长大了要做科学家。"

"我长大了要做航天员。"

"我长大了要做医生。"

每个少年期的孩子，都有"我长大了要做×××"的梦想。虽然很少有孩子在长大后会从事小时候梦想的职业，但很多孩子的使命感来自这个时期的职业梦想，这个梦想指引孩子前进，激发孩子学习和探索的兴趣。通过和不同的孩子交谈，我发现，对未来的事业有向往的孩子和一无所知的孩子区别很大。在孩子少年期，带孩子了解大人的世界能带给他们激情和源动力。

要知道，一个孩子未来的理想职业不仅仅是常说的科学家、艺术家，也不只是"你是个文科生还是理科生"这么简单。这个世界有很多有趣、有价值的领域，孩子可以进入这些领域。为了帮你打开思路，这里我大致列一些职业范例。我把它们分成五大类：艺术类，文学、语言和社会科学类，商科，自然科学类，工程技术类。

- 艺术类职业范例：建筑设计师、美术设计师、摄影师、舞蹈演员、导演、编剧、演员、舞台设计、服装设计、道具制作和剧院管理、作曲、艺术教育。
- 文学、语言和社会科学类职业范例：法官、历史学家、社会学家、作家、老师、图书馆管理员、心理咨询师。
- 商科职业范例：公司管理者、首席财务官、金融分析师、经济学家、会计师、工程队长、运营人员、销售人员。
- 自然科学类职业范例：数学家、统计专家、天文学家、海洋生物学家、植物和动物学家、地质学家、医生、心理医生、营养科学师。
- 工程技术类职业范例：航天工程师、电子工程师、计算机程序员、芯片设计师、桥梁设计师、建筑师、环境工程师、材料学家。

利用这个清单，我们可以和孩子就职业梦想进行更具深度的讨论。比如，朋友的孩子从小学高年级开始就对心理学产生了很大兴趣，开始阅读相关文章和书籍，立志做一名心理医生。那么，怎样才能成为一名好的心理医生？孩子需要学好文科还是理工科的功课？需要怎样的阅读理解能力？需要和什么人打交道？孩子需要学习什么样的交流方式？又可能遇到什么样的困难和障碍？

我们还可以在碰到合适的场景时和孩子讨论他将来可以做的事情。比如，路过一座高架桥，可以和孩子聊聊这座桥的结构和设计，从而让孩子知道有"材料科学"和"土木工程"这些有意思的专业。再比如，大部分人只看到新闻里说经济好坏、股市涨跌，其实可以让孩子知道这背后有经济规律、政策法规、社会心理的影响。

我们还可以利用节假日或和亲戚朋友聚会的时间，让孩子了解一下周围人的职业和他们的日常，比如当老师的阿姨教多大的孩子，教什么课，为什么喜欢她的工作；做销售的叔叔是如何把商品卖给客户的，要点是什么，有什么有趣的故事。

少年期的孩子的爱好和理想常常变化，这是正常的。我家老二的理想从开卡车，到踢足球，再到开公司，随着年龄变化而变化。和孩子谈未来，是一件要经常做的事。我们的目的是帮助孩子开阔眼界，拓展空间，让孩子感受到大千世界是很有吸引力的，他今天的学习和成长是为将来做准备的。

> **"使命感"行动清单**
>
> - 想一下孩子是否有短期目标,如果没有,和孩子讨论一下,设立 1~3 个短期目标,把目标清晰地写下来。
> - 找个比较长的时间,和孩子一起看看"孩子在 12 岁前应该掌握的 10 个基本生活技能",看自己的孩子会哪些技能,不会哪些技能,哪些地方还需要学习和改进。
> - 问问孩子现在的职业梦想是什么,为什么有这个想法,他想象中的这个职业是怎样的。注意聆听孩子,不管孩子的想法是什么,都不要打断和改变他。

自驱力:三年级开始自我管理

写这本书的时候我做过一项调查,问有孩子的父母他们最想看什么内容的书。调查结果中排在第一的是"如何培养一个自动驾驶的孩子"。人们对这个话题的兴趣远远超过其他话题。我想你一定也同意,作为家长,我们在教育孩子方面能做到的最高境界,是让孩子学会自动驾驶。成长树家庭教育法贯穿始终的目标就是培养一个有自驱力的、准备好进入大学和社会的孩子。自驱力,独立健全的人格,敢于承担责任的勇气,善于解决困难的能力,是孩子成长的底层综合能力,是培养适应未来变化的孩子的战略式教养的核心。

自驱的孩子

　　孩子成熟有早晚。大部分孩子在三年级左右就可以开启"自动驾驶"模式,这个过程一直持续到少年期结束。一些孩子在8~10岁就可以管理自己的起居和学习,他们越来越不需要父母检查作业、控制时间、安排日程。在三年级左右,有些孩子也会找到自己的深度兴趣,比如他们最喜爱的学科和课外的兴趣。

　　12岁左右是培养孩子自驱力的另一个重要的分水岭。孩子如果能在这之前养成良好的学习习惯,那么后面家长就会省很多力气,家长只需要提供合适的资源,孩子会在学校和外界的帮助下自我成长。等孩子进入青春期,如果家长还盯着孩子的学习,就常常会适得其反,造成很多矛盾。所以,你会发现,成长树家庭教育法会建议家长在孩子青春期的时候学会放手。

　　在实操层面,我们要寻找机会,让孩子独自完成任务,培养自主感。如果你问一下孩子,有哪些事你在帮他做但是他可以自己做了,你也许会吃惊地发现,很多事情孩子更希望自己做。和孩子一起设立短期目标的时候,尽量添加一些孩子可以独自完成的任务。可以寻找合适的家务活或者生活上的事情，让孩子自己负责，让孩子学会自己的事情自己做。

我们要给孩子空间和时间。如果孩子永远没有机会学会独立，他们就不可能变得独立。我们很容易忘掉的是，孩子需要空间来学习和成长。如果他们在另一个房间玩儿，让他们玩儿，而不要监视他们。在不过度监督的情况下，我们要为孩子提供大量探索的机会，以鼓励他们发展独立性。换句话说，要让孩子适当"脱离我们的视野"。

另外，可以让孩子自己做决定、负责任，比如先做哪门功课，如何度过周六。我们要尊重孩子的选择，虽然这个选择可能和我们所想的不一样。如果孩子选了我们不太认可的课外课，我们可以和孩子一起分析商讨，让他知道这个选择要考虑什么因素，后果可能是怎样的，然后遵从他的选择。我们要让他解决问题，让他自己想办法从其他人那里得到帮助来完成任务，而不是替他解决问题。

还有，不要要求完美。作为父母，看着孩子失败可能会很痛苦，帮他们修复问题却很诱人——说服老师让孩子参加演出，请求教练让孩子加入足球队，代替孩子向朋友道歉。但是，如果孩子在成长过程中从未经历过失败，那么他将在成人世界中挣扎。给孩子选择的自由包括让他有做出错误选择的自由，即失败的自由。我们要表扬努力，而不是结果。根据学习和成长而不是结果或成绩来构建经验是很有帮助的,接受不完美会让孩子更自信,更有可能尝试新的体验。

导航的父母

在逐渐培养孩子自驱力的过程中,父母的角色是什么?父母的角色是"导航"。孩子的人生就像驾车、开飞机一样,孩子是驾驶员,父母是导航员。

导航,目的就是确保孩子在正确的人生航向上。在孩子小学期间,父母对方向的把握是相对较紧的,我们要保持警觉,了解孩子成长的环境,告诉孩子前进的方向,及时发现和解决可能出现的问题,比如孩子学习上或者社交上是否遇到困难,是否需要留级或者跳级,再比如保证孩子不走上歪路,等等。

放手不是不了解孩子,恰恰相反,为了放手,我们应该更加了解孩子的环境和孩子成长路径上的关键点。了解孩子每天的周围环境,经常和孩子沟通、交流,有助于我们通过这些交流给他合适的指导。

比如孩子离开家去上小学的时候,他的世界就扩大了。在这个时候,我们一定程度上要和他一起去了解这个新的世界。学校的环境怎么样?学校的氛围怎么样?学校主要的要求是什么?每天和孩子打交道的老师和同学都是谁?学校是怎么衡量孩子的?孩子在学校参加些什么活动?孩子喜不喜欢,有没有什么大的问题？再比如，孩子学校有兴趣小组，那么孩子适合去哪个兴趣小组？他和朋友、老师的互动关系是怎么样的？

奥巴马曾说，他担任美国总统以来，一次家长会都没有缺席过。他在竞选总统期间也没有错过一次家长会。回想起来，我也从来没有缺席过两个孩子的家长会，还积极参加学校的活动，给学校提供服务，比如做学生讲座，因此认识了学校的老师们，了解了学校的环境和教学。也就是说，一个合格的导航员不是什么都不知道，而是非常了解地形，了解工具，这样的导航员才能给予孩子高质量的指导。

孩子自驱不等于完全自由，他们要在约定俗成的规矩下行事。好比向孩子介绍交通规则，家长需要向孩子介绍行为规范，也要告诉他们如何处理问题，比如，如果别的孩子有危险行为，可以汇报给老师或家长，也可以阻止或者不参与。

在少年期后期，家长逐渐从陪伴、互动，转移到监督、追踪、管理。等到孩子上了初中或者高中以后，家长就只是提供支持，帮助孩子把握方向，允许孩子尝试和探索。我们要从理念上认可团队原则，认可在孩子的人生中，孩子是驾驶员，我们是帮手。每一件我们帮孩子做的事，最终都要交到孩子手里。

> **"自驱力"行动清单**
> - 问问孩子有哪些事你在帮他做但是他可以自己做了,把这些记下来,然后逐步放手,让孩子自己做这些事。
> - 让孩子自己决定参加一个最喜欢的课外活动,而不是听从父母安排。
> - 向前看一两步,在接下来的一年之内,孩子最关键的一两个选择是什么?

好奇心:激情项目

少年期的孩子还不是特别忙,他们有足够多的时间,从几个月到几年,可以做自己的"激情项目",发展深度的领域兴趣。

激情项目

我家老大恺恺在这一时期对恐龙非常感兴趣,他看了各种关于恐龙的书籍,能记住所有恐龙的年代,身体特征,比如大小、身长、牙齿的形态,是否有羽毛,爱好,食肉还是食草,能跑多快,会不会发声,和其他恐龙之间如何斗争与合作。他读了所有能找到的关于恐龙的故事，自己也编了一些故事。他的这个兴趣持续了好几年。虽然长大以后他放弃了这个兴趣，但是没有关系，因为借助这几年他对恐龙的浓厚兴趣，他做到了以下几件事。

1. 阅读。前面强调过阅读对孩子成长的重要性，然而如何让孩子主动、大量地阅读呢？最好的方法是让他们阅读感兴趣的领域的故事。孩子会缠着大人，要看关于这个领域的书，反复阅读，乐此不疲。

2. 记忆和理解。在这个过程中，我发现孩子能记住大量的数据。在上面我描述的情景下，恺恺记住了多种恐龙的所有特性。这个兴趣也锻炼了孩子对极其复杂的概念的理解能力，比如如何根据现有的恐龙骨骼化石推断出它们当时的生活习性。在孩子的兴趣领域，他们具有超过平时学习许多倍的专注、学习、记忆、理解能力。

3. 自信。孩子可以在他感兴趣的狭窄领域成为专家，比如恺恺非常热衷于向大人和其他朋友讲述和解释关于恐龙的知识。作为一个在大部分生活、学习中还需要听从大人的小孩，能拥有一份独特的知识并向他人分享，是对自信最好的培养。

4. 社交。小朋友之间因为共同兴趣有了很多话题，他们会一同研究，共享知识和乐趣。

我家老二则在这一时期显现出对体育尤其是足球的极大兴趣。这个兴趣除了促使他自己坚持练球、踢球，更促使他研究了全世界各国足球球员、球队的情况、各种大赛的历史、比赛规则、精彩赛事，甚至各个球员协会之间的管理和金融关系。在小小年纪，他就在琢磨如何能更好地整合、组织和管理球队资源，这个兴趣延续至今。

这两个孩子的行为都可以称为孩子的激情项目。

激情项目有两个特点：第一，这一定是孩子喜欢做的事情，不是重复学校里的学习。它们可以是有趣的事情，比如组装飞机模型，收集植物标本，或动物、科学等领域的课题，体育运动，也可以是孩子长大后可能遇见的大课题，比如政治、历史、社会、慈善。对于孩子自己选择的激情项目，孩子会有极大的内在动力，觉得自己有能力、有权利、有责任把这个项目做好，即使遇到困难，他们也不会气馁。

第二，激情项目不是永久的，但是它需要能够持续一段时间，大致来说能够持续几个月到几年。所以，它不是孩子一两天的新鲜感，孩子要找到真正喜欢做的事情，并在这件事情上自愿坚持。

对于所有充满好奇的少年期孩子，我强烈建议父母支持他们有一两个激情项目。父母能做的是帮助孩子发现喜欢的领域。只要你稍微用心，孩子就会告诉你并显现出来。带孩子多看、多听、多讨论，可以扩大孩子的视野，让他们更容易发现喜欢做的事情。我们要对孩子的兴趣表示感兴趣和支持，花一些时间来和他们一起探索这个方向。我们也可以给孩子买相关书籍、玩具，带孩子看相关视频，带孩子接触和这个领域相关的活动，比如去博物馆，下载网上的资料。我们要经常和孩子讨论这个话题，让他觉得在这一个小小的领域中他懂的很多，鼓励孩子在这方面探索和创造，比如用画画、手工来表达自己的想象。

激情项目是孩子的项目。父母不要太有功利之心，因为很多孩子的兴趣看上去"完全没什么用"。比如有的孩子喜欢研究各种虫子，有的孩子就喜欢猫，有的孩子喜欢各种齿轮。大部分孩子童年时期的激情项目都没有持续到成年。尽管如此，由于在一个比较长的时间，孩子沉浸在某一个领域，他们在这个过程中掌握和精通某个领域的知识，体验过在某个领域具有深度的知识和技能的感觉，因此他们长大以后，无论进入哪个行业，他们都具备了在那个行业有所成就的基本素养。

激情项目能激发并维持孩子的好奇心，这是自驱力的来源之一。孩子长大后有所成就的领域，必定是他自己有兴趣、有热情、有技能的领域。迈克尔·杰克逊5岁上台表演，比尔·盖茨13岁开始编程。杰出的成就需要持续的动力，这个动力常常来自一个人早年的激情。

课外领域兴趣

《哈利·波特》系列小说的作者J. K. 罗琳从小就梦想成为一名作家。她在6岁时写了她的第一篇故事，一个关于兔子的故事，名字就是《兔子》。11岁时，她写了她的第一部小说，内容是关于七颗被诅咒的钻石和拥有它们的人。后来，她经历了很多失败，包括失业、离婚，但她一直没有放弃写作。对罗琳来说，这一早期兴趣一直激励着她，这份即使在贫困中也一直追随的热情被证明是正确的选择。2004年，罗琳荣登《福布斯》富人排行榜，是第一位靠写书成为亿万富翁的人。

和激情项目相似的另一个发展孩子好奇心的方法是培养孩子对某个领域的深度兴趣。研究发现，孩子常常在8~10岁甚至更早的时候，就形成了对文学、政治、科学、音乐等专业领域的兴趣。父母要在这个兴趣之上加以引导，给孩子创造机会，让他们沉浸其中，进一步发展对这些领域的兴趣。

在罗琳的例子里，她感兴趣的这个领域就是写作。领域兴趣所指的领域可以是宽泛的大领域，比如数学、生物、历史，也可以是它们的子领域，比如概率的应用、植物的繁殖、近代世界史，还可以是崭新的未完成领域，比如AI机器人、基因科学治病、现代社交媒体对人的心理的影响等。这些看似大人才懂的话题，孩子也会着迷。对这些领域的未知，将成为他们未来探索的动力。

在孩子的成长教育中，父母的角色和学校的角色是不一样的。学校要按照统一的标准来整体地向孩子教授社会需要他们知道的知识，而父母不一样，父母在教育中的角色是鼓励孩子找到自己的兴趣和热情，并且寻找志同道合的人。

所以帮助孩子发现课外的兴趣和孩子在学校里学习并不矛盾。比如说孩子想要成为科学家，那么他在学校所学的数学、物理、语文、理解和表达能力等都是非常有用的。但是，孩子想要成为哪一个领域的科学家？是喜欢生物还是喜欢航天？父母可以帮助孩子找到答案，并且帮助他们丰富在这方面的知识。

教育中的很多矛盾来源于父母太想让孩子成为某种样子的人，要么是像父母一样的人，要么是满足父母期待的人，比如科学家、演奏家。有智慧的父母懂得开放的探索才会给孩子巨大的先机，让他们有机会成为成就者。

飞机的发明者莱特兄弟的故事是一个优秀案例，在他们发明飞机之前世界上还没有完全受控的持续滞空不落地的飞机。所以，莱特兄弟的父母是不可能主动给他们挑选这个领域作为兴趣的。奥维尔·莱特说过："我们只是个普通家庭，并没有特别优势。我们最大的幸运就是成长在一个总是鼓励求知欲的家庭中。在家里，大人们总是热情鼓励孩子们去追求知识，去调查研究一切奇特的现象。换另一个家庭环境，我们的好奇心也许早在它结出果实以前就被扼杀了。"

在培养孩子领域兴趣方面，除了和孩子多交流，发现孩子的领域兴趣之外，你还可以让孩子加入一些大人的组织或者讨论，或者参与大人正在做的项目。这些活动会让孩子真正地了解这个真实的世界的多样性。

我们除了要帮助孩子发现自己的兴趣，也要学会因材施教。比如说，我家老大从小到大一直都喜欢科学类的话题和项目，而老二更喜欢体育和商业。哥哥小时候玩的很多玩具比如乐高给了弟弟，但弟弟并不是那么感兴趣。所以每个孩子的兴趣是不一样的，我们不需要把一个孩子的兴趣强加于另外一个孩子身上。我们要让他们各自找到自己的"激情项目"和"领域兴趣"。

听上去，这些对父母的要求比较高，但是事实上，激情项目和领域兴趣都是孩子自己喜欢的，孩子会自动投入大量的精力，反倒不需要父母费很多精力和时间，父母只要给予鼓励和支持就可以了。这是团队原则"孩子带领，我支持"的又一实践。

> **"好奇心"行动清单**
>
> - 想一下，你的孩子现在是否有这样一个"激情项目"。如果有，你打算怎样支持他？如果没有，你打算怎样帮他找到这样一件事？
> - 经常和孩子讨论他喜欢的领域的话题，你不用成为专家，只要对这些话题充满兴趣，让孩子做"专家"就行了。
> - 带孩子认识不同行业的大人，让他们成为朋友。

批判性思维：识别谬误，培养信商

最近，AI大模型ChatGPT在很多领域开始和人进行深度、有效、有趣的对话。人们对于自己工作的价值、孩子应该掌握什么技能的讨论又因这个现象而变得激烈。其中有一个最重要的话题，即人们能否分辨什么是真的，什么是假的，什么可信，什么还有待商榷。批判性思维的重要性又一次被推到话题中心。

每日批判性思考

少年期的孩子的抽象思维、逻辑能力进一步加强。世界的复杂性在他们面前展开。在这个阶段的孩子身上，批判性思维可以表现为利用他现有的知识和经验判断正误、解决问题，比如下面这些。

- 解释事情为什么会发生。
- 比较和对比。
- 评估想法并形成意见。
- 理解他人的观点。
- 预测未来会发生什么。
- 思考创造性的解决方案。

在大部分学校里，孩子们会重复老师所说的话或教科书中的内容，他们的学习是以正确的顺序遵循正确的步骤以获得正确的答案，教室里充满了练习、记忆和家庭作业，而不是思考。

如果批判性思维是学习的重要组成部分，那为什么学校不专注于教授这些重要技能呢？因为这不是一个直接可以教授的技能。要想对一个主题进行"批判性思考"，需要对一个主题有深入的了解并应用知识、逻辑、反馈、反思、对话等一系列行动才能做到。所以，批判性思维无法在课堂上学到，也没有教科书。

批判性思维的训练发生在生活中的点点滴滴。每次和孩子的对话，每次面对和解决问题，都是批判性思维的展现和锻炼。比如和孩子聊到现在世界上的战争，解释它为什么会发生，双方是否都有道理，有哪些隐藏信息可以改变我们的看法，其中每一步都需要批判性思维。

如果用一个词来概括批判性思维的要点，那么这个词就是"主动"。孩子要主动提问题，主动思考，而不是被动接受。

知道什么是错的，才能知道什么是对的。训练批判性思维的一个方法是识别常见的逻辑谬误。常见的逻辑谬误包括没有足够证据就匆忙下结论，以偏概全；把一个事物的局部特征当作总体特征，或者用个人经验和孤立的例子取代严谨的论证；非此即彼，非黑即白，把"对"和"错"、"好"和"坏"作为仅有的可能，忽略其他可能性的存在，忽略事物的多面性和复杂性；把关联关系当作因果关系，以情感代替逻辑；等等。能够判断逻辑谬误是锻炼批判性思维的第一步。

第二步是做正确的思考。在这里，对于家长可以采取的具体的行动，我也给几个建议。

- **解释**：给孩子解释所有事件、事实，不直接跳到结论，不直接评论。
- **让孩子问问题**。
- **衡量证据**：当一个人声称一件事是正确的时候，我们可以一起来看看证据是什么，是否足够、合理。
- 找假设：有时候一些内容有隐含的假设，让孩子学会把这些假设找出来，变成明确的假设。
- 提供不同角度：对同一件事，两个处境不同的人会怎么想？比如对于完成功课或者打游戏，家长和孩子会有什么不同想法？对于体力劳动，城市的孩子和农村的孩子会有什么不同想法？
- 不要求孩子完全听话：允许孩子有不同意见，可以和我们正常沟通，达成协议。

如前所说，批判性思维没有教科书，批判性思维的锻炼也没有完成之日。可以说，培养孩子的这些任务也是在培养我们自己，大人也需要随时随地做出合理的判断，独立思考和解决问题。

信商

现在世界上每两天产生的信息量，相当于自文明史产生以来到 2003 年的全部信息量。在这个信息大爆炸的时代，所谓信商，就是判断信息价值的智商，是一个人对信息的判断力。信商回答了一个关键问题，即什么是值得我们接收的信息？它包括下面这些。

1. 信息的真实程度：你看到的内容是事实吗？它是不是编造的内容？它是不是错误的内容？是否有别的信息证实或者证伪这些内容？

2. 信息的完整程度：你看到的信息是完整的吗？它是不是有删减，只抽取了一部分真实内容？信息是最新的吗？标题和内容符合吗？

3. 信息的质量：你看到的信息中，有多少对你真的有用，有多少是"水分"甚至混乱的垃圾信息？

4. 信息的源头和渠道：你看到的信息是从哪里来的？谁是作者？那个源头可靠吗？这个信息是如何搜集、如何传播的？

5. 信息的用途：你为什么要接收这个信息？这对你有什么帮助？

少年期的孩子要获得独自前行的能力，信商好比是孩子认识交通标志、看懂地图和学会使用导航软件的能力。

我们要教孩子主动寻找和接受对自己有价值的信息，比如，寻找真实可信的新闻渠道，挑选高质量图书，通过和朋友交流获得信息。我们也要教孩子主动屏蔽无聊信息，比如一些无用的游戏、主播或者应用程序，我们要教孩子屏蔽它们，而专注于高质量输入。

兼听则明，我们要教孩子不要只看一篇文章，或者同一个地方发布的文章，就立即下结论。要多看几个"媒体源"，了解信息的出处。有的媒体"浅而快"，只专注新闻的"新"；有的媒体是意见导向的，比如许多个人自媒体，它们偏观点而非事实；很多专家类媒体，包括美容、健身、健康，最终还是为了做生意。

信商不是一天两天就能培养出来的，建议你常常做"实战分析"。比如，孩子花时间看视频或玩游戏之后，你可以和他讨论："看的内容对你有什么帮助？""是不是花了很多时间看重复的内容？""这两个小时，如果出去打球，会不会感觉精神好很多？"当我们看到一个演讲者能够引经据典的时候，我们也可以引导孩子，告诉他必须花时间读书，才能有这么高水平的评论和见解。这些实际生活中的例子能帮助孩子培养判断能力，让孩子自己反思信息的质量。

"批判性思维"行动清单

- 当孩子和我们意见不一时，提醒自己这可能是培养孩子独立思考的机会，和孩子公开讨论，让孩子表达自己的不同意见。
- 和孩子以"不同的人会怎么想"为话题进行讨论，比如找一个打球的例子,讨论两边的球迷分别会怎么想。找一个战争的例子,讨论两个国家的人民分别会怎么想。
- 在社交平台看一些引用或者翻译的信息,和孩子一起找信息源头。
- 检查一下今天孩子在吸收垃圾信息方面花了多少时间,想办法减少这些时间。

第 12 章

少年期身心健康：培养自信和毅力

少年期是孩子身体和心理都发生巨大变化的一个时期。这个时期开始的时候他们还是个小孩，这个时期结束的时候他们在体力上接近于成人。如雨后春笋一般，孩子的成长极其迅速，可以很茁壮，很健康，长成蓬勃向上的年轻人；但同时，孩子的许多不良习惯、心理问题也源于 12 岁之前父母的教育方式。

运动：选择体育、艺术等特长领域

少年期孩子身体迅速发育，运动对他们的健康至关重要。运动除了可以帮助孩子拥有健康的身体，也对锻炼意志、增强团队合作能力、减压等有很大的帮助。不幸的是，从小学后期开始，不少孩子的学习负担加重，运动时间越来越少。很多父母认为孩子将来不会成为运动员，也就不再培养孩子常规运动的习惯了。

通过减少运动时间来补功课是适得其反的，因为常规运动可以促进孩子大脑发育，提升他们的认知能力，包括记忆、注意力、解决问题的能力。运动可以说是学习的最好助手。从大脑发育的角度，运动本身就是一种学习。

每个孩子的运动

孩子运动的目的有三个渐进的层次：为了身心健康，为了有一个运动专长，为了成为专业运动员。只有极少数的孩子走第三条路，将来从事体育工作。对于99%以上的孩子，上面的第一项和第二项都是非常重要的。每个有条件的孩子，都需要有热爱的体育运动和运动专长。

不是所有的孩子都具有运动天赋，但这没有关系。和大人一样，任何孩子都需要为了健康而运动。运动是一种习惯，和功课一样重要。关于运动的时间从哪里来，如何鼓励孩子坚持运动，我有以下几个建议。

1. 安排固定的运动时间：孩子付出，家长也要付出。让我们拿出带孩子补课、学奥数的精神，在课外、周末的时间表里尽量安排固定的运动时间。只有家长充分重视和鼓励，孩子才能在繁重的学业外拥有充分运动的机会。
2. 提供合适的设备和场所：给孩子买一副乒乓球拍，或者买个足球、飞碟、跳绳、自行车，带孩子去公园、运动场、游泳馆。让孩子拥有运动相关的装备，随时可以去运动场所，这会让运动更加方便，让孩子形成习惯。

3. 用运动类玩耍来"奖励"孩子：一般孩子都是喜欢动的。我们可以和孩子商量，为了在课后能有时间让他们做喜欢的运动，他们在学校要尽量把功课做好，或者在做作业的时候不拖拉。这样孩子学习、运动两头都不会耽误，可谓一举两得。

4. 运动的时间优先于电子产品：我们帮助孩子减少看电视、玩电子游戏的时间，最好的办法是把这些时间分配给运动。我们可以帮助孩子做好时间管理，给运动留出时间。

有很多方法可以为孩子创造运动机会。比如，在选择课外活动和夏令营的时候，可以选择运动类的而不是学习类的。在运动种类的选择上，家长应该多尊重孩子的意见，让孩子做自己喜欢的运动。当然，运动不一定只在运动场、健身房里，我们可以带着孩子一起爬山、跑步、越野。在我们家，曾经持续多年在星期六带孩子一起去郊外爬山。这样的活动既锻炼了身体，又增进了亲子关系，还可以和很多家庭一起社交。

总之，家长只要有让孩子多运动的意识，再朝这个方向努力，就会有好成果。每个孩子的运动能力不一样，家长不能着急，要多鼓励、多表扬。和玩乐一样，每个孩子都可以享受运动的乐趣，同时培养基本的运动技能和运动素质。

培养运动专长

孩子是否在运动方面有天赋，能否培养一个运动专长，比如田径、体操、打球，这个在孩子少年期就可以看出来。

一般 10 岁左右的孩子能够懂得相对复杂的指令，有能力进行简单的、有组织的运动的基本训练，包括跑步、游泳、乒乓球、羽毛球、体操、武术等。但是那些需要复杂的视觉和运动技能、详细策略或团队合作的运动，如篮球、足球等，对孩子来说还比较困难。所以，这个时期的孩子可以开始参加各种运动项目，但是应该专注于学习新技能，找到自己的特长。

发现特长，而不是培养特长！打乒乓球需要的天赋和踢足球、跳舞、长跑是不一样的。孩子到底对什么运动感兴趣，要在尝试中发现。同智力上的多种智能一样，每个孩子的体育才能也是不一样的。我的两个孩子，一个选了游泳，一个选了足球，因为一个喜欢个体运动，一个喜欢团体运动；一个喜欢单一的不断进步的运动，一个喜欢多样的要求身体协调的运动，很难想象他们交换这两个运动项目后还能做好。如果孩子根据自己的喜好和身体素质来选择运动，并且做出合适的选择，那每个孩子都有一定的运动天赋，都能够自豪地说"我擅长的运动是××"。

10～12岁时，一些孩子已经具有运动技能和认知能力，能够进行复杂的、需要团队合作和策略的运动。专家认为，这个时期的孩子可以开始相对专业的体育训练，包括团体运动，如足球、篮球等。对于有体育特长的孩子，我们可以帮孩子找到好的运动队和教练，让他们有规律地训练。

少年期的孩子的成长往往不均衡。也就是说，有的孩子会突然长高、长壮，在体力、耐力上都超过同龄人，也有的孩子比其他孩子长得慢，还有的孩子身体会在短期内发生很大的变化。所以，我们不要因为短期的身体发育情况而误判孩子在体育方面的天赋，或者将表现不好归于孩子不够努力。我们要了解自己的孩子，在合适的时候帮他们找到合适的机会。

充足的睡眠

睡眠是孩子身心健康的重要组成部分。经常睡个好觉的孩子可以更长时间地专注于任务，更有创意，更容易学习和记住新事物，当然，他们白天也有更多的能量。反之，睡眠不足会导致孩子情绪不稳定，在课堂上难以集中注意力。研究表明，没有养成按时入睡习惯的孩子，进入学校后的成绩通常比那些按时入睡的孩子差。缺乏睡眠的11岁孩子在逻辑考试中的得分和 9 岁孩子一样。长时间的睡眠不足会导致易怒、压力增加、健忘、学习困难和动力不足，随着时间的推移，还会导致焦虑和抑郁。

睡眠对孩子如此重要的原因在于它能够使大脑得到充分的放松，重新整理和组织信息，复习白天学会的知识和技能。与疲惫的大脑相比，休息良好的大脑可以解决问题、学习新知识并享受这一天。

美国国家睡眠基金会推荐的孩子睡眠时间如下表所示（见表 12-1）。

表 12-1 推荐每日睡眠时间

年龄	推荐每日睡眠时间
新生儿（0~3 个月）	14~17 小时
婴儿（4~11 个月）	12~15 小时
幼儿（1~2 岁）	11~14 小时
学龄前儿童（3~5 岁）	10~13 小时
学龄儿童（6~13 岁）	9~11 小时
青少年（14~17 岁）	8~10 小时
年轻人（18~25 岁）	7~9 小时

所有家长都知道，让孩子有充足的睡眠听上去简单但做起来难，需要日常的不懈努力。下面这些方法可以帮助你的孩子尽可能达到合适的睡眠时间。

- 设定规律的就寝时间和起床时间：每天大致相同的就寝时间和起床时间有助于调整孩子的生物钟，避免睡不够而需要早起的情况。
- 为确保孩子有足够的睡眠，确定孩子早上起床上学的时间，然后往前倒推9~12小时为就寝时间。
- 在周末尽量遵守睡眠时间表：争取就寝时间和起床时间比工作日晚一小时以内，这样孩子的生物钟和期望值都不会受到影响。

除了睡眠时长，孩子的睡眠质量也非常重要。高睡眠质量包括能够尽快入睡，能够长时间睡眠，能够连续睡眠而不会中间醒来。为了让孩子拥有高睡眠质量，我们可以做以下这几件事情。

1. 营造舒适的睡眠环境。确保孩子的卧室舒适、黑暗、凉爽和安静。
2. 确保孩子在白天进行大量运动，以帮助孩子晚上睡得更好。睡觉前进行平静和愉快的活动，包括与父母单独相处、睡前阅读、洗漱等。
3. 关掉电视、电脑和收音机。睡前看电视、玩电脑游戏、上网和其他刺激性活动会导致睡眠问题。不要给孩子含咖啡因的食物或饮料，尤其是在下午晚些时候或晚上。

良好的生活习惯能使一个人终身受益。孩子需要在我们日常的帮助下，在我们的言传身教下，逐渐养成按时睡觉、讲究卫生、保持锻炼、健康饮食的好习惯。

> **"运动能力"行动清单**
> - 保证孩子每天有身体活动的时间，总量1小时以上。
> - 对于少年期后期的孩子，锁定一两项孩子喜欢或擅长的运动，带他加入和他水平相当的运动队，或者找到合适的教练让孩子进一步训练。
> - 如果孩子的睡眠时间不到推荐时长，按照我所给的关于保证孩子睡眠时长的建议做出改变，直到孩子有足够的睡眠。

自信：平等相处

学习动力这件事，最忌讳孩子内心觉得"我不行"："我数学不好""我英语不行"，这些都是孩子在学习过程中可能遇到的很普遍的心理问题，会导致孩子的学习动力不足，孩子对自己没有信心，怕失败，甚至没有尝试和努力就放弃了。

往往在孩子长大后，父母才发现"他很自信"或"他不自信"，然而改变一个人对自己的看法难之又难，甚至永远都改不过来。孩子在少年期形成自我和他人的概念，在这段时间教孩子学会自信和自爱，与他人平等相处，不卑不亢至关重要。孩子的自信有几个关键点：相信自己，尊重他人，避免贫穷的心态，积极面对未来，而父母是孩子自我价值感的主要来源。

自我意识的形成

每次讲到自信，我都要让大家先仔细想一下到底什么是自信——这个我们都知道的词。"我很厉害""我总是考第一名""每次活动都是我的孩子在表演""一大群孩子里面数我家孩子最能说"，这些都不一定是自信。自信不是外在的表现，它是内在的品质，是对自己的判断、能力的信心和对未来的积极的信念。

所谓人的自我意识，就是人对自己的看法。这个看法的一端是自卑："我真差，什么都做不好"；另一端是自傲："我比你们都强"。自卑和自傲都不是自信，自信是一个合适的平衡，它是对自己的信心而不是和别人相比，它是对自己能力的信心而不是对具体某件事情是否做好的评价。

自信的孩子在成长过程中拥有健康的自我价值，这意味着他们对自己的长处和短处有现实的了解，享受长处并在问题领域努力。健康的自我价值也意味着和他人平等相处。自信的孩子会表扬和支持他人，包括在某些方面能力比自己强或者弱的朋友。"你很棒！""你比我强！""我要向你学习，和你做得一样好！"自信的孩子才会对朋友说这些话。

不少孩子的自信问题来源于父母，比如孩子将父母的不快乐解释为对他们的不满意。即使是婴儿也知道他们应该取悦父母。随着年龄的增长，他们甚至可能会认为自己要对父母的幸福负责。他们会认为，如果父母不满意，一定是因为他们做得不够好。如果你遇到抑郁或焦虑问题，你的这些情绪将直接传递给孩子。

尤其在孩子很小的时候，孩子的自我概念与母亲的自我概念密切相关，相当于一种相互建立自我价值的过程。孩子会说："我最喜欢在妈妈开心的时候和她在一起。"我们就像是孩子的一面镜子，我们自己自信，孩子才会自信。

关于职场妈妈，在分析了超过一万份经济数据报告后，有关研究部门发现职场妈妈养育的孩子更加自信。孩子造就了我们。职场妈妈有更好的管理能力，在情绪管理、解决冲突上更胜一筹，更胜任多重任务工作，在谈判方式、耐心等方面也更有优势。妈妈的身份教会我们安排优先级，锻炼了我们的情商，也让我们更加珍惜事业。大家往往抱怨职场妈妈的辛苦，而我身边的很多实例证明,我们的事业是我们成长的阶梯,也是孩子成长的阶梯。

区分"我做的事"和"我这个人"

我们要做孩子的一面积极的镜子。当你给孩子积极的反应时,他就会学会好好看待自己。

但是,"积极的反应"就是说孩子什么都好、都对吗?不是的。这里的关键点是要区分孩子本人和孩子做的事。事情可以成,可以败,可以做得很好,可以做得很差,也可以在进步中;孩子本身需要有信心,包括对自我能力的衡量,也包括犯错误和修正的能力。

比如,孩子说:"我个子矮,打不好篮球",这里面,"个子矮"是一个既成的事实,一下子改变不了,没有好坏之分。"打不好篮球"是一件事情,孩子可以通过训练来进步,也可以换一个体育项目。"个子矮"和"打不好篮球"有一定的关联,但不完全是因果关系。无论孩子决定用更多的训练来提高自己的技能,还是改变方向,这都不是对孩子这个人的评判。

我们要告诉孩子我们对他的爱是无条件的。我们要经常表明,无论孩子怎样,我们作为父母都是爱他们的。即使是管教,也是爱的管教。避免说"如果你再考不好,妈妈就不喜欢你了"这样的话,这会让孩子把妈妈对自己的爱和自己的成绩画等号。孩子都怕失去父母的爱，所以父母用爱来挟孩子会奏效。但是，长远来看，这对孩子的负面影响会很大。孩子不仅会单纯地觉得"分数""乖"比自己更重要，而且会把这些作为学习或者行为的动力，而失去内在的动力。

如果孩子犯了错误，我们要就事论事，不打击孩子，指出错误的地方和如何改正。我们不要说："你打架了，你怎么成了坏孩子！"而要指出打架这个行为本身不对。要避免用羞辱的办法来惩罚孩子，也不要给孩子贴标签。你会发现，我们可能经常在不知不觉中给孩子贴标签，比如，"这孩子没有数学头脑""我家都不是搞体育的，没有这个基因"。这些都是先入为主的标签。孩子贴上了这些标签后，很容易在这些方面先自暴自弃了。

每个人的才能都各不相同，而人的不自信往往来自人与人之间的比较，尤其是用自己的短板去比别人的长板：隔壁的孩子认识多少字了！班上有个孩子有音乐天赋，钢琴过了十级了！这都可以成为悬在孩子头上的剑。

最后，我想要强调，我们要学会接纳孩子本来的样子。孩子天生性格不同，比如内向的孩子可能显得不够自信，因为他们不愿意在众人面前出风头。现代社会崇尚领导力，我们希望孩子在各方面都出头，学习上争第一，体育上打败别人，最好还是班干部。但如果我们的孩子不是这样的，该怎么办？

其实，我的两个孩子都是内向的。我在"东西方教育"公众号上发布过一篇文章，叫《我的儿子是后卫》，讲我家老二的故事。在踢足球的这十几年里，别的孩子都争当前锋和边锋，而他一开始就选择做后卫，因为他不敢和别的孩子抢球。在踢球的这些年里，他一直都不是球队里最出风头的球员。然而到了高中，他成了球队的队长和最优球员。静待花开，耐心等待，这是我们能够做到的。

回顾自己的历程，我们常常会发现，现在处于关键领导位置的人，往往不是小时候冲在最前面的。有太多的因素会影响一个人的成长。在畅销书《从优秀到卓越》中，作者对很多优秀的CEO进行了研究。作者发现，这些CEO不是魅力无穷的预言者、演说家，他们的共性是谦逊、自我约束、勤奋、讲求效率。他们能够理解他人，并且有足够的耐心重复做一件事。从性格特征来看，作者研究发现，公司的CEO正好一半是内向的，一半是外向的。许多内向的人，都是有"定力"而自信的人，我们的孩子完全可以成为这样的人。

"自信"行动清单

- 思考一下你是否给孩子贴了标签，比如"数学不好""懒""不开窍"等？去掉这些标签，和孩子讨论具体的事情和做法。
- 给孩子布置一个"特殊任务",专门由他完成。
- 看一下孩子周围的朋友、家人中有没有破坏者,让孩子接触更多的建设者,避免接触破坏者。

韧性:延迟满足

没有一帆风顺的人生。孩子会逐渐长大,自我意识也不断发展,他们会遇到初步的挫折,比如考试排名不高,运动比不上别人。孩子还会看到家庭中的矛盾和困难,比如父母为生活而奔波,也会看到社会的不公平,比如穷人家的孩子没有读书的机会,等等。在挫折和困难面前,不同的孩子心态不同,有的脆弱,有的敏感,有的好强,有的不在乎。

韧性是指从压力、逆境、失败、挑战甚至创伤中恢复过来的能力。有韧性的孩子在面对同样的挫折的时候,更不容易被困难打倒。他们也会感到挫败、害怕、伤心,但是他们会较快地回到正轨,继续积极前行。有韧性的孩子也更愿意承担风险,因为他们不害怕达不到期望。他们好奇、勇敢,相信自己的直觉。他们知道自己的极限,并推动自己走出舒适区。

延迟满足

延迟满足是对眼前的诱惑的抵制,希望在长期内获得有价值和持久的回报。越来越多的研究表明,延迟满足的能力可以带来许多积极影响,包括学业成功、身体健康、心理健康和社交能力。非常成功的人都具有延迟满足的能力。

举一些例子,下表是"即时满足"和"延迟满足"的人的行为对照表(见表12-2)。

表 12-2　即时满足和延迟满足

即时满足	延迟满足
看到喜欢的东西马上就要买	看到喜欢的东西,想好了再买
先玩儿,再工作	先工作,再玩儿
一件事做不好就算了	一件事做不好,要坚持做完,做到最好
排长队的时候不耐烦	耐心排队
得不到想要的东西就发脾气	得不到想要的东西时不情绪化
情况发生变化就抱怨	情况发生变化后分析和应对
做好一件事后用消费来奖励自己	做好这件事本身就是满足

对孩子来说,延迟满足指孩子有自控能力,有长远思维,理解不能总是立刻就能得到自己想要的东西。如果没有推迟快乐和奖励的能力,我们的孩子就会失去一项重要的幸福技能。

能延迟满足的孩子更有韧性。心理学告诉我们,能够接受延迟满足的人会过上更快乐、更健康的生活。具体来说,能延迟满足的孩子在长大后有更强的情绪控制能力、更高的考试分数。

鼓励延迟满足的核心方法是静下心来耐心完成一件件完整的事情，这是孩子和我们都需要的。比如，从头到尾地读几本经典书；不要刷短视频，而是完整地看一部电影；听整张专辑，而不是从一个曲目跳到另一个曲目；学习乐器，精通一门棋艺，总之，不接受即时满足的快消品。

培养孩子延迟满足的习惯的直接方法就是避免立即满足孩子所有欲望。比如去公园，孩子进门就要买冰激凌，你可以说，等一会我们吃过午饭，再吃冰激凌。你可能会认为买个冰激凌是件几块钱的小事，但这里的关键不在于钱的多少，而在于是否要满足孩子的要求，应该看要求是否合理，而不是看要求是否容易满足。

反过来，如果孩子想要一个比较贵的玩具，比如一个编程机器人，那么我们也可以用延迟满足的方法，告诉孩子现在不给他买，可以等到他过生日的时候给他买，所以他要等两个月，而且，他需要想好，买了这个玩具后他要经常玩，不能玩几天就不玩了，另外，过生日时就不能买别的玩具了。这样，孩子既可以得到心仪的玩具，又会知道不是所有愿望都能马上实现，从而更加珍惜这个玩具，而且还会在其中学到价格和质量的关系，一举多得。

还有一个锻炼孩子的方法，叫"暂停技巧"。"暂停技巧"

是说在一些有选择的场景，或者人的情绪可能替代理智的场景，学会先"暂停"一段时间再行动。从孩子很想吃第五块炸鸡时暂停下来想想这顿饭是否油炸食品吃得太多了，到孩子想和别人打架之前暂停想想应不应该这样做，再到孩子在决定是否参加一个比赛之前平静地出去走走，想清楚需要有怎样的付出，这个"暂停、思考、冷静、再行动"的方法，会帮助孩子做出正确的决定。

在短视频充斥、快递发达的速食的现代，延迟满足是一个尤其重要的技能，也是孩子韧性的重要组成部分。

做家务

为什么我要把让孩子做家务这样一件好像不那么关键的事情，作为培养孩子韧性的一个重要建议呢？

教育家蔡元培曾说，家庭者，人生最初之学校也。

20世纪之前，正常家庭里的孩子都是一个小型的大人，在家里做他们力所能及的事情。他们是大人的臂膀和学徒。近一两百年才有了现代学校的形式，大批的孩子长时间地待在学校里，由专业的陌生人教授知识。

现代学校让孩子的知识学习更高效，但孩子无法再通过家庭工作习得技能和习惯，丧失了自己的价值感。孩子变成了"没用的人"。最近几年，中外教育学者都意识到了这个缺失，纷纷建议家长让孩子在家里多做事。美国一些顶尖大学的录取也开始把孩子在家里做事、帮助家人作为有效的加分项。

哈佛大学学者做过的一项长达20多年的跟踪研究显示：爱做家务的孩子和不爱做家务的孩子，成年之后的就业率之比为15∶1，犯罪率之比是1∶10。爱做家务的孩子，心理疾病的患病率也较低。中国教育科学研究院对全国2万多名家长和2万名小学生进行的家庭教育状态调查表明：在孩子做家务的家庭中，子女成绩优异的比例为86.92%；而认为"只要学习好，做不做家务都行"的家庭中，子女成绩优异的比例仅为3.17%。

很少有家长能想到，做家务的好处远远大于表面上让孩子做些事。做家务能培养孩子的诸多技能，比如学会生活技能，学会规划，学会解决问题，还能培养孩子的诸多品格，比如责任心、耐心、成就感。家务的效果是直接的，扫完地，地就干净了，做了饭就可以吃。这些都是比分数、奖状更加直接的成就感。家务不只是为了自己，也是为了家里其他的人，不管是带弟弟妹妹玩儿，帮老人拿东西，还是打扫卫生，都是为了他人而做事，是责任感的一部分。

家务活儿繁杂而重复，不总是有趣，也有脏活儿累活儿，但是必须有人做这些事。让孩子在家务活儿中扮演合适的角色，给他们分配固定的任务，让他们学会做不爱做的事，控制想要放弃的冲动,这些都是培养孩子韧性的好方法。

韧性不是知识,不能教,随着时间的推移,孩子会通过经验获得韧性。我们还可以分享自己的问题和错误,分享自己走过的弯路,告诉孩子我们在工作中、社交中、家庭生活中遇到的问题,让孩子知道我们面临的困难,更重要的是,让孩子知道我们正在做什么来克服这些挑战。一位著名作家和受人尊敬的教授说得最好:"通过我的研究,我发现脆弱是维系关系的黏合剂、魔法酱。"当孩子听到你面临的挑战时,孩子会开始意识到,问题、脆弱都是可以接受的,他们会接受挑战是生活的正常部分。

"韧性"行动清单

- 想想孩子是否有因害怕、困难而不去做的事情,从他的角度来看,这是为什么?找机会让孩子说出他的理由,并且不做批评,表示理解。
- 和孩子讨论"暂停技巧",下次孩子着急或者有情绪的时候,使用"暂停技巧"。
- 给孩子找一件需要他照顾别人的事情,包括照顾家人、老人、动物等。

同理心：尊重他人、感恩

同理心是指感受他人的感受的能力，也就是说将自己置于他人位置看问题的能力。广义的同理心包括能够理解他人，尤其是和自己不同的人，也包括包容他人，帮助他人。人是社会性动物。要想成为一个有爱心的人，要想和他人和谐相处，要想在为他人服务中找到意义，一个人首先要能够理解他人。

共情既是一种情感体验，也是一种认知体验。学龄阶段的孩子会更加意识到其他人有不同的身体、感受和经历。孩子对自我与他人之间的区别的认知在这个时期迅速成熟。

理解情绪

理解情绪是家庭教育中比较缺失的一部分。我们通常认为，教育都是关于学习或者好的行为的，情绪是需要"被理解"和"被管制"的，而很少想到情绪管理也是需要被教授的。在孩子能理解他人之前，他需要先了解情绪并能够处理自己的情绪。

少年期的孩子需要学会更加复杂的情绪表达和管理，而不仅仅是舒缓和转移。我们要教会孩子描述情绪的词语，并且让孩子使用它们，比如"我的猫生病了，我有点儿伤心""那个阿姨生气了"。我们也可以使用更加详细的描述，比如"那个阿姨说话很大声，很激动，她可能生气了"。

我们可以鼓励孩子公开谈论情绪，而不是忽视或掩饰它们。假设孩子害怕黑暗，与其说"没什么好怕的"，不如询问孩子的感受："你害怕黑暗吗？什么让你害怕黑暗？"谈论情绪也包括公开谈论当你有这种感觉时，你可能会说什么、想什么、做什么。例如："我担心的时候，我能做的一些有帮助的事情是深呼吸，提醒自己一切都会好起来的。"

不要因为孩子感到悲伤或生气而惩罚他们。不要立即说"那是错误的"。明确告诉孩子我们要欢迎所有情绪，并通过讨论和反思让孩子学会以健康的方式管理情绪。例如，孩子转到一所新学校，可能会因为想念他的老学校和朋友而感到不高兴，我们可以和孩子谈谈这是怎么回事，并且一起想办法来解决。

在和孩子一起读书的时候，我们可以谈论书中人物的经历和情绪。比如，这个动物找不到妈妈了，它会有什么感觉？它的感觉后来发生了什么变化？它的好朋友可以怎样帮助它？那个人物把他一生的积累都丢掉了，他那时会有什么感受？这个感受又如何带动了他下面的行动？

理解情绪是培养同理心的第一步，理解了，才能共情。共情通常包括四个步骤：感觉、思考、说和做。举个例子，孩子的朋友因为生病错过了运动会。孩子首先应该理解朋友的情绪，不能只顾自己高兴，而应能感受到朋友的失望。其次，孩子可以想一下，朋友为什么很失望，是没能加入运动会的热闹场景，还是没有拿到本该属于他的奖牌。再次，孩子见到朋友的时候，可以说："我知道你没能去运动会很失望，我也会这样。"最后，孩子也可以提出："等你康复了我们周末一起去郊外爬山吧。"这样，孩子就完成了一个简单的共情过程，他理解了朋友，并且帮助朋友感觉更好。

尊重他人

尊重他人是一种可贵的品质。尊重也是一项复杂的技能，包括一个人在表现、言语、行动上的尊重，也包括一个人内心的尊重；包括尊重他人，也包括赢得他人的尊重。

尊重是"身教重于言传"的品质之一，最佳的教育方法莫过于以身作则，即父母要尊重他人，包括尊重孩子。

少年期的孩子既"小"又"大"，在他们自我意识、自我认可形成的这一关键时期，我们对孩子既平等又不溺爱的尊重非常重要。他们会直接学会用同样的方式尊重他人。我们在和孩子相处时，需要做到以下几点。

- 和孩子说话时的口气要平等，像和大人谈话一样，而不是我们居高临下，或者不断斥责孩子。和孩子对话时要聆听，给孩子机会表述他的看法。花时间听孩子说话，这意味着孩子对你很重要，意味着你尊重他们。和孩子相处时也要专注，不要以为孩子不懂。我们和孩子一起做事时不要让其他人的谈话、手机等打断我们。

- 给孩子空间，不要让孩子一直和大人在一起，或者大人可以随时进入孩子的房间，要给孩子单独的空间和时间。尊重孩子的"私人财产"，孩子逐渐长大，会有一些物品专属于他，我们尽量不要随便整理、归置或者处理属于孩子的物品，而要让他们自己整理、保管，这样既尊重了孩子，又培养了他们的责任感。

要知道，服从与尊重不能混为一谈，因为服从的核心是恐惧，而尊重他人是一种积极的态度。尊重孩子不是不纠正他们的不正当行为，而是不用大喊大叫、让人心烦意乱的方法。相反，我看到一位妈妈这样做：把孩子带到旁边，小声但是坚定地和孩子说什么是不应该做的。这通常会让孩子立即改变行为，同时孩子感觉到被尊重。

除了尊重孩子，在日常生活中我们也有许多机会来教孩子学会尊重他人，教给孩子一些实操的方法，比如用礼貌用语，聆听别人。我们可以找机会和孩子聊聊被人尊重的感受，或者没得到尊重的感受。我们也要告诉孩子，人不分三六九等，凡是诚实的人、靠劳动生存的人都值得我们尊重。每个人之间的关系，都始于尊重。尊重是赢得的，是靠一个人的品德、行为赢得的。

尊重他人，也意味着尊重和我们不一样的人，理解他人的想法和行为。你可以和孩子做一个"转换角色"的游戏：遇到一个问题，问孩子其他人会怎么做。比如，"我们用手机上网买菜，爷爷会怎么做？""我们坐公交车去上学，住在城外的同学怎么做？"

对于比较大的孩子，我们也可以做更加复杂的转换角色游戏，比如，"如果由你来管理这个动物园，你会做什么？""如果你是数学老师，有些内容班上一些孩子会了，另外一些不会，那你会怎样讲课？"

做这个游戏时，每次可以换不同的角色、不同的事情，这样不仅能帮助孩子建立他人视角，也可以带来很多话题讨论。转换角色能教会孩子站在其他人的角度看问题，培养孩子同理心，也让他们懂得尊重，尤其是尊重和自己不同的人。

感恩

感恩可以教会孩子理解别人对自己的帮助，并且表达感激。根据 2008 年发表在《学校心理学杂志》上的一项研究，对 11~13 岁的孩子来说，懂得感恩的孩子往往更快乐、更乐观，并拥有更好的社会支持，对学校、家庭、社区、朋友和自己的满意度更高。懂得感恩的孩子也倾向于给予他人更多的支持。懂得感恩的14～19岁青少年对自己的生活更满意，会利用自己的长处改善社区，更多地投入学业和爱好中并且取得更好的成绩。与不那么感恩的人相比，他们也被证明有更少的嫉妒、沮丧和物质主义。

感恩可以表现在日常生活中的任何时候。比如，我们在吃晚饭时都会问孩子"学校怎么样？"之类的问题，我们可以换一个问法，比如："今天有人做了什么让你开心？你做了什么让别人开心？"这些问题可以帮助孩子在每一天找到积极的一面，看到善良，学会感恩，培养乐观，找到一天中的亮点，让整个情绪得到提升。

家庭感恩练习有很多种，比如常说"谢谢"，无论是在收到礼物、得到帮助的时候，还是在别人给予小小的关心的时候。在节日或者过生日时，可以让孩子给家人写感谢卡。感谢卡上最好写具体的事情，比如："感谢奶奶送我的文具，我可以在数学课用上。""感谢妈妈每天给我们做美味的食物。"这样，孩子在困难的环境下也能看到光明的一面。你也可以告诉孩子如何感激我们所拥有的，即使这些已经不存在了，例如："我们的鱼死了，我真的很伤心，但我很感激我们能养它6个月。"在纪念损失的同时，我们可以同时感到感恩和悲伤。

这里还有一个很实用的建议，你可以试试。在物质比较丰富的今天，孩子过生日或过年过节时，亲戚朋友都会送礼物，虽然这能让孩子高兴几分钟，但是大部分礼物并不实用，既浪费钱又不环保。所以，我的一些聪明的朋友建议在这些节假日"为你做事"，送孩子经历而不是礼物。具体的做法是，把送礼物换成做一件事情，可以是给孩子做一个菜，也可以是带孩子去博物馆。这种"为你做事"的行动，可以让感恩不只停留在口头上，而且真正做出来。

当然，如果我们自己常怀感恩，孩子也会从我们的行为里学到这种生活态度，对世界、对他人有更多的感恩之心。

"同理心"行动清单

- 无论孩子多大，用和大人对话一样平等的语气和他对话。
- 思考一下我们是否会随便整理或改动孩子的东西，是否需要做出改变。
- 带孩子交一些背景很不一样的朋友。
- 和孩子一起列举一些日常生活中看似平常但值得感恩的小事，比如：感谢我周六吃到了美味的早餐，感谢我今天有时间去看电影。

第 13 章

小学到初中衔接

少年期的孩子要完成人生中更大的一个转变：成为中学生。除了要进入新的学校，适应新的环境，对很多孩子来说，这个转变的过程还意味着离开已经非常熟悉的同学、老师，有的还要独自去上学。很多小学规模小，离家近，而中学可能离家远，班级众多。孩子刚进入中学时在学校年级最低，而中学生不像小学生那样单纯，孩子可能会没有安全感。功课上，中学的课程和小学完全不一样：更加专业，要求更高。孩子成为中学生后，周围其他人对他的自主性的要求也更高了。其实，孩子不是一夜间长大的，我们要在这个阶段帮他适应新的环境，让这个转变成为一个良性的起点。

和幼小衔接一样，我们要帮孩子在心理上、行为上完成这个转变。

从心理上，这个年龄的孩子正好处在青春期之前，他们有点儿向往独立，但是也还不愿意脱离父母。在孩子上中学之前，我们可以参照本部分的内容，多花精力鼓励孩子独立，让他们意识到独立后天地广阔。

从行为上，我们可以培养孩子本部分所强调的各类自驱能力和自我管理能力，发自内心的兴趣、遇到不顺时的坚持、韧性都极为重要。

对于准备上中学的孩子，这里还有几个具体的行动建议。

- 带孩子去将要就读的学校参观，熟悉学校的地理环境，比如如何从校门走到教室，老师办公室在哪里，运动场在哪里，卫生间在哪里，等等。
- 朋友对这个年龄的孩子非常重要。如果有朋友和孩子一起去新的中学，让他们多交流，一起向往新生活。如果没有熟悉的朋友和孩子一起去新的中学，看看能否帮孩子找到一两个新同学，让他们事先认识，这样孩子在进入新学校后就有一些朋友了。告诉孩子他可以而且应该在进入中学后主动结交新的朋友。
- 在孩子刚去学校的时候，每天多和他轻松交流，了解学校情况和孩子的感受。提醒孩子管理好课程表和一天的时间表。有的孩子中学需要住校，所以除了在家里培养孩子独立生活能力，了解学校的要求，你还可以在之前利用夏令营的机会让孩子适应离开父母。

- 告诉孩子，当遇到自己不能处理的事情，比如校园霸凌时，要及时告诉老师、家长，从而恰当地处理问题。

如果你仔细地阅读了成长树家庭教育法少年期的这一部分，又按照行动清单完成过不少任务，相信你已经有了一个自驱、自信、独立并为进入中学做好准备的孩子！

少年期的成长树原则

少年期是孩子可塑性最强的一个时期，这一时期良好的家庭教育会给孩子的一生打下优秀的基础。我们再来回顾一下爱的原则、团队原则、成长原则如何适用于少年期的孩子教育。

爱的原则：我无条件地爱孩子，也爱做父母的这个过程。

少年期的孩子还是非常愿意和父母交流的，他们愿意向父母展示自己的成绩，分享自己的想法。我们要珍惜这段亲子关系的黄金岁月，享受和孩子在一起的时光。

团队原则：我和孩子是一个团队，孩子带领，我支持。

整个少年期成长教育以培养孩子自驱力为目的，遵从孩子带领、我们导航和支持的原则，让孩子学会自动驾驶，做这个团队的领袖。

成长原则：孩子是成长中的孩子，父母是成长中的父母。

少年期孩子变化很大,家庭教育也要随着孩子的年龄和认知成长发生很大的变化。作为父母的我们,不能假设孩子应该这样带或者那样教,要自己不断进步,和孩子一起成长。

下面我们复习一下成长路径图和少年期重点(见表13–1)。

表13–1 孩子成长路径图

		启蒙期	少年期	青春期
基础技能	数理	建立数字概念 开放式思维启蒙 配对、分类、序列	数理逻辑的乐趣 理解、理解、还是理解 培养早期STEM兴趣和技能	抽象思维能力 知识框架的整理
	文史	丰富的对话 识字启蒙 沉浸式英语启蒙	上下文学习法 文史类科目兴趣 英语学习	一套完整的学习方法 兴趣、理解、积累、练习、反思
	阅读	高频亲子阅读 用阅读启蒙	亲子阅读到自主阅读 让阅读成为习惯 分级阅读	疯狂的阅读者 阅读什么样的书 阅读的技巧
	写作	/	抄录、观察 写日记和写信 自由写作	笔记 社交写作,自媒体
综合技能	沟通	多轮对话 参与讨论 处理情绪	聆听 内向的孩子	保持沟通渠道畅通 讲解和演讲 协商
	合作	带孩子交友 兄弟姐妹	规则和界限 把规则写下来	角色和责任 领导力 人生导师
	规划	/	专注 时间管理	分解问题 设立可执行目标
	创造	画出世界和假想游戏 天才儿童	创意问题和寻求 有美感的孩子 莫扎特效应和留白	提供条件,鼓励创造 连接是创造的源泉

第13章 小学到初中衔接

(续表)

		启蒙期	少年期	青春期
成长心态	使命感	/	目标的设立和完成 职业梦想	哲学话题 价值观和智慧
	自驱力	走向独立 专注力	自驱的孩子 导航的父母	责任和控制 自律 完成角色转换
	好奇心	让孩子做孩子 亲子互动游戏力	激情项目 课外领域兴趣	观察细节和看到本质 涉猎广泛
	批判性思维	让孩子问问题 没有答案的游戏	识别逻辑谬误 信商	反思 深刻的理解
身心健康	运动	运动类游戏和活动 有组织的活动	每个孩子的运动 培养运动专长 充足的睡眠	体育精神 青少年睡眠
	自信	/	自我意识的形成 我做的事和我这个人	关于自我形象 情商 避免贫穷思维
	韧性	建立安全感 不在乎输赢 不溺爱孩子	延迟满足 做家务	青少年抑郁和心理健康 将挫折变为转折 艰难的乐趣
	同理心	我，他人，大家 礼貌待人 家庭宠物	理解情绪 尊重他人 感恩	包容不同 高感性能力

第四部分

13~18 岁青春期
—— 锻炼抽象思维和执行力，培养独立人格

我发现她离我越来越远，昨天那个可爱的小姑娘哪里去了？她不再和我分享她的日常，不再逗我开心，甚至对我无意间发表的评论大发脾气。我做了很多努力，我试图平静下来和她好好聊聊，但是她根本就不理我。我发现她功课突然退步很多，我想一定有原因，可是她似乎就是学不进去。

我都不知道他每天在干什么。我工作忙，我不在的时候他好像都在打游戏，我威逼利诱，什么方法都用上了，可是他好像生活在另一个世界。孩子大了，我说什么都听不进去了。

我想我要放弃了。

我们很少看到关于青春期孩子家庭教育的书，一般都是关于如何处理矛盾和问题的书：沟通的问题，心理的问题，学习的问题，仿佛在这一时期家长和孩子之间只有问题要处理，而不需要继续培养孩子的技能，仿佛孩子已经"定型"，家长放弃家庭教育，学校则专注于教给孩子知识和应试技能。

无论从家长端来看还是从孩子端来看，这种想法都是不对的。对于青春期的孩子，从兴趣到信心，从习惯到思维，成长树上面的全部技能都需要充分发展，一个也不能少。青春期的孩子可塑性非常强，不亚于启蒙期。如果在家庭教育的一些方面我们之前没有做好，现在做也不晚，只不过家长需要使用适应这一认知阶段的方法，需要知道怎么做。

青春期家庭教育最主要的任务，是完成孩子和父母的角色转换。如果你能在孩子青春期和孩子成功转换角色，帮助孩子学会自律、自驱，那么你的收获不仅仅是孩子独立，你还会很放心、很开心地让孩子离开家庭，进入社会。

青春期是一个人从孩子长成大人的过渡期。人类最重要的哲学著作之一《薄伽梵歌》里面提到过人生的三个价值：第一，追求洞察力，寻求深刻的理解；第二，避免贫困心态；第三，富有同情心，帮助改善他人的生活。你会发现，在孩子长大成人的这个关键时期，在帮助孩子学会必要的知识和生存技能之外，我们还需要帮他们做到上面这三点。

当你的孩子十二三岁时，他会从听话的"天使娃娃"变成面目狰狞的"魔鬼"。他不想理你，碰到一点儿事就跟你吵架，你问他在学校时午饭吃了什么，他都懒得告诉你，还动不动把自己关在屋里一整天。这是青春期孩子身上一种正常的变化和现象。

青春期是孩子大脑重塑和发育的另一个关键阶段。在此期间，孩子的大脑前额叶皮质仍在发育，孩子比成年人更多地依赖大脑中被称为杏仁核的部分来做出决定和解决问题，情绪容易冲动，有更多攻击性和本能行为。同时，孩子大脑的思考和决策能力加强，变得更有效率。

青春期孩子的大脑发育特点主要有以下两个方面：部分成熟和可塑性。

在从孩子长成大人的过程中，人的大脑会从后往前连接，到青少年时期，这趟大脑的发育之旅大概能走完80%，但剩下没走完的20%也很关键。最后成熟的这部分包括额叶——大脑的指挥部。也就是说，在青春期孩子的大脑里，各个"作战部队"都已经可以"打仗"，但"指挥中心"还没建好。所以，青春期的孩子会选择高风险活动或危险行为，反抗权威，提出疑问。他们在单一的事情上已经非常能干，跟成人差不多，破坏性也很大。但是他们缺少大局观，在大事上仍需要成人指导和把控。

青春期孩子大脑最大的一个特点是具有可塑性。这一时期大脑神经元之间的连接快速成长，还可以被塑造。所以，这个阶段的孩子学东西非常快。他们能更抽象地思考并理解问题并不总是简单的，懂得辩论和发表不同意见，也能更长时间地专注，可以做计划和实现计划，还可以进行长远思考，对未来有预期，关注个人在成人社会中的角色，思考哲学、道德问题。

可塑性当然是优点，但同时也可以是缺点。在青春期养成的坏习惯也比较难改掉，尤其是像抽烟、喝酒这些令人上瘾的坏习惯，在这段时间更容易养成，也比成人要难改得多。

青春期孩子如何利用他们的时间至关重要。孩子所从事的活动和体验的范围——音乐、运动、学习、语言、视频、游戏，都在影响和塑造着孩子。

青春期家庭教育的三个重点如下。

重点1：培养孩子抽象思维能力，让孩子形成自己的学习方法。

重点2：了解青春期发育的不均衡性，注重孩子身体和心理健康。

重点3：培养孩子独立人格，思考人生话题，建立目标感。

我们常常会把青春期的孩子当作成年人，尤其是15岁以上的孩子。他们从生理上看很像成年人，但其实他们还不是成年人。比如，压力对青少年的影响程度比对成年人要大。他们缺少经验，情绪波动大，过大的压力或者挫折容易让他们产生心理问题，对他们长久的身心健康有着负面的影响。再比如，情绪上来说，青少年往往是一会儿在世界之巅，一点儿小事就高兴得不得了，一会儿又掉到了谷底深渊，面对一点儿小事就压力很大而且走不出去。所以，他们会对一些大人看起来比较小的问题，比如一次考试的成绩或者不相干的人的一句评论，看得特别重要。

青春期家庭教育的关键在于尊重孩子的独立，与孩子平等交流，理解孩子还在变化当中，以长远的眼光完成和孩子的角色转换，让他们长成一个独立、自信的成年人。

第 14 章

青春期基础技能：锻炼抽象思维

青春期覆盖了孩子初中部分阶段和高中阶段，孩子从懵懂无知的青少年变成负责的成人，还要经历中考、高考等人生的里程碑。在这个阶段，作为家长，我们已经不太懂孩子在学校学习的内容，我们也不应该去直接指导他们的学习。也就是说，对于具体的学科学习，比如物理应该如何学，应该依赖学校和老师。根据团队原则，父母应该是孩子的帮手，从成人的角度给予孩子商讨性的指导，继续培养他们的底层能力。

数理：抽象思维和知识框架

孩子到了初高中，数学的学习会转向抽象思维：函数的思想、数形结合的思想、类比的思想，等等。孩子还会接触到各类复杂的平面几何。高中阶段的学习对孩子的数学思维能力要求也更高了，包括计算能力、解决问题的能力、逻辑推理能力。

在这个阶段,孩子仅凭记忆来学习是远远不够的,大量的练习也需要建立在这些思维能力的基础上,单纯的练习的作用越来越小。

抽象思维能力

我们生活在一个物理世界里。具体思维侧重于此时此地的事实、物理对象和字面定义。抽象思维是思考不存在的对象、原则和想法的能力。换句话说,抽象能力是能够去除不必要的物理、空间或时间细节,看到和解决关键问题的能力。这个能力包括找规律、发现共性、发现不同、逻辑推导下一步。

生活中就有许多常见的抽象概念,比如"时间",你看不到时间,摸不着它,但你可以测量它,感受它的影响。如果我告诉你一部电影时长两小时,你就会明白那是什么意思,即使"两小时"无法与身体互动。

抽象并不是一个高深的概念。比如,对于同一个城市,我们常常可以看到不同的地图:地铁图、交通地图、公交车图、公园景点图等。每一张地图都可以看作对这个城市的一种抽象,它们都略去了对这个用途没用的信息,而准确地展示对这个用途有用的信息,比如公园景点图的比例常常是不精确的,但是交通地图比例必须精确。

不能直接看见,但是能推导出来的概念是抽象概念。比如物理学中，重力、摩擦力或张力等力无法直接触摸或看到，但我们可以看到它们的影响。你知道重力在那里，因为当你跳跃时，你会落到地面。你会感觉到拉紧的橡皮筋的张力。你看不到这些"力"，但你可以理解它们并计算它们，这就是抽象思维的美妙之处。

我们可以和孩子一起使用抽象的语言，帮助孩子抽象地思考。比如，我们可以把篮球队和足球队的孩子称为A，把排球队的孩子称为B，每个A的年龄都比B小。这样我们就可以忽略具体的无关信息，用A和B来比较这两群孩子。

重构问题也是一种抽象能力。我们可以鼓励孩子重构问题，例如："我们还可以从什么不同的角度来描述这个问题？""是否有一个更简单的解决方案？""为什么需要以这种方式工作？""谁会用我的这个方法？"

当陷入一个具体事项时，跳出来看看大局，这也是抽象能力。比如一群人在争论坐公交车好还是驾车好，你要先看看具体是什么情况，他们脑子里想的是解决同一个问题还是解决不同的问题，他们是在争论具体某个人的方便程度还是总体交通状况，然后再得出结论。

高阶的抽象思维能力表现在寻找模式和规律。模式识别和预测是抽象思维的核心能力。例如，预测经济规律是因为经济学家试图总结之前所发生的事情的规律，而对未来给出一定的指导。再比如，什么因素影响人们的购买行为？这些因素包括人们的收入、支出、可支配现金、风险承担能力，也包括文化、消费习惯、近期社会事件等。找到哪些因素影响购买行为以及有多大的影响，这是预测能力，也是很有用的抽象思维能力。

知识框架的整理

在清北学霸日记里，大家提的比较多的是整理知识体系，也就是说，凭自己的能力，把学到的知识，比如数学或物理知识整理成一个体系。

具体的建议是，孩子每天下课之后不要急着做作业，先回味一下老师课上讲的东西：它涉及哪些知识点，自己在哪一部分还有不懂的地方。记录时可以用知识脑图法，整理好知识点以后不仅便于记忆也便于理解。一段时间后，孩子可以整理一学期学到的知识。比如将化学知识画成一张大网，上面列出所有概念之间的关系。

清华大学杨靖妮同学总结道："我高中做过一件事情，即不看课本，自己把课本上的所有知识梳理一遍。高考前，可以把高中课本内容全部整理出来。这样做一遍下来，所有知识你基本上掌握了。这个很难，需要融会贯通。但是一旦都连起来了，你就对整体学过的知识有了很好的掌握。"

在这里，我要强调的是，知识框架的整理过程本身就是学习的过程，是锻炼抽象思维的过程，不应只关注整理出来的结果。知识框架整理的要点是自己做，而不是沿用老师或者课本给出的现有的框架。这样才能保证我们前面讲到的真理解。

另外，整理错题集这个习惯对于理工科目的学习也尤其有帮助。前面提到，我反对题海战术，主要是因为在同样的问题上反复练习意义不大。正确的方式应该是根据整体的知识框架，梳理出哪些已经掌握，哪些还不理解。通过分析错题，可以详细分析这个题目涉及哪个知识点，为什么这样出题，错在了哪里，做错的原因是什么，掌握了以后还可以应用到什么地方，等等。从全局来看，只有错题才有价值。仔细分析一个错题，胜过重复做十个差不多的题。

孩子进入青春期后，我们已经不懂也不需要去懂孩子学习的具体内容了，但是我们可以帮助和鼓励孩子锻炼抽象思维，整理知识框架，形成好的学习方法。

"数理思维能力"行动清单

- 鼓励孩子寻找本质性的问题："为什么一定要用这个方法？"鼓励孩子重构问题："还能从什么角度来描述这个问题？""是否有一个更简单的方法？"
- 如果有机会，不让孩子重复同样的作业和练习，而是鼓励他们一题多解，举一反三。
- 在孩子接触的信息中，比如他们看的纪录片中，增加偏抽象的内容，比如金融分析，而不仅仅是故事。

文史：发展高效学习方法

在文史方面，不少青春期的孩子会有很大的进步：他们会对文史学科产生深度兴趣，自己寻找优质的内容去学习，青春激情也会让他们创作出和成人质量相当的作品。成长树家庭教育法不专注于具体单学科的学习方法，比如说如何学习地理、历史、写作，而是偏重于引导孩子学习长期有用的综合文史技能。

主动学习法

在青春期，孩子需要自己掌握一套完整的主动学习法，而不是被动地接受知识、完成老师布置的题目。要想把文史类学科学好，仅靠听老师讲课和完成作业是不够的。主动学习法包括主动阅读，预习，记笔记，问问题，朗读，写作业，复习。当然，每个孩子都可以针对不同的科目找到适合自己的方法和节奏。

主动学习法的关键在于"主动"。以阅读为例，主动阅读不仅仅是阅读文字，它还需要读者与材料互动，积极思考和分析他们正在阅读的内容。例如，当阅读小说时，活跃的读者可能会画出重要的段落，在空白处记下人物的动机，并提出诸如"为什么人物会有这样的反应？"之类的问题；或提出"这个场景与整个情节有什么关系？"以对故事的发展做出预测，并在阅读后总结每一章。这种互动行为有助于读者深入理解材料，更好地记住信息。

预习是一种主动行为，是指孩子在上课之前先了解内容主要论点或基本概念。预习最大的好处是让孩子开发自我学习的能力，知道自己哪些会了，哪些不会，听课的时候有重点和针对性。在课堂上听课时或者读书时，孩子可以做好笔记，不仅记录学到的内容，也记录自己的疑问和反思。

朗读也是一种主动行为。对于不少学科，尤其是语言类的学科，孩子要学会使用学到的语言。我们可以鼓励孩子大声朗读课文，学会对话，每天抽出一定的时间，比如清晨，专门来做这件事，突破"不敢开口"的心理障碍，坚持不懈，养成习惯。

孩子可以在主动学习的过程中找到自己的学习风格，比如说有的孩子希望独自学习、思考，有的希望得到老师的更多帮助，也有的孩子更喜欢群体学习，跟同学讨论。有的孩子喜欢集中攻克一个学科，有的更喜欢轮流学习不同的学科。

学习风格也包括对一个人来说最高效的方法。以记忆的方法为例，有些人喜欢多次重复，想记住一个信息就重复，从而让这个信息有黏性；另外一些人希望把这个信息和其他的信息联系起来，用连接的方式强化记忆，然后转成长期记忆，这些都是记忆的技巧。所以，学习体验是个性化的，学习的风格也是个性化的。在青春期，我们要教会孩子适用于别人的方法不一定适用于自己，要找到最适合自己的个性化学习方法。

兴趣、理解、积累、练习、反思

为了写作这本书，我采访了不少清华大学、北京大学的学生。总结起来，文科的学习要点包括兴趣、理解、积累、练习、反思。

在兴趣方面，文科内容广泛、丰富，也十分庞杂，如果对文科有兴趣，那么学习这些内容，包括阅读、写作都能成为莫大的乐趣，反之，它们就是沉重的负担。

在理解方面，文科也不是死记硬背。一篇文章，一个历史事实，一个论点论据，都有它们的上下文，有它们的背景和原因。我发现，学习最好的孩子是不拘泥于课本的孩子。如果孩子能够理解所学内容的背景，了解作者的思想，他们就能够更轻松地学好功课。

积累并不是记忆。"唯手熟尔"，日常阅读、写作、思考的练习都是积累。文科学习并不是靠聪明，字、词、句、诗歌、古文、语法、事例、题材都需要日常积累。考上清华大学人文学院外文系的刘畅同学说："我并不是个聪明的学生，但是最后的高考成绩还是比较理想的。我会把有价值的内容记录在本子上。现在想来，靠的就是坚持不懈地理解、积累和练习。"

在练习方面，20世纪90年代，佛罗里达州立大学心理学家安德斯·艾利克森提出"刻意练习"理论，其中有个临近学习区的概念，也就是刚好在已经熟练掌握的各种技能之外的区域。这个理论框架对于孩子的学习问题尤其有用。我们常常让孩子在他们不会的地方反复练习，但更正确的方法是帮助孩子识别和梳理哪些知识点已经掌握，然后找到临近学习区的下一个需要学习的点，逐渐积累，这样才能填满整个知识框架的版图。

发展心理学家证明，最好的学习经历包括沉浸和反思相互交替，也可以用潜入和回溯动态地描述这两个过程。当人们从事他们热爱的事业时，会渴望潜入并沉浸其中。他们愿意连续工作几小时或更长时间，甚至不会注意到时间的流逝。他们进入了心理学家所说的心流状态，完全沉浸在活动中。但是，让人们后退一步去反思自己的经历也是非常重要的。通过思考，人们才会在想法之间建立联系，深入了解哪些策略是最有效的，并且做好准备，把将来所学的知识融入新的环境。没有反思的沉浸可以令人满足，但不能让人感到充实，所以"沉浸—反思"循环是最有效的学习方式。

> **"文史能力"行动清单**
>
> - 找一些相关内容的问题问孩子，对这些问题表示感兴趣，如果双方都很感兴趣，可以经常讨论这个问题。比如，你和孩子可能都对宋朝的经济发展和同时期的世界格局感兴趣。
> - 跟孩子聊聊什么样的学习风格更适合他，比如他更喜欢单独学习，独自查资料，还是更喜欢和同学一起做功课、讨论。
> - 和孩子聊聊他是什么样的知识获取者，是视觉型还是听觉型。根据他的获取知识的偏好，讨论什么样的个性化学习方法对他更有帮助。

阅读：广泛阅读，兼顾速度和质量

孩子在少年期具备自主阅读的能力之后，在整个中学阶段，他最好每天都大量阅读各种书籍和文章。阅读应该成为一个生活习惯，而不是偶一为之的功课。有人说，书籍是一个人心灵的栖居地，是可以自由地和古今中外的大师交流的地方，一个不读书的人，很难发现人生的精彩。也有人说，在不确定自己想做什么的时候，多读书总没错。我们都希望教出能独立思考的孩子，而独立思考的前提是读过上百本经典，见过森林再来决定喜欢哪一棵树，看过高山流水再来决定喜欢哪种风景。

阅读是否成为孩子的习惯，有一个方法能测出来，就是随时问孩子这个问题："你现在在读什么书？"这样做的好处是，你不需要像布置任务一样给孩子制订读书计划，比如今年一定要读完多少本书。随时读书的习惯可以让孩子根据自己的节奏坚持阅读，日积月累，一年下来，十年下来，你会发现，他读了很多书。

疯狂的阅读者

每个人都需要在生命中的某一段时间阅读大量的书籍，以建立自己的知识体系。在这之前，阅读是启蒙和积累，是学习生字、词语、写作技巧的工具。在这之后，阅读是在自己已有的知识体系上增加新的知识、修正看法、扩大边界的工具。

这个大量阅读的过程，最好能开始于孩子的青春期，也就是中学阶段。

举个例子，特斯拉和SpaceX（太空探索技术公司）的创始人埃隆·马斯克在中学的时候是一个"疯狂的阅读者"。他在接受记者采访时开玩笑说："我首先被书养大，然后才被父母养大。"他有时候每天花10多个小时阅读科幻小说，最快一天读两本书，曾经把周围图书馆的书都看完了，建议图书馆采购更多的书。在马斯克的整个童年时期，书籍在激发马斯克的雄心壮志方面发挥了至关重要的作用。

在个人成长中，总有一些书对人影响深远。对马斯克影响最大的书是一本叫作《银河系漫游指南》的科幻小说。看完此书，马斯克宣称："唯一有意义的事情就是去为人类争取更大的集体启蒙。"马斯克后来做的事情既包括开发新能源以让地球更加干净，也包括发射火箭以试图帮助人类登上火星。这些书对他何止是启蒙，更是纯粹的改变和指引。

毫无疑问，从小广泛的阅读锻造了马斯克超群的逻辑能力，并且让他拥有了持续学习甚至终身学习的能力。2020—2021学年，美国孩子每人平均阅读28.7本书，也就是每人平均不到两个星期读一本书。美国学生能轻而易举地完成这一阅读任务，是因为美国教育体系从小就培养孩子的阅读能力，从中学开始就引导学生结合阅读写研究性论文，而这些能力最终成为美国学生的最大优势。

我自己在中学的时候也经历了一段"疯狂阅读"的时期。

我的中学是位于贵阳花溪的清华中学。受家里和学校的影响，我在中学阶段进行了大量的阅读，不仅仅是学校要求的课本阅读或者比较浅的阅读。我是一个泛读者，什么内容都读，比如说初中的时候就读过巴尔扎克、罗曼·罗兰的著作，也读过《中国通史简编》《青春之歌》。当时学校有图书馆，我借了《从一到无穷大》，发现自己特别着迷于其中关于微观粒子的部分，"那些神秘的看不见的东西对我有一种特殊的吸引力，它们也许将来会成为我研究的对象。"多年后，我并没有去研究神秘粒子，但是当我写科普书《未来算法》的时候，我首先做的就是重读《从一到无穷大》，希望学习它的写作方法，看它如何把深奥的概念引人入胜地表达出来。

好的教育，就像埋下的一颗颗种子。它们可能要在很多年以后才能长成参天大树，但是这些种子和长出的小苗每天接受的阳光雨露，都是为它们后来长成葱郁、茁壮、茂密的参天大树所做的准备。阅读会在孩子心里埋下种子，让孩子为未来的学业和职场做好准备。

阅读什么样的书

青春期孩子的阅读量要大，阅读的内容要广泛，并根据兴趣来选择。这个时期，很多孩子已经会为自己选书，我们不需要加以限制，只需要提供合适的环境，比如帮孩子买一些书，让孩子有机会借书或者去图书馆，给孩子订阅电子书阅读账号，等等。

在选书方面，我们尽量不要去限制孩子阅读的内容，小说（包括科幻小说）、纪实文学、散文、诗歌都可以读，不用"只读圣贤书"，让孩子为了看内容而阅读，而不是为了学习而阅读。当然，家长偶尔也可以提一些建议，推荐一些优质的内容给孩子。书单、图书排行榜上往往都是最近流行的书，不一定适合孩子。这里有几个选择图书时可以考虑的方向。

- 选择和学习内容相关的书。比如，从课本里学习了三国的故事后，孩子可以读《三国演义》《三国志》，这样既能帮助孩子学习相关科目，又丰富了孩子的知识，一举两得。
- 选择同一个作者的书，比如孩子学习了老舍的《在烈日和暴雨下》后，可以读读《骆驼祥子》《四世同堂》。同一个作者的作品常常是关于同一个时代的故事，风格也相似，孩子阅读起来更轻松。
- 选择经典图书。经典能增加人生的厚度，经典永远不会过时，因为它们之所以成为经典，就是因为在写作、内容等方面都更胜一筹，里面的角色、故事在任何时代都能引起共鸣。无论中外经典，都可以在孩子感兴趣的时候推荐给孩子看。

家长可以让孩子多看名人故事和传记，这些真实的故事、经历常常能够激发孩子长远的兴趣并让他们树立理想。我在中学的时候读了费米的《原子在我家中》，从而对物理产生了极其浓厚而长远的兴趣，后来物理学一直是我学得最好的学科之一。大学时我也跨专业地学习了好几年物理课程，包括相对论。马斯克最喜欢的10本书里好几本都是传记，包括富兰克林、乔布斯、爱因斯坦的传记。

还有一个特别好的能让孩子持续喜欢读书的选书方法，那就是选择主人公和孩子年龄相仿的书。我家老大在十二三岁时看了很多专门写给青少年的奇幻故事，里面的主人公也是青少年，有各种超能力，有着迷人的探险经历或者拯救世界的英雄行为。这些书让孩子流连其中，不断享受读书的乐趣，自觉地把大部分的业余时间用来读书。而读书这个好习惯，也能帮助他在长大之后涉猎更加深奥的领域。

一位孩子爸爸的做法也可取：他会特意选取一些书给我，这些书的主人公与孩子年纪相仿，但是生活环境非常不同。这样，他讲的故事就会引发一系列关于主人公的生活、成长环境、思想，甚至关于历史、政治、人文等的问题。比如，有一段时间，我们读《草原上的小木屋》系列图书，结果这位爸爸跟孩子聊了不少美国历史，谈到了定居者向西部的迁移，谈到了当时的生活是什么样。

几乎所有的父母都会为孩子读书，但是这位爸爸在选书时思考得更加深入，因为孩子们对同龄的孩子总是更感兴趣，更有代入感。在这个过程中，孩子懂得了世界上其他人有着不同的生活环境，需要面临不同的问题，开发不同的技能。他们不仅仅对阅读产生了更深刻的兴趣，也更有同理心和正确的世界观。

阅读的技巧

不同的人阅读同一本书，两个人都认识上面的字，一个人的阅读效果比另外一个人好，理解更深，收获更大，这是为什么？

答案是，阅读是一门艺术，是一项复杂活动。和写作一样，阅读也有很多技巧。一个人读的书越多，这些关于读书的反思和方法就对他越有用。

你有没有想过，一本书是某一个人用文字书写的，他想要与你沟通一些想法，讲述一个故事，传递一些洞察。《如何阅读一本书》这本书把作者与读者之间的关系比喻成投球手和接球手的关系。投球手要有技巧，可以把一个球投成快速球、曲线球、变化球。同样，接球手其实也是有很多技巧的，他要接得准确，接得漂亮。投球手和接球手密切合作才有可能成功。

阅读的目的有两种：为获得信息而读，为求得理解而读。信息类的阅读能让读者了解他不知道的内容，而理解力阅读与这类阅读的最大区别是当中有一个思考、感觉和想象的过程。诗人写诗时是要运用想象力的，读者读诗时也需要运用他的想象力，这样才能真正地读懂，真正地感受。比如，当读到"天空没有翅膀的痕迹，而我已经飞过"时，相信你不仅看到了简单的文字，也会联想到天空、飞鸟、过去、记忆。

思考和想象也是读书和通过其他媒介获取信息的最大区别。现代的媒介比如短视频，信息泛滥，阻碍了我们的理解力，因为这些媒体都经过精心的设计，它们的目的在于让人不需要面对困难或者努力，很容易就获得了结论。和读书相比，这些新媒体没有按照读者的节奏，没有停顿和空白，从而少了思考的过程。

《如何阅读一本书》指出阅读一共有四个层次的能力和方式。这四个层次循序渐进，更高的层次包含低的层次：第一个层次是基础阅读，也就是认识字，能看懂句子，能读懂内容。第二个层次是检视阅读，是指读者在读完书后能够抓住一本书的重点，比如这本书里讲了什么内容，它的架构如何，它是哪一类的书，中心思想是什么，段落大意是什么。资讯阅读属于这个层次。大部分人的多数阅读经历也停留在这一层次。第三个层次是分析阅读。这是更复杂、更系统化的阅读，也是对一本书全盘、完整、优质地阅读。这包括理解作者要传达的主旨和细节，并且提出问题，寻求更深层次的理解。第四个层次的阅读，也就是最高层次的阅读，被称为主题阅读。此时，读者已经不限于阅读这一本书了，读者会从他读过的很多的书、有过的很多思考当中，想出本书的内容和其他内容的相关之处，把本书联想到自己已有的知识体系里面。主题阅读是非常主动的一种阅读方式，也是获益最大的一种阅读方式。

孩子在学校学习语言和阅读，主要是为了熟练掌握基础阅读。更高层次的阅读方式其实没有被系统地学习和教授。这些高层次的阅读方式也是可以锻炼的。

最后，我对英语阅读也有一个建议，那就是如果孩子有能力，要让他读英文原著。英语是一种语言，是用来交流的工具。要将英语当作语言而不是当作功课来学。在中学时期，除了学校要求的英语阅读，对英语学习帮助最大的是看英文书。有条件的家庭也可以给孩子读一些英文的新闻报道或者文章。由于新闻使用的词汇量较少，最好给孩子读杂志上的文章，比如《经济学人》《纽约客》这类杂志上相对长的文章。

读英文原著的最大好处是能够培养原文的语感。试想一下，作者在用英文写作的时候尽量使用最精确、最优美、最贴切的词语和句子来表达，但翻译后常常只能表达其中意思，而使原文的文学性、美感"丢失在翻译过程中"。

"阅读能力"行动清单

- 问问你的孩子："你现在在读什么书（课本之外）？"自己也去读一下，跟孩子聊书中的内容和人物。
- 下次过节或者孩子过生日，送他一本名人传记、一个Kindle（亚马逊电子书阅读器）电子书账号或者电子图书优惠券。
- 跟孩子聊聊他对什么话题感兴趣，喜欢哪些名人，买来相关话题图书或传记送给孩子，并把"共读一本书"作为日常交流的话题。
- 选择一些主人公和孩子年龄相当的小说或者回忆录给孩子阅读，讨论其中的背景、故事，听一听孩子的评论和想法。
- 有条件的家长给孩子提供一些英文原版书。

写作：不动笔墨不读书

如果说学习和阅读是输入，那么写作和沟通就是输出。青春期的孩子已经有了足够的输入和一定的输出技能，他们需要的是不断练习他们的输出能力。

很多孩子，包括我小的时候，都把写作文看成应付考试的一部分。但是，后来我越来越意识到，写作不仅仅是写作文。哈佛大学心理学教授说过，写作和思考无差异。写作是一个人表达自己思想的重要方式，几乎可以说是最重要的方式。我们都认为说话是表达，但是说话往往是为了日常的简单交流，写作才是思想的凝结，是深度交流，而且是跨越时间、地点、阶层、文化的深度交流。

研究表明，写作最好能作为一门综合学科来学习，而不仅仅是使用传统的语法教学。把孩子的现有知识、强有力的写作练习与一致的反馈相结合是培养孩子写作技能的关键。

笔记

常言道，不动笔墨不读书。写读书笔记，既是读书的好方法，也是写作的好开端。有人说，买了一件衣服，你就拥有了那件衣服，而买了一本书，你还没有拥有那本书。把这本书变成自己的最好的方法是成为书的一部分。做笔记，书和你的想法就能融为一体,这本书就真正地属于你了。

"读书从薄到厚,再从厚到薄"。从薄到厚,是指读书的时候边读边记。孩子可以先抄录重点,再写简单评论,比如"这种描写方法的视角很独特,以后我可以尝试一下"。从厚到薄,是指边读书边理解,边理解边总结,读完一本书,你能够理解它的精华。

读书笔记也有不同类型,比如以下三类。

1. 结构类笔记,用自己的语言记录和整理书的架构。这类笔记的关键是"用自己的语言",这中间有个理解的过程,比如记下书的总体开篇、叙述、故事、结尾的内容。这个简单的梳理,可以使我们对读过的书记得更清楚,理解得更加深刻。我们常常发现,几个月、一年后,我们会忘了一本读过的书的内容,但是未必有时间重新读。这时候,这些简单的笔记会让我们回忆起这本书的要点。

2. 概括总结类笔记。这类笔记不用遵循原书的架构,而是用自己的语言来概括总结要点。为了记好这一类笔记,我们可以尝试回答一些问题:这本书讲的是什么?这是一本什么样的书?比如,它是一本记录作者亲身经历的回忆录,还是作者经过多年研究得出的科学成果?作者使用怎样的方式来表达他的观点，讲述他的故事？

3. 感想类读书笔记，或者叫读后感。这类笔记更多地记录我们读书时的想法和感受，比如一边提到书中的一个情节或者人物，一边写自己的感受和评价，包括作者的表达是否精确，我们是否有疑惑，是否有代入感，是否学到了新的东西，让我们改变了想法，有了向往，做了决定。有时候我们也会在公开平台上写书评，向他人介绍这本书，这也算是感想类读书笔记。感想类读书笔记能使我们参与到书中，成为创作的一部分。

孩子记完笔记后要理解和复习，在合适的时候翻阅自己的笔记也是读书和记笔记的一部分。这个时候，他们可能有新的问题、新的想法，可以再记录下来。

社交写作，自媒体

时代在进步、在变化，写作也不仅限于用笔写在纸上。

孩子不喜欢写作吗？错！一项调查表明，90%以上的青少年都愿意"为自己写作"，虽然大多数孩子不喜欢在学校写作文。有效的沟通、自我探索、自我展示以及社交联系是青少年在博客、社交网络帖子、电子邮件以及即时通信软件和短信中写作的主要动机。大多数青少年表示，他们非常喜欢通过聊天工具、自媒体以及文本和即时消息与同龄人交流的写作，还乐于通过歌曲、图片、壁纸和图形以及指向感兴趣网站的链接等叙述自己的身份。

对孩子来说，当写作能够有效和熟练地传递想法时，他们会得到真正的满足并获得成就感。孩子是否喜欢写作高度依赖于自身以及学校、家人、朋友对他的期望。正反馈是一个人做事的最好动力，孩子也不例外。

在自媒体平台发达的今天，我们要鼓励孩子发表自己的作品，这是一个非常好的、能让他们养成写作习惯，并用社会力量给他们正反馈的方法。我的不少朋友的读中学的孩子都有自己的微信公众号或者其他自媒体账号，包括视频自媒体账号。孩子在自媒体上写什么呢？其实，自媒体是围绕孩子自身的，自媒体上的写作可以很简单，比如有个开头，孩子就可以自由发挥。

- 如果我有一个月的完全自由的时间，那我会……
- 最近，我碰到了一点儿小麻烦……
- 银河系那边有个星球叫……
- 一天早上我起来的时候，发现我回到了5岁……

当然，自媒体账号也可以有个主题，可以是多模态的。哪怕是视频类的自媒体，它的内容也终究是脚本。如果孩子拥有写作能力，拥有用笔生动地讲故事的能力，那么在自媒体时代，他就在一定程度上拥有了生存的能力。

对写作的一个很大的误解是把写作划为文科技能，认为理科生只需要解题，不需要在写作上下功夫。其实，每个人都需要用写作的方式和他人交流。工作上，写文档、写论文、写工作报告、写文稿、写书都是写作，无论你是学天文还是学地理都需要会写作。生活里，写信、写文案、写朋友圈配文，都是让别人更好地了解你的途径。我在上一份工作中组织我团队里的研究员和工程师写了两本关于机器学习的技术书籍，一本书有16个作者，另一本书有28个作者，他们全都是理科生。大家各显神通，介绍机器学习的要点，而这对写作的功力要求并不低。

当然，写作最核心的是思想，作为父母，我们可以常常和孩子谈古论今，对世界上发生的事情发表看法。好的沟通不仅能增进家庭关系，而且能帮助孩子成为更好的写作者。

"写作能力"行动清单

- 给孩子提供本子，让他写结构类笔记，用自己的语言记录和整理书的架构。
- 鼓励孩子写读后感，可以发表在豆瓣、朋友圈等自媒体上。鼓励孩子写影评，给孩子开通自媒体账号，让孩子发表作品。
- 找一个有趣的题目，鼓励孩子尝试用不同的题材写作，如诗歌、散文、叙述文、议论文。

第 15 章

青春期综合技能：培养执行力、领导力

无论你接受与否，在现代社会，人们的技能会出现两极分化的现象：少数人掌握做大事的综合技能，大批人从事重复的简单劳动。现在热门的话题是"我会不会被机器取代"。如果你只有简单技能，那你很容易被机器取代，而职场对复杂和综合技能的要求越来越高。

青春期的孩子自身能力不断增强，也逐渐成熟，因此这一时期是培养综合技能的黄金时期。

沟通：讲解、交流和协商

"学校怎么样？""很好。"

"考了多少分？""95分。"

这是很多青少年和父母之间的交流。

在孩子进入青春期后,父母和孩子的沟通往往会大幅减少,等到孩子上了初中或者高中以后,父母常常不知道孩子真正在想什么、做什么。究其原因,一是孩子相对独立,父母需要管的功课少了,不太知道孩子都在干什么;二是这个时期的孩子有了自己的想法,他们不再像小时候那样希望每天和父母说个不停,有的有逆反心理,宁可跟同学、朋友聊天,也不愿意和父母多交流。

然而,这个时期和孩子沟通又是极其重要的。

保持沟通渠道畅通

那么怎么样才能够跟青春期的孩子好好对话呢?这里面既有战略又有战术,第一个关键点是制造场景。和青春期孩子的对话最好是自然发生的,如跟孩子一起做一些事,周末大家一起做个菜,或者是在从学校回来的路上一起走走,一起出去买东西,在这些过程中,你会发现你和孩子自然而然地就会谈到关于学校、学习、朋友和其他人的事,也会谈到孩子的想法、感受和正在形成的世界观。这是我亲测有效的方法,你现在就可以对青春期的孩子实施。

为什么要制造和孩子沟通的场景?因为在大部分时候,父母和青春期孩子都是有了问题才沟通。所以,我们不要等到孩子学习成绩下降或者跟别人有矛盾的时候才和孩子谈话，这样会让你们之间的谈话都变成负面的，孩子会认为："爸爸妈妈又来管我了！"孩子当时可能做好了被管教或者要反抗的准备。这时候双方可能还带有情绪，常常把话题带到情绪斗争中。

多听，少说。青春期的孩子有时候会有冒险的、负面的、片面的想法，这很正常。在和孩子沟通的过程中，我们要尽量向积极的方向引导，专注于解决问题而不是专注于问题本身。即使认为孩子的观点不对，你也要保持对孩子的尊重，和谐地商谈，而不是用家长身份去压制孩子。

青春期的孩子会觉得他们的问题是独一无二的，他们也总是觉得别人都不理解自己。在和孩子沟通的过程中，你要尽量显示出耐心和同理心，站在他的角度想问题，理解他的视角和行动，而不是直接从成人的角度去指点和判断。这样才能保持这个沟通渠道的畅通，让孩子对你持续敞开心扉，共同解决问题。

和青春期的孩子沟通还有很多技巧，我们尤其要接受一点，即孩子是变化中的孩子：以前有效的方法一段时间后也许就不起作用了，这说明孩子成长了；以前乖巧的孩子现在成天提反对意见，这说明他有自己的想法了。成长原则在这里尤为重要：倾听、理解、适应、引导，畅通的渠道是和青春期孩子沟通的关键要素。

讲解和演讲

在青春期，孩子也要不断提高自身的沟通能力。沟通是一个远大于"说话"的话题。除了说话和写作，讲解和演讲也是现在就可以开始培养的沟通技能。

世界上最成功的人可以将复杂的主题简单地解释给听众，并且令人印象深刻，这是因为他们对这个主题十分了解。他们不仅懂了，而且知道来龙去脉，能举一反三地用不同事例说明同一个现象。

诺贝尔奖获得者、著名物理学家理查德·费曼所总结的费曼学习法提出，讲解是最好的学习。费曼为什么这么说呢？因为费曼深深地理解"知道一个概念和真正懂得这个概念的区别"。为了真正地懂得，你需要讲解给别人听。下面是费曼学习法的4个步骤，供你参考。

第一步：选择一个你想要学习的主题。一旦确定了一个主题，你就拿出一张白纸，写下你所知道的关于这个主题的一切，直到你认为你已经足够了解。

第二步：向12岁的孩子解释。使用你的笔记作为参考，并尝试删除任何术语或复杂的逻辑。只使用简单的词。

只使用孩子能理解的词。

第三步：反思、改进和简化。只有当你能用简单的方式解释这个主题时，你才能理解它。简单即美。如果解释不够简单或听起来令人困惑，则说明你需要反思和完善。回到原来的材料，复习你还不太理解的部分。重复，直到你能用简单的方式解释。

第四步：组织和审查。找一些人并向他们解释这个主题。你的解释是否有效？他们问了什么问题？他们对哪些部分感到困惑？

用讲解来锻炼孩子的沟通能力比较容易。孩子首先可以给父母讲他在学校学到的内容或者从书上读来的内容。然后他可以讲给同学、弟弟、妹妹。孩子上了高中，可以业余"兼职"做小孩子的辅导员。这件事最大的收益在于孩子不断地锻炼自己理解和讲解的能力。

孩子可以练习的另外一个对外沟通能力是演讲。演讲不仅要求孩子表现自然，吐字清楚，也要求内容精彩，还要求孩子和许多的观众交流。演讲不是背书，而是讲述，不是简单重复，而是有感染力、影响力。

多年来，我帮公司员工做过许多演讲培训，主要的方法是让员工做演讲，比如用 3~5 分钟讲一下他中学的情况，或者介绍一个工作项目，或者说服台下的人相信一个观点。然后，我们给演讲者三类反馈：关于肢体语言，关于内容本身，关于对内容的表达。演讲者声音是否足够洪亮清晰，是否站直，是否有眼神交流，这是肢体语言；讲话是否有趣、清晰，传达了什么信息，这是内容本身；开场是否吸引人，中间是否有故事，结尾是否有力，这是对内容的表达。

对于孩子，我们可以帮他们找一些演讲机会，比如从在家庭聚会上讲几句话开始，到班级的演讲，到其他公共场合讲话的机会。所有的演讲都需要精心地练习，很多好的演讲者甚至会练习10遍以上，直到自己完全掌握了演讲内容。

协商

沟通不是单向的，也不仅仅是发表演讲，沟通的更高境界是通过表达来达成协议，达到目的。沟通也不仅仅是在和谐顺利的时候说话，它还包括在艰难的处境下与对方和解。在孩子离家之前，父母要教会孩子协商、周旋、谈判，为自己争取利益。在目标不能全部达成的时候，要学会取舍，和其他人达成双方都可以接受的协议。

协商是高阶沟通技能。我们都知道，世界比考试做题要复杂得多。小到买一样东西，大到找工作，再大到公司与客户、国家与国家，每时每刻都发生着各种谈判、协商。协商不是教出来的，而是练出来的。和孩子协商是锻炼孩子协商能力的第一步。

如果孩子有一些愿望想要实现，比如说他们到十几岁的时候，想和同学一起出去玩儿，那么，你与其直接答应或者拒绝，不如和孩子商讨这件事的条件和边界，比如孩子要先讲清楚理由，和谁一起去、做什么，到目的地要给家里发信息，再说好几点回家，然后才可以出去玩儿。

在和孩子协商的过程当中，我们可以让孩子提出不同的方案，然后大人进行调整或者选择。这样，你就能教会孩子换位思考，比如，父母在"出去玩儿"这件事情上最关心的是什么？长大以后，他们也会以同样的思维模式思考如何说服一个事件中的其他当事人，以得到一个大家都能够满意的结果。

孩子学会协商之后，父母要教会孩子遵从双方同意的结论和边界，也就是培养契约精神。

西方文化重视孩子的个性和自由，重视培养自我表达能力和谈判技巧。当然，西方的文化和社会环境对这一类行为也更加包容和鼓励。而东方的教育比较重视孩子认知技能的培养以及让孩子守规矩。虽然中外文化背景不同，但我们的孩子最终都会走向社会和职场。父母要教会孩子与人共事的能力，让他懂得每个人都有不同的目的和动机，要学会判断形势、换位思考，预测其他人的行为，最终做出符合共同利益的决定。

> **"沟通能力"行动清单**
> - 这周末和孩子一起做顿饭，顺便聊聊近况。
> - 仔细领会费曼学习法的4个步骤，和孩子讨论、练习。
> - 想一个最近一段时间你和孩子有不同意见的情景，比如孩子要买一件玩具，你不同意，或者你无法说服孩子去参加某个活动。让孩子提出多个方案，来和你协商出一个结果。

合作：领导力

青春期孩子需要培养与他人合作的能力，清楚自己在一个团队里的角色和任务，锻炼和展示自己的领导力，也要寻找能够帮助自己的人生导师。

角色和责任

我们常说，"在其位，谋其政"，这是对角色和责任的定义。人与人之间合作的基础是大家懂得在一个集体中的角色和责任是什么。一个公司有CEO、总裁、销售经理、技术负责人，每个员工也有自己的角色。孩子的班上有班长、学习委员，这些"位置"也都是"角色"，每一个"角色"都有他的责任，比如班长负责代表同学去和老师沟通，学习委员负责分发学习资料，等等。

培养孩子对角色和责任的理解可以从家庭开始。家庭是一个小的团队，家里每个人都需要通过合作来完成家里的任务。平时家庭里各人有各人的角色，包括爸爸、妈妈和孩子。我们可以按照孩子的能力，在一些家庭任务中转换角色。家庭旅行就是一个很好的合作机会，我们可以给孩子一个清晰固定的角色，比如负责全程看地图和规划路线；或者负责"财务"，管理每天的支出；或者让孩子作为"队长"，负责总体的规划，给大家派任务。孩子往往会乐于扮演这些角色，认真负责地完成任务。你会发现，如果把"财务大权"交给孩子，让孩子来计划花费，他们可能就不会乱花钱，反而会替家庭省钱。

除了出游，还有很多家庭活动可以做成"家庭项目"，比如生日会、搬家等。孩子也可以长时间在家里"任职"，比如，我有个朋友不太懂技术，上中学的孩子就负责家里电脑、网络等信息技术方面的事情。从家庭开始，给孩子分配任务，给他们负责任的空间，同时让他们自主做决定，给他们尊重，给他们犯错误的机会，对他们做的事表示感谢，接受他们安排的任务并认真完成，这都是培养孩子合作精神的好开端。

在家庭之外，我们要在合适的时候鼓励孩子进行"项目式学习"。项目式学习是指孩子通过合作完成一个项目，学到相关的知识和技能，而不是通过课堂上老师教学的形式来学习。这些"项目"可以是学校的项目，比如科学实验、社会调查、乐团演出、运动会，也可以是假期自主的项目，比如一起给小区的居民做环保科普，或者去贫困地区支教。项目时间可长可短，但需要是完整的项目，也就是说，项目有完整的目标和完成计划。

比如，孩子和两个朋友打算一起利用寒假时间调研一下北京的胡同。面对这样一个自主项目，孩子们先要讨论这个项目的目标，比如我们一起去看什么，看胡同的历史还是现状？我们是否要写一篇调研报告或者做一系列视频报道？一共要去多少个胡同，用多长时间？这个任务可被分解为多个部分，每个人有不同的角色。比如，孩子们可以分别担任组长、视频拍摄人员、文字记录员、事实核查员、每日总结人员。这些角色可以固定，也可以轮流选择。在分配、执行的过程中，孩子们可以进一步理解角色和责任。

领导力

什么是领导力？一个常见的错误是认为领导力就是可以当"领导"来指挥大家。其实，领导力是一项能力，领导只是一个位置。老师让某一个孩子当班长，这并不表明他具有领导力。一个没有当班长的孩子，也可以在其他事情中显示出他的领导力。

领导力是影响和带领一个团队共同达成一个目标的能力。它不是一个简单的品格或者行动，不是一个位置，而是一项非常综合的技能。领导力可以看作成长树上诸多能力的组合，比如使命感，具有领导力的人，首先要知道要做什么，为什么；比如自信，在领导一个团队之前，一个人需要先相信自己，相信自己和团队能把一件事做成；比如韧性，在他人要放弃的时候，有领导力的人会坚持，只要他认为所做的事是正确的。

我们说过，领导力不一定是带领团队，有时候也会影响决定，或者力挽狂澜。你也许听说过泰国一个中学的足球队在一个山洞里困了二十几天后生还的故事。在大家都要放弃的时候，能够站出来鼓励其他人坚持下去的人，无论在团队中的位置是什么，他都具有领导力。

作为青春期孩子的家长，你可以培养孩子以下这些领导力相关的素质。

- 自我控制：人们会尊重能够超越环境并维持个人和团队稳定的领导者。所以，在领导他人之前，领导者需要能控制自己的情绪和行为，面对困难的时候不产生消极想法，在其他人不可理喻的时候保持冷静。我们可以帮助青春期的孩子学会应对压力、控制情绪，和他们多探讨自我控制。
- 承担责任：领导者会接受自己的失败，并从中吸取经验教训，然后继续前进。同时，领导者将成功归于他人，因为他们知道，如果没有他人的支持，就不可能取得成功。在事情没有我们想象中那么顺利的时候，我们可以和孩子一起讨论过去犯的错误并承担责任。
- 委派技巧：领导者带头，但不是做所有的事。了解团队中成员的能力所在，发挥每个成员的优势，这是成为强大的领导者的关键。给孩子提供给他人分派任务的机会，让他们总体协调一些项目，这是锻炼孩子委派技巧的好方法。

培养领导力没有教科书，孩子在做每一件事的时候需要用上面这些品行指导自己。我们可以在这个过程中帮助他们。你可以看到，领导力和孩子短期内在班上担任什么职位没有太大的关系，却是他们未来取得成功的关键。

每个孩子都需要人生导师

这是一个被很多父母忽略的话题，但对孩子长远的眼界、幸福和成功至关重要。每个人的一生中都需要多个人生导师，而这个过程应该从青春期开始。

这里所说的人生导师也叫"mentor"，不是大学的学术导师，不是公众人物，也不是成功人士。"导师"是指在某个方面或领域能够给孩子指导的人，一位经验丰富且值得信赖的顾问。他是孩子可以直接接触和对谈的人。一个人可以有多个导师，在人生的成长中也需要有多个导师。

我来举三个不同的例子说明什么样的人是"导师"。在我上中学和大学的时候，我的哥哥就扮演了"导师"的角色。他比我大 6 岁，更早上大学和读研究生。在读书、选专业、自我精进方面，他都给了我指导。这种指导发生在日常的对谈中，我们当时几乎每周都会通信。这些交流包括日常的沟通和评论，也包括在关键问题上提出建议和指导，比如选择大学和专业方面。每个人的路都要靠自己走，但一个比孩子稍微超前一些、能够信任的朋友或者家人，可以给孩子很大的启发，也能成为孩子诉说和寻求帮助的渠道。

又比如，我已经连续 5 年在清华大学苏世民书院担任导师，每年带两个学生。他们大概每一两个月和我有一次谈话，话题包括学业、实习、未来的职业、文化等。这是更加正式的"导师"角色，因为我在工业界有着比这些学生更多的经验，不仅可以给学生提供建议，也可以给他们提供资源，比如帮助他们找实习工作、写推荐信等。这是和行业内更加资深的人形成的"导师关系"。

再比如，我的孩子在上大学之前，学校安排他们和一些大学生建立了一对一的联系，他们在高三那年如果有关于报志愿、考试等的困惑，可以去问这些大他们一两岁的"师兄""师姐"。这些人也是"导师"角色，只不过相对短暂，只专注于升学这一个任务。这些大学生不是老师，不是升学顾问，他们的经验也不多，但是他们刚刚走过这条路，可以给孩子具体的实操性的帮助。

所以，所谓"导师"，不一定是正式的老师，而是孩子可以从他们身上学到一些东西的成人。这些成人可以是我们的亲戚、朋友，也可以是公司同事。孩子可以一次性地接触这些成人，也可以在一个固定的时间单独和这些成人交谈。这件事成败的关键在于是否"由孩子主导"，我们可能负责介绍一下，或者让孩子参加一些有可能接触这些可以成为导师的人的活动，但我们不要越俎代庖，要从孩子和导师的关系中退出来。

孩子喜欢的领域未必是父母所了解的。在这种情况下，如果有可能的话，我们要带孩子接触他喜欢的那个领域里的其他人。这些人会给孩子带来更多的资源，成为他们的榜样，至少可以成为他们的同伴。比如，我是学计算机科学的，又在AI领域。计算机近年来成为非常热门的学科，我的很多朋友的孩子想要学计算机，但是父母的专长可能在其他领域。所以，有的父母会带着他们的孩子来和我聊天，还到我们公司来参观，了解学习这个专业背后未来的工作环境。有一次，一个孩子既想学计算机，又对语言学很感兴趣，觉得这两个学科相距很远，不知道怎么办。其实，在我的工作中，机器语言翻译正好需要这两方面都懂的人才，这是一个前景很广阔的领域。经过我们的交谈，孩子决定将来在这方面继续探索学习。

关于导师，有研究证明，在高中毕业之前同一位以上成年人建立良好的关系的孩子，长远来看，能比其他的孩子取得更好的学业成就和事业成果。孩子独立之后，完成学业，走入职场，成就个人事业，每一步都需要指引。有人说，人生中的最大财富是不断地为自己找到人生导师。作为父母，我们能为青春期孩子做的一件事是给孩子介绍这条路上的成人导师，让孩子看到他们未来可能的样子。

"合作能力"行动清单

- 让孩子在某个"家庭项目"中做领导者，给其他人分配任务，并且配合孩子完成；让孩子在家里有固定的"职责"，比如负责一部分财务。
- 在某件事情上和孩子转换角色，让他来做家长，你来做小孩，看他怎样制定规则和执行规则。
- 反思一下，孩子是否有"成人导师"？家人或者朋友中

> 有哪些人可以扮演导师角色，不管是一次性的谈话，还是经常性的交流？向孩子介绍他们可以学习或者建立私交的成人，鼓励他们保持联系。

规划：分解问题，设立可执行目标

在现代生活中，定义清晰、简单直接的工作越来越少，也越来越低端和容易被取代，你很难再通过简单重复的工作获得晋级或者高薪资。相反，生活是复杂多变的，所以在任何时候，你都要知道自己需要什么，这样东西在哪儿，然后才能付诸行动。未来的人才需要的是学习能力、解决复杂问题的能力、从容应对变化的能力。

在孩子的青少年时期，我们要逐渐帮助孩子获得这些解决复杂问题的能力，包括规划能力，从而使他们成为更有竞争力的人才。

分解问题

几乎所有关于孩子智力的教育话题教孩子解决的都是"简单问题"，也就是有一个清晰定义的问题，让孩子学会给出正确答案。然而，真正的问题和有用的解决方案是复杂的。比如，如果你要开发一款真正有用的导航软件，你需要用到的不是距离除以速度等于时间这么简单的数学知识，其中还有很多涉及其他方面的复杂问题：如何表示各条弯曲的道路？如何在存在多种可能性的情况下，在任何起点和终点之间找到最合适的道路？如何表示和使用各种交通标志，比如"减速"对速度的影响？如何知道实时路况？如何计划公共交通？等等。

书本上的问题和答案与真实的问题和解决方案之间有一道鸿沟。比如，你能制造出一架飞机吗？你能带领足球队获得世界冠军吗？你能导演奥运会的开场节目吗？你能领导一个两万人的公司吗？你可能会说，我也不知道怎么做。那么，当你说希望孩子将来成功的时候你在想什么？你是否希望你的孩子长大后能做这些事呢？

我会用这一节聊聊一般的教育类图书不会提及的话题：复杂技能培养。复杂技能培养是孩子从学到孤立的技能通往解决实际问题的桥梁。解决简单问题和复杂问题之间的能力差距，是大多数人长大后无论在生活中还是在工作中都无法取得进步的原因。

解决复杂问题的核心方法之一是分解问题。兵法曰：分而治之，各个击破。分解问题就是分治法，把复杂的大事分解成多个简单的小事，把一个大问题分解成若干个小问题，然后逐步完成。

分解问题有很多种不同的方法。比如，一个大的项目可以分成多个步骤，每个步骤都有阶段性的完成条件。一个项目也可以分成多个并行的子项目，分头执行，然后汇总。

教会孩子分解问题的一个特别好的方法是用思维导图。思维导图是一种以主题为中心，一个节点代表一个主题，而每个主题又可以再次分成多个子主题的问题分解方式。思维导图不仅仅是锻炼数理思维的一个好方法，也可以用于学习的方方面面，如用来安排时间，记笔记，进行头脑风暴，写文章的概要，管理项目。

为了锻炼分解问题能力，你可以鼓励孩子尝试理解一些比日常问题更加宏大的问题。比如，让孩子和朋友选一个课题，这个课题应该是以问题为中心的课题，解决我们关心的事情，如城市交通的问题、环境的问题、教育的问题、科技发展的问题、消费的问题、全球变暖的气候问题、保护动物的问题等。

然后，孩子们可以把这个很大的问题分解成子问题。比如，我们应该如何设计一座可持续发展的城市，其中包括如何管理自然资源，如何减少污染，如何管理废弃物品，如何分析成本和收益，还有通行的情况，交通的设计，绿化的设计，文化生活和图书馆。每个子问题又可以继续分解，直到成为一些具体的任务。这样，虽然孩子在这个阶段还不能实际地解决这些大问题，但他们可以知道这些问题是有办法解决的，答案是可以设想的，甚至有些具体的任务是可以推进的。

设立可执行目标

解决复杂问题的核心方法之二是设立可执行目标。

我们常说的目标有两类。一类是要达到的目的，比如期末数学要考到 90 分，孩子要身体健康。但是怎么考到 90 分呢？又怎么做到健康呢？我们平时真正能够做到的，是另外一类目标，我把它们称作"可执行目标"。

我们来看一个例子。"1 月，我要每天跳绳 500 次"就是一个可执行目标，它可以被拿来直接执行，而且我们能知道是否达成目标。可执行目标非常具体地指出要做什么，没有模棱两可的情况。在这个简单的例子中，这件要做的事就是"跳绳"。可执行目标有以下特点。

第一，目标要有具体衡量标准，比如这个目标是每天跳绳 500 次，而不仅仅是每天跳绳。

第二，目标要有时间限制，比如"1 月"和"每天"。

第三，目标要能做到，比如 500 次是一个合理的次数，是孩子能做到的次数。如果目标设为每天跳 3 000 次，也许孩子会因为太难做到而很难坚持下去。

第四，如果这个可执行目标需要多人合作，要讲清楚每个人负责做什么。

可执行目标是具体、有衡量标准、有时间限制、能够达到的目标。现在我们知道，"我要锻炼身体，身体健康"这个目标不是一个好的可执行目标，因为"锻炼"不够具体，"健康"也不能衡量，也没有具体的时间限制和频率要求。所以，口号不是好的可执行目标。作为家长，我们也不能总是催着孩子"去锻炼"。下面是两个比较好的可执行目标的例子。

- 暑假期间，我每周读一本课外书，写一篇200字以上的读书笔记。
- 每次听外语节目的时候，我会跟着朗读。

可执行目标除了"马上就可执行"，还有很多优点，包括让我们和孩子都能看清楚自己的职责，避免因为做不到的事情谴责孩子。比如，孩子按时完成作业是一个可执行目标，而考到班上多少名就不完全在孩子掌控之内，不能把这个压力全给孩子。

可执行目标可以进行反馈和调整。比如一个月结束，我们很容易看到是否做到了每天跳绳500次，然后决定是否要增加次数或者改变频率。相反，不清晰的"我要锻炼身体"的目标，很难进行评估和调整。

也许你听说过管理学大师彼得·德鲁克在他的《管理的实践》一书中提出的 SMART 原则①。公司在做大项目、设定目标的时候，需要做到具体、可衡量、可达到、相关、有时间期限。我们教孩子设立可执行目标是个简化的版本，遵循同样的 SMART 原则。

懂得了可执行目标，孩子也可以学习制订相对长期的、更完整的规划，或者叫计划。比如说孩子需要在下周写三篇作文，那么是分作三天写还是一起写？分开写的话，分别是哪三天？如果写作文之前要搜集资料，是什么时候搜集？写作草稿大概要多长时间？最后修改完稿大概要多长时间？这些细节都写出来就是多个可执行目标，合起来就是一个计划。

成长树家庭教育法中，青春期的重要任务是家长和孩子要完成角色转换。在锻炼规划能力方面，要逐渐让孩子设立目标、执行、衡量、修改目标。我们当然可以适当地帮忙，和孩子讨论，给他们提建议，让他们寻求我们的帮助。在孩子高中毕业离家之前，他需要能够完全独立地管理自己的学习和生活。

---

① SMART 原则是指绩效指标必须是具体的（specific）、可衡量的（measurable）、可达到的（attainable）、相关的（relevant）以及有时间期限的（time-bound）。——编者注

> **"规划能力"行动清单**
>
> - 和孩子一起看看，他是否有比较大的事情需要完成，比如和同学一起做的项目、一个暑期工作等。引导他用分解问题的方法来梳理这个项目的目标和计划。
> - 鼓励孩子尝试思考和理解一个大的社会问题，比如"建设绿色城市"。看看他对什么问题最感兴趣，然后鼓励他分解问题，从不同的角度来思考。
> - 和孩子坐下来一起聊聊他的短期目标，看看这些目标是否符合"可执行目标"的标准，不符合的话，一起做适当改动。

创造：接受和鼓励

茨威格曾说，在世界上无数不解之谜中，创作的秘密最深奥、最玄妙。大自然不让人摸透创造的秘密：地球是怎样产生的？一朵小花是怎样产生的？一首诗和一个人是怎样产生的？

一般来说，每个孩子在青春期都会有创作或创造的欲望。这表现在我们当年偷偷写小说给杂志投稿，而现在的孩子制作短视频发布到网上。艺术、音乐、写作，这些创作是强大的自我表达工具，也是青春期的孩子寻找和形成个人身份的途径。

提供条件，鼓励创造

雅各布·科利尔是英国的一个音乐人，"90后"。2021年时他27岁，还住在父母房子里的那一小间他从小长大的屋子里，但他的专辑获得过5次格莱美奖——世界音乐界最高奖。有意思的是，他演奏的乐器种类繁多，自己制作歌曲，风格包括爵士乐、节奏蓝调和各种其他流派的独特组合。

科利尔如此年轻就能有这么多的世界级作品，他的父母做对了什么？在一次采访中他提到，他的父母提供的最好的机会，是给了他触手可及的乐器和任他自由探索。科利尔从小没有上过正规课程。在成长过程中，科利尔开始时不知道如何读谱，也不知道什么是和弦。他只是"敲击他能找到的任何表面，直到找到他自己的声音"。他听音乐，自己玩各种乐器，成为不完美、即兴创作的坚定信徒。当科利尔进入青少年时期时，他每天会花几个小时探索、协调和重新想象古老的原创歌曲。最终，科利尔学会了吉他、钢琴、贝斯等乐器，但他说最有创意的"乐器"是他的歌声。

青少年通常被认为极具创造力，因为他们正处于人生的一个重要阶段，开始关注自己未来的可能性，站在和孩童时期不同的高度，试图理解周围的世界。这种自我发现的过程可以激发他们的想象力并使他们跳出思维框架。此外，青少年还没有背负成年的责任和压力。这种充裕的时间和自由让他们有机会探索自己的创造力，尝试新事物，尝试不同形式的艺术表达。

青少年的大脑仍在发育，这可以带来更多的创造力。在青春期，大脑会发生重大变化，最显著的变化之一是大脑可塑性的增加，这使青少年提出新想法和解决问题的能力增强。青少年的大脑对奖励的敏感度也更高。大脑的奖励系统负责释放多巴胺——一种在激励和愉悦中发挥作用的神经递质。研究发现，与成人相比，青少年的奖励系统更为活跃，这可能会导致他们更有动力从事创造性活动。

对于青春期孩子在哪些方面有创造力，做家长的不要强求。我们要像科利尔及其他有创造力的孩子的父母一样，提供条件，鼓励创造，这个条件包括给孩子提供图书馆借阅卡，给孩子买他喜欢的乐器，带孩子找到合适的老师。在这个时期，你的态度和行为要比你实际教给孩子的更重要。你可以对孩子喜欢做的事情表现出真挚的兴趣。孩子在这个阶段的行为也许看上去有些怪异，比如着迷于行为艺术等，我们要包容，尊重孩子的隐私，给孩子空间和时间，不需要知道他们所有的事情和想法。

有人说，有创造力的成年人是"幸存"下来的孩子。创造在任何时候都不晚。也许你可以自己做些新东西，学习新领域，制作新作品，成为一个有创造力的人，成为孩子的好榜样。

连接是创造的源泉

创造力通常被定义为产生新的、有用的想法的能力。它不仅仅包括绘画或创作音乐的能力,也包括演讲、写诗、设计科学实验,或自己编一个有趣的笑话的能力。人们常常把创意叫作"灵感"。这种灵感来自大量的积累和连接。

创造力不易衡量,我们对于人为什么有创造力也没有准确的解释。不过,最近科学家们研究了与创造力有关的大脑区域的思维过程,他们了解到,创造力涉及"自发思维"和"受控思维"两个大脑网络之间的复杂相互作用:既能自发地创造出新的想法,又能有意识地评估和验证其可行性。举例来说,你看见一个盒子,你的"自发思维"大脑想,它可以用来装东西,可以用来储藏物品,也可以用作礼物包装盒。你的"受控思维"大脑会评估哪一个想法可行。这个研究结果让教育工作者和家长认识到,创造力是可以锻炼的。

每个人都可以更具创造力,但创造力之路很复杂,不能只遵从简单的指令。在这个过程中,想象、独创、反馈、改进等步骤相互影响。创造力是一项可以每天练习以解决生活中的问题并发现机会的技能。具体来说,我们可以鼓励孩子做以下的练习。

- 同一个问题用不同的方法问10遍。当其他咖啡店的创始人问自己"我怎样才能做出更美味的咖啡？我怎样才能做出不同种类的咖啡饮品？"的时候，星巴克的创始人问了自己这样一个问题："我怎样才能创造一个舒适的环境，让人们花两美元就能得到奢华的感觉？"

- 把生活中遇到的困难列出来，看看能用什么有创意的方法解决。比如，早上时间太短，孩子没空吃热的早饭；我在地铁上很挤，没法看书。我们可能隐约认为这些困难就是实际存在的困难，从来没有仔细想过是否还有其他的解决方案。当我们把问题仔细列出来的时候，我们就可以和孩子一起寻找创意解决方案了。

- 动手做点儿什么。现代社会生活过于完备和方便，我们要鼓励孩子自己动手，做菜做饭，编织毛衣，做木工，种植物，用生活物品做科学实验。在动手做事的过程中，创意会自然展现。

如果孩子愿意，他可以留出固定时间给自己和创意。流行的自助书《以艺术家的方式工作》的作者建议每天早上花30分钟在日记中自由写作。当你这样做时，你会注意到新的想法正在悄悄涌现。

连接是创意的源泉。我是一个理工科毕业的学生，计算机系博士，这里讲一点儿我自己的写作历程，给比我年轻的父母们一些指引，同时告诉大家，培养孩子的创造能力未必能在短期内看到成果，或者直接有用，却有可能让他们长期受益。

2017年，我出版了第一本书，本书是我独自写作的第三本书，同时我主编了两本技术书，平时写的文章也涉猎多个距离较远的领域：读书、教育、管理、技术、女性、新科技等。写作对我来说不难，然而很少有人知道，我5岁就开始写日记了。在我的人生、职场、家庭育儿都已经经历很长一段时间后，我以前读过的所有书、写过的文字、练过的思维方式、有过的经历，都汇集起来，成为我独特的作品。当然，它们还在不断地进步中。

我信奉乔布斯所说的"点终究会连接起来"（connecting the dots）。人生的积累，像埋种子一样，不用都埋在同一个地方，也不用只种一种植物。埋很多的种子，经过多年耕种，最终有的种子会发芽长大，有的植物的根会在地下连接，互相支持，最后成为一片茂密的森林，一座美丽的花园。

> **"创造能力"行动清单**
>
> - 对孩子着迷的事情表示感兴趣，你可以表示不懂，然后让孩子向你介绍，不要觉得孩子的兴趣没用或者暂时没有价值而打击他。

- 把生活中遇到的困难列出来,看看能用什么有创意的方法解决,跳出思维框架来思考解决方案。
- 鼓励孩子成为某个兴趣领域的专家;鼓励孩子想象5年后和10年后自己的样子:会在哪里,做什么,和什么人在一起,尽量想象细节,并把它们写下来。

第 16 章

青春期成长心态：思考人生价值

　　我在中学期间读过一本书，叫《科学界的精英》，作者是哈里特·朱克曼。书中通过对科学界精英尤其是诺贝尔奖获得者的大量采访和研究，得出优势积累，也就是马太效应的结论。书中指出，在科学领域做出杰出贡献的人，大部分在青年时期就显现出强烈的目标感、非凡的才能、强大的自律。这样，他们和同龄人相比有了"优势"，这个优势会让他们得到更多的帮助和资源，更加自信，做出更多的成绩，从而不断扩大和大部分同龄人的差距，最终取得杰出的成就。

　　青春期，是一个人从孩子长成成人的时期，是一个人一生中成长最快的时期。在这个阶段，帮助孩子建立使命感，保持好奇心，培养反思能力，让孩子成为一个自信、自立、自驱的年轻人，尤其是在这个过程中感受到成长的快乐，能让孩子一生走在正确的轨道上。

使命感：思考自己人生的价值

什么是使命感？使命感包括内在的意义和动力，比如我为什么活着？人生目的是什么？它既包括个人长远的目标，比如保持健康、拥有成功的事业、拥有幸福；也包括超越自我的外在目标，比如对社会和他人的价值。可以说，使命感是相对于日常任务——如按时吃饭、上学或工作——的目标，更深刻、更长远、更稳定的目标。使命感，是孩子一生成就的核心力量。

使命感不是空洞的概念，它对一个人极其重要。具有内在动力的人更有可能在自己的学习和个人发展中占据主动，成为独立的学习者。它也能帮助一个人渡过低谷，保持对未来的乐观态度。

关心教育的家长可能听说过"空心病"这个词。在物质条件越来越好的情况下，越来越多的孩子反而有空心问题，也就是对自己的存在和人生的意义感到非常迷茫。北京大学心理学教授徐凯文说："北京大学一年级的新生，包括本科生和研究生，其中有30.4%的学生厌恶学习，或者认为学习没有意义，还有40.4%的学生认为活着和人生没有意义。"虽然在日常生活中，绝大多数孩子都能健康成长，但是"生命的无意义感"是一个随处可见的时代现象。一些品学兼优、人际关系良好的孩子也会深受空心病的折磨。

孩子一旦独立，离开我们，我们就不能帮他们把握人生的方向了。在青春期，我们要帮助孩子找到他们自己的人生意义，确立个人目标和人生选择。

和孩子讨论哲学话题

有一句话说：早点儿教给你的孩子你太晚才学到的东西，这样他们能走得更远。

想要让孩子建立自己的使命感，思考人生话题，我们需要尽早和孩子开始这个话题的讨论。这个对话不是一时兴起的，而是要在孩子成长的过程中，不断地和他们探讨人生这个话题的各个方面，帮他们看清世界的真实面目，帮他们学会理顺个人和他人、个人和社会的关系。这些交流可以贯穿孩子的青春期。

- 为什么人会高兴？你什么时候会有高兴的感觉？
- 什么是幸福？怎样的经历是幸福的经历？拥有自身之外的物质，包括衣食住行和成功，可以带来幸福吗？这可以带来长久的幸福吗？
- 什么是恐惧？人们为什么恐惧？你有过恐惧的经历吗？恐惧是真的存在，还是只是我们内心的一种感觉或想法？为什么同样一个场景，有人感到恐惧，有人不恐惧？

- 家是什么意思?除了我们这栋房子,还有什么地方我们也可以称为家?
- 人的想法是自由的吗?人可以想任何事情吗?
- 我是谁?我和他人的边界在哪里?

关于爱,关于死亡,关于人生意义,各个家庭、各种文化、各种不同信仰的人的理解是不完全一样的。不要怕我们自己无法解答这些难题,它们本来就是没有答案的,关键在于和孩子一起面对和讨论这些问题。

如果仔细观察,你就会发现日常生活中有很多哲学话题。比如,父母对孩子的无条件的喜欢就是爱,反之亦然;我们看见电视里大火烧掉很多房屋,我们就可以聊聊对一个人来说什么最重要,是贵重物品,还是儿时的照片;比如心爱的宠物死了,我们可以聊聊死亡是怎么回事。父母不要怕跟孩子讨论人生命题,不要怕谈爱,也不要怕触碰痛苦的话题,更不要怕讨论没有结论的开放式命题。

我和我的两个孩子的日常对话很多,话题宽泛,其中也常常涉及人生话题,这些讨论都是自然发生的。在孩子青春期初期,我就会和他们讨论一些比较深奥的话题。

"世界上为什么会有钱?"

"穷人和富人，健康人和残障人士，感觉是不是一样的？"

"不同国家和文化各自有什么优点和不足？"

"如果你可以长生不老，你会选择做什么？"

这类问题有很多，这里只是举一些例子。和孩子谈论这些话题的时候，不同年龄的孩子会给出不同的看法，我们要多聆听，不要把讨论的时间变成我们讲大道理的时间，也不要做道德判断。要记住，哲学问题本身是没有正确答案的，要给孩子哲学思想生长所需的沃土，探讨、探索、追求理解的过程就是哲学思辨的过程。

前行的罗盘：价值观和智慧

价值观是我们内心认同的、做人应该有的基本标准。换句话说，价值观就是什么对你很重要，什么对你不是特别重要。在一生中，一个人会遇到很多价值观影响自己的决定的时刻，这些决定有大有小。价值观会决定我们做事的优先级。

每个人、每个家庭、每个社会和时代的价值观既有相同之处，也有不同之处。比如说，你认为诚信是否重要？责任感呢？热爱知识呢？再比如，个人的人格独立呢？自我成长呢？把爱给予他人呢？还有，尊重我们的历史文化和传统呢？追求财富、追求成功、追求挑战、追求卓越、追求享受呢？

无论是成就伟大的事业，还是诚信待人，父母都需要想好哪几个方面对自己和孩子最重要，它们为什么最重要。在《魔鬼老大，天使老二》一书中，我列了几个我认为对我和我的孩子重要的价值观，都很简单、平实，诸如善待他人、善待自己、没有偏见、简单生活、做有用的人。

价值观的教育不是一日一时可以做到的。我们需要在孩子成长的过程中，抓住每次机会，做出榜样，展示正确的观点。要注意的是，价值观不是立场，也不是喜好。比如孩子学不学钢琴，长大是否出国，这些都是选择和喜好，在这些方面，父母不能要求孩子一定要听自己的，应该让他们有独立选择的权利。而价值观属于我们内心认同、不愿退让的东西。

类似于价值观，父母还可以向孩子传承自己的人生智慧，让这些智慧的结晶根植于孩子的大脑之中，给他们长期的、一生的指导。或者说，我们需要给孩子一张地图，这张地图给孩子指引人生的方向。等孩子将来离开父母以后，他们可以带着这张地图，驾驭自己的生活。

有的父母会给孩子一些箴言。比如，有一个孩子说，他在新的环境中感到焦虑不安时会想起爸爸常说的话："你可以对问题进行分解，搞清楚情况，这样就可以解决问题。"另外一个孩子的妈妈常常告诉他："形象良好是很重要的。"他的妈妈会说："你只有一次机会给人留下第一印象。"这个孩子长大以后从政，从妈妈那里学到的关于如何融入群体、适应群体的方法能让他终身受益。

我这些年也把自己在生活中领悟到的一些智慧和经验教给了孩子们。举个例子，我不要求孩子考到前几名，但这并不是说我对他们没有要求。在我们的对话中，我们常常谈论一定要"和其他优秀的孩子在一起"，因为优秀的孩子聪明、能干、有想法、有很多优良品质。我认为，这个提示能够让他们在该好好学习的时候好好学习，该进好学校的时候进好学校，该努力锻炼的时候努力锻炼。周围的朋友会成为他们的镜子和力量来源。

人生智慧是父母给孩子的超越时空的教导。孩子会记住父母曾经说过的话、做过的事。这些记忆，在孩子成年以后需要做出决定、迎接挑战的时候，会像回声一样出现在他们的脑海中，如个人的内在罗盘，指引他们制定人生目标，做出人生选择。

"使命感"行动清单

- 从本小节列出的可以和孩子讨论的哲学问题中挑选合适的话题，在和孩子的对话中进行讨论。记得，这种讨论不是一次性的，而是可以在任何合适的场景下进行，贯穿孩子的青春期。
- 不管你的孩子有多大，尝试和孩子讨论一个比较深奥的人生方面的话题，或者一个比较严肃的话题，比如说美德、谦卑，或者问孩子，如果你有足够多的钱，那么你会去做什么？孩子可能会给你意想不到的回答。
- 想一下你有哪些人生智慧可以教给孩子，把它们写下来。这些可以是关于生活、价值观的大智慧，也可以是日常生活中的小心得。找个机会和孩子聊一聊。如果以后遇到可以实践的场景，你可以在那些场景下不断地把这些关键点教给孩子。

自驱力：完成角色转换

孩子需要成长为一个大人，长成一个让我们放心的、有生活能力的、有幸福能力的独立的成人。孩子需要成长为一个不需要外力，自己能最大化地利用周围的资源取得成果的人。在孩子青春期，我们要帮他们实现"自我迭代"，把我们十几年来为他们尽的职责交到他们自己手里。

丹尼尔·平克的畅销书《驱动力》中指出，精通、自主和目标，是驱动力的基础。简单来说，精通就是熟练掌握一件事情，自主意味着你有一定程度的控制权，目标则是说你要发自内心地想去完成这件事情。把精通、自主和目标都交到孩子手里，是培养青春期孩子自驱力的关键。

父母的责任和控制

我应该检查她梳妆台的抽屉吗？我应该知道他和朋友周末晚上去了哪里吗？

青春期的孩子向往独立和自由，渴望冒险，渴望得到朋友的认可，不希望被父母束缚。

然而，作为父母，我们对孩子负有责任，孩子需要我们的关爱和照顾。但是，对孩子的责任是否等同于对孩子的控制，等同于把他们保护在我们的羽翼之下，等同于把我们认为正确的知识和方法教给他们呢？

答案是"不"。孩子不是我们的私有财产，对孩子的责任在于把他们培养成正直、独立的成年人，而不是持续依赖我们的婴儿。

孩子到了青春期后，我们要逐渐减少对孩子的控制，直到完全放手。我们所知道的关于孩子的一切都表明，在这个阶段，父母对孩子行为的许多干预是无效的，甚至会干扰和孩子之间的正常交流。如果我们管多了，那这个年龄阶段的孩子会向我们隐瞒想法，或者反抗我们。

高普尼克在《园丁与木匠》里建议，家长不要成天想着把孩子打造成我们想要的"桌椅"，而是要给孩子提供合适的环境，让他长成自己该长成的最好的花朵、树木。父母要做园丁，而不是做木匠。

这个逐渐放手的理念，相信大部分父母也是同意的。但是，父母在行动中往往难以做到，因为对孩子放手，他们就不会按我们所想的方式去做。我家"魔鬼"大儿子也很难管，他自己很有想法，不听父母的，我们几乎无法推动他去做任何事，这也使我们之间有很多矛盾冲突。但是从上初中开始，我只给他定一些大的目标，比如品德上不能出问题，学习要学好，体育锻炼不能落下，细节上的事情我不再过问。渐渐地我发现，这种给孩子空间的方法有助于孩子的成长，他做的很多事情都跟我想的不一样，但他自己做得很好。

作为父母的我们，要把"责任"和"控制"两件事分开。在孩子成人之前，我们的确对他们负有责任，这些责任在于抚养他们长大，给他们受良好教育的环境，教给他们为人处世的规则。但是责任不等同于控制，不是让他们听我们的，不是试图给他们设定学习、工作、家庭的道路，也不是把他们的成败看成自己的荣辱。

有人说，真正的母爱，是一场得体的退出。这里所说的当然不只是母爱，而是父母之爱。我们需要从心底认同孩子的独立，尊重孩子的独立，担负起培养孩子独立的责任。

完成角色转换

孩子青春期时父母的重要任务是把方向盘交到孩子手里。

在青春期，一方面孩子有逆反心理，另一方面家长也往往并不了解孩子的处境，所以无论是顺利度过这段时期，帮助孩子拥有良好的学业和生活，还是培养孩子独立，我们都要从家长帮助过渡到孩子自律。

什么是自律？自律是控制自己的思想、情绪和行为的能力：做应该做的事情，设定目标并坚持下去，避免分心，抵制诱惑，坚持自己认为正确的事。自律的人还知道如何照顾自己。他们会为自己做出正确的选择，在睡眠、饮食和运动等方面选择健康的生活方式。

如何帮助青春期的孩子从他律过渡到自律？可以说，孩子的自我管理包括多个方面。从技能角度来看，青春期孩子除了要掌握时间管理，有效利用自己的时间，还需要注意下面两方面。

1. 自己制定目标：从每日作息、近期的学习成绩，到一年锻炼计划，再到将来的大学、专业选择，成为什么样的人，这些大大小小的目标都要从我们指导变成孩子自己设立、实现、修改、进步。
2. 自己制定规则：比制定目标更难也更重要的一个技能是设定和遵从规则。在孩子青春期，我们要把设定规则的权利一步步交到孩子手里。这是个渐进的过程，我们可以先从简单的、容易理解和执行的规则开始。比如，周末孩子有多少自由时间，可以自己或者和朋友做些什么事，最晚几点回家。我们可以让孩子提议，与孩子讨论，并让孩子自己提出违反规则的惩罚方式。

另外一个重要的自我管理技能是自我管理资源：孩子需要学会寻找和利用资源，比如说，学习资源除了课本和老师，还有课外书、图书馆、网课、播客、其他的同学和可能帮忙的人。当面临一个难题时，孩子可以尝试在互联网上查找答案，而不是立即寻求父母或老师的帮助。孩子要学会寻找和利用这些资源帮助自己完成学习任务，而不是受限于教科书和课堂作业。

当面对外面的世界时，孩子除了独立，还需要懂得自我保护。青春期孩子需要学会在遇到具有潜在危险的诱惑或压力时果断拒绝，在不安全或不舒服的情况下说"不"。我们要告诉青春期孩子网络安全和隐私保护的重要性，让他们了解如何设置强密码、不与陌生人分享个人信息、避免在不安全的网站上逗留。

青春期的孩子会面临许多诱惑。比如有时候，他们可能受到不良朋友的影响，从而有诸如吸烟、喝酒、吸毒等不良甚至违法行为。为了避免孩子受到这种诱惑，家长应与孩子保持良好沟通，了解他们的朋友圈，引导他们选择正面的朋友。同时，要教育孩子拒绝不良诱惑，勇敢说"不"。再比如，青春期的孩子可能会受到过度消费的诱惑，如购买过多不必要的物品、过度追求名牌等。为了避免孩子受到这种诱惑，家长应教育孩子正确看待金钱和物质，培养合理消费的观念。同时，要鼓励孩子学习储蓄和理财，为将来打下基础。

自我管理也表现在思想成熟上。我们要引导孩子养成自我反思的习惯，教会他们自我评价，鼓励他们从经历中吸取教训，以便不断成长。在后文，我会在培养孩子的批判性思维能力这一节进一步探讨如何培养孩子反思和自我进步的能力。当然，反思不仅仅是自我批评，也包括自我的肯定和鼓励。我们要引导孩子正面思考，鼓励孩子在遇到困难时保持积极的心态，看到问题的另一面。这种正面思考有助于他们更好地应对挑战，自我激励。

帮助孩子过渡到自律显然不是一件简单的事，需要多年的努力和耐心。为了完成这个长期的任务，我们要不断尝试，保持耐心，让孩子用自己的节奏，在试错中学会管理自己。

> **"自驱力"行动清单**
> - 根据孩子的年龄，帮助孩子设定与其年龄和能力相符的目标，例如提高学科成绩、完成某个项目或参加社团活动。尽量让孩子来主导这些目标的设立。
> - 针对一些复杂或长期的目标，让孩子将目标拆分成可实现的小任务并设定时间表，以便有条不紊地完成目标。
> - 根据孩子的年龄和能力，让孩子承担相应的家庭责任。
> - 引导孩子学会区分重要和紧急的任务，教会他们用日程表合理安排学习和休闲时间。

好奇心：观察生活，涉猎广泛

好奇心，即对新鲜事物的渴望驱动着人类的大部分活动。《饥饿的心灵：童年好奇心的起源》一书的作者苏珊·恩格尔将好奇心定义为"解释意外事件的冲动"。人类拥有解决不确定性的内在渴望，所以人类中产生了科学家、哲学家和发明家。

这种天生的、几乎无法抗拒的探索未知事物的冲动有一个好处：让青少年想要参与和理解世界。好奇的人会冒险，好奇的人想要学习和解决问题。青少年的好奇心可以激发他们对科学、技术和工程的兴趣，激发他们对即将独自进入的未来社会的兴趣，也让他们不断创新，寻求改善和变革。

观察细节和看到本质

好奇心是一个视角，一种心情，在充满好奇心的生活中，平凡的琐事也可以充满乐趣。青春期的孩子有足够的专注力和经验，能够看到和享受生活的细节。在这个阶段，帮助他们保持好奇心的第一步是鼓励他们观察和询问：观察周围的环境，观察人，探究事物的本质。

我们通常会带着启蒙期的孩子去公园漫步或者去山里踏青，然而，我们却常常忘记青春期孩子的感官有了新的发展，对于同样的风景会有不同的感受和见解。要想培养他们的好奇心，我们可以组织更多观察大自然的活动，让他们亲身感受大自然的美丽和神奇。

在这些活动中，我们可以鼓励孩子做笔记、画画或拍摄他们觉得有趣的东西，以便记录下他们的观察和感悟。我们可以引导他们关注生态环境中的细节，如动植物的形态、颜色、纹理等，以培养他们的观察能力和审美眼光。此外，我们可以定期组织交流活动，让他们分享自己的观察和感受，相互学习和启发。这不仅能激发他们的好奇心，还有助于培养他们的沟通、表达和团队协作能力。

观察人是一项有趣且富有启发性的活动，可以帮助孩子更好地理解他人以及与他人建立更亲密的关系。事实上，人们在传递信息时，只有7%的信息是通过语言完成的，其余信息则是通过说话方式、面部表情、肢体动作和声调等传递的。具有好奇心的人通常更具洞察力，能够更准确地捕捉这些非语言信息。我们要鼓励孩子在和人对话时，注意对方的情绪变化，观察对方的笑容、皱眉和其他表情，以捕捉情感和态度的细微差别；鼓励孩子关注肢体小动作，如碰触、拥抱和握手的热情程度。肢体动作可以揭示他人的舒适度、信任感和态度，帮助我们更好地理解他人。在公共场合，观察人们的行为、互动和沟通方式，能够更好地理解人类行为的多样性。

我们生活的空间是经过精心设计和规划的。思考这些设计和规划是否合理有助于培养孩子的好奇心。例如，去商店购物时，注意商品陈列的方式，思考商店为什么这样陈列商品，是为了方便顾客找到他们需要的东西，还是为了促销或吸引注意；观察周围建筑的风格和特点，思考这些建筑是如何适应当地的气候、文化和历史背景的，建筑的设计是否符合功能需求，如住宅、商业建筑、公共设施等；观察城市中的绿地和公共空间，思考这些空间的布局是否合理，是否有利于居民休闲、社交和锻炼，公共空间如何影响城市居民的生活质量和心理健康。

青春期的孩子对各种社会现象也有了更深的理解。我们可以鼓励他们仔细观察、思考、讨论社会现象。例如，观察不同职业的工作环境和任务，观察多元文化，观察物价的波动，在不同城市旅行时观察地域差别。我们也可以鼓励孩子思考这些社会现象的来龙去脉和自己能带来的变化。

为什么把观察作为培养青春期孩子好奇心的重要一步？因为只有孩子的眼界打开了，他们才能发现周围世界的奇妙和多样性。观察是获取信息和启发思考的基石，它能激发孩子对未知事物的探索欲望，促使他们提出问题和寻求答案。

每个观察都会带来思考，我们要鼓励孩子探究事物的本质。爱因斯坦说过，大多数人在大海里捞到那根针之后就会停止寻找，而他却继续寻找，看看是否还有其他的"针"。当大多数人把生活中的现象看成理所当然时，"爱因斯坦们"却在好奇心的驱使下不断地探索。

做一个涉猎广泛的人

哈佛大学校长说过，一个人生活的广度决定他的优秀程度。

在世界上最好的大学，本科前两年一般都不会学习专业知识，每个学生都要先接受通识教育。以我家老二去的芝加哥大学为例，不管你的专业是文学还是物理，每个本科生都要学习"通识核心课程"。

- 人文、文明研究和艺术，比如艺术史、创意写作、音乐、哲学。
- 自然科学和数学科学，比如数学、物理、统计学。
- 社会科学，比如经济学、心理学、政治学。

学习完这些课程之后，从大学本科三年级开始，学生才学习职业、专业或技术课程。

为什么每个学生都要学这些核心课程？孩子到了大学不是为了学习文学或者学习物理的吗？学校的回答是，作为一所鼓励各种声音、想法和观点的杰出的通识文理学院，其独特的核心课程为所有学生提供了具有挑战性的、共同的学术基础，然后才向学生提供针对其研究领域的课程。

也就是说，为了培养世界一流的专业人才，学校需要教给他们广泛的基础学科知识。营养丰富的土壤才能长出参天大树，这些通识课程就是给孩子的丰富的营养，让学生接触多元领域的知识，包括人文、社会科学、自然科学和数学等。换句话说，一个优秀的人是一个涉猎广泛的人。

只有少数的人在将来的工作中会用到大学学到的专业知识，

这一问题在 GPT 时代更加突出。

专业可以在需要的时候再学习，而通识课程培养学生更广阔的视野和贯穿学科的综合能力，这样的人相比专业人才适应力更强。对于青春期的孩子，他们还没有定型，不需要过早地被限制在某些专业领域，也不需要过早地把自己限制成"文科生"或者"理科生"。

作为家长，我们要鼓励青春期的孩子培养广泛的兴趣，关键词是"多样"。我们可以一如既往地提供多样化的学习资源，让他们接触各个领域的知识和信息；鼓励他们参加多种课外活动，如社团、体育、音乐、艺术、科技等，以发掘潜在兴趣和才能；组织一些实践活动，如实地考察、社会实践、志愿者活动等，让孩子亲身体验多种生活，拓宽他们的视野；鼓励多样化地交友，帮助孩子建立广泛的社交圈子，结识不同背景、兴趣和专业的朋友；鼓励孩子阅读不同类型的书籍，如文学、历史、科学等，以丰富他们的知识储备，拓展思维。

在青春期，一些孩子在某个领域显示出天赋，这些应该被支持，因为有特长和涉猎广泛并不矛盾。学习自己有天赋的技能可以培养深度兴趣，学习自己暂时不擅长的技能可能有"他山之石，可以攻玉"的惊喜。广泛的兴趣、全面的技能和素质，可以为孩子未来的学业和职业成功奠定坚实基础。

> **"好奇心"行动清单**
>
> - 和孩子一起出行的时候，谈论所观察到的周围不同的人，引发他们对未来可能的生活的畅想。
> - 和孩子一起观察有不同情绪的人。
> - 更加仔细地观察周围的常见场所，比如观察常去的超市的布局和陈列；旅行的时候和孩子观察、讨论不同地域的不同现象。
> - 和孩子进行"共同尝新"活动：新的体验（音乐会）、新的技能（滑板）、新的项目（刷墙）。

批判性思维：深度思考和反思

孔子曰："学而不思则罔，思而不学则殆。"这句话说明了学习与思考之间的关系。在中国传统文化中，学者通常分为学、行、识三个层次。其中，"识"指的是一个人对历史时事的见识和思考。正如林语堂所言，博学仅是对事实和见闻的积累，鉴赏力或见识则是基于艺术的判断力。

青春期的孩子处于塑造自我价值观和世界观的关键时期，他们需要逐渐培养反思能力、判断能力、对问题深刻的理解力，这些能力是建立在基础技能和综合技能之上的独立思考能力。

反思

反思是在一件事情发生之后思考、迭代、进步的过程。反思不是简单的"自我批评"。"你做错了没有？你做对了没有？你下次还做不做？"这些过于宽泛和指责类的问题不会帮助孩子思考和进步，却是我们常常做的。反思需要尽量具体化，对事不对人，不是找出谁对谁错，而是思考发生了什么。

下面这些开放式但非常具体的问题，有助于孩子反思。

1. 刚才发生了什么事情？你做了什么？别人做了什么？
2. 对于刚才发生的事情，你现在感受如何？
3. 你刚才表现出了怎样的行为？当时你是怎么想的？
4. 在这种情形下，你想要得到什么样的结果？
5. 哪些措施起作用了，哪些没起作用？为什么？
6. 你有没有站在别人的立场？你感觉他们的立场到底是什么？
7. 要想达到你的预期目标，你要做些什么？
8. 为了改善前面这个结果，你应该做些什么？

反思技巧可以在日常生活中练习。比如我在前面提倡让孩子写日记。写日记的习惯不仅仅能锻炼写作，让他们定期写下他们的想法、感受和经历，还能使他们私密地、不受时间和形式限制地写作，从而帮助他们处理情绪问题并养成自我反省的习惯。再比如，在孩子设定目标和完成目标的过程中，不要只看结果，比如考试成绩是否达到90分，而要让孩子进行自我评估，比如，因为我下功夫学习了一种新的单词记忆法，我的成绩一下子提高了，所以花时间学习新的方法是值得的。

并不是对错误进行批评才叫反思。感恩也是一种反思。有一次在公司，我让大家写出特别具体的一件事情，以感谢另一位同事，而不只是说"谢谢你"，这个练习带来了不少同事之间不曾发生的对话，让人们意识到自己做的小事会给别人带来积极的影响。这种练习孩子也可以做，比如让孩子感谢家人做的某一件具体的事。当孩子能够具体讲出一件事和他为什么感激时，他也就有了反思的能力。

反馈也是一种反思。如果孩子有好朋友，那他们可以互相批改作业，比如互相评论对方的作文。这个评论不仅仅是打分，而且要具体地指出哪些地方写得好，哪些地方写得不好，哪些地方应该更加感性，加一些什么对话。这种反馈方式对双方都有很大的好处：接收方的孩子能够大方地把自己的作品展示给别人看，能够接受批评和指正，而给予方的孩子能够看到别人的问题，指出别人的优点，用合适的方式表达出来。

深刻的理解

在现在这个变化越来越多的世界上，昙花一现的成功非常多。很多人因为运气而获得短暂的成功，但是这些成功有很多是因为外在的偶然因素，往往不可预料，而且也未必能够持续，所以这些人的内心往往充满了焦虑，担心后面怎么办。我们想要培养的孩子不是这样子的，他们未来要在某个领域有持久的热情、长时间的研究和深刻的理解。

我在上一本书《未来算法》中提到我在斯坦福大学的学术导师赫克托·加西亚-莫利纳，我从他身上最为受益的一点是"真正的理解"。这位导师是大数据行业的开山鼻祖，培养了几十位在世界信息技术行业成就极高的博士生。当我们做研究的时候，这位导师不断地告诉我们要把问题想透，从最简单的场景到所有可能的场景。他的这种不断挑战"深刻理解"的风格也深深地影响了每一个学生。

也许很少有妈妈会像我这样在任务清单里加上这一条："培养骐骐的深度思考能力！"骐骐是我们家老二。有一段时间，我发现他在做很多事情的时候只是跟在哥哥后面，比较缺少自己的想法。而且，他花比较多的时间去看网上各种各样的信息和视频，相对深度的思考和对话会少一些。所以，我设立了这样一个长期的项目来培养他的深度思考能力。

作为普通的父母，我们该怎样培养孩子的深度理解能力呢？我们都知道，这不是一个短暂的命题，也不是一个任务清单可以做到的。成长树家庭教育法中有从小到大对孩子的多方位培养方法，不少都能帮助我们的孩子形成深度理解能力。针对十几岁的青少年，我们可以在合适的时候跟他们进行比较深入的谈话，或者在合适的时机推荐他们读一些书，我们还可以做下面这些。

- 教会孩子用大脑去体验发现新事物带来的纯粹满足感。很多家长本身不属于很有成就的人，但是，当他们的孩子表现出掌握知识的快乐的时候，他们会表现出欣赏。就是这种被欣赏和满足的感觉，激励孩子进一步去寻求深刻的理解。
- 让孩子通过思考和琢磨来了解新事物，而不是由别人告知答案。你不需要知道孩子所问问题的答案，你可以和孩子一样表现出探索这个问题的兴趣，告诉他这个问题很有意思，我们一起来思考一下，或者一起到哪里去找答案。

当下，大型AI系统ChatGPT对教育和未来职场的变革性影响成为热门话题。这些系统通过深度学习和自然语言处理等技术，可以为孩子提供个性化的学习建议、辅导材料并且解答问题。在每个人都很容易抄答案的今天,要想让孩子真正从这些系统中受益,关键在于让他们在获取答案的同时深入理解为什么要问这个问题,问得对不对、好不好,答案是否正确。在科技发展使人类的教育、智力和生存等问题再度成为关注焦点之际,批判性思维在各项能力中的地位重新凸显。

> **"批判性思维"行动清单**
>
> - 针对最近的一个事件,和孩子一起看前面列出的反思问题清单,回答其中的问题。
> - 组织辩论活动,让孩子在辩论中学会如何分析和评估观点,如何寻找支持自己观点的证据,并学会倾听和尊重他人的看法。
> - 引导孩子分析历史事件、社会现象等案例,让孩子从多角度审视问题,了解事物的复杂性,并学会提炼核心观点。

第 17 章

青春期身心健康：
开阔视野，培养高感性能力

近年来，因青少年抑郁、焦虑而引起的不幸事件时有发生，每一个都令人心痛。在不极端的情况下，许多正常家庭的青少年也常常有抑郁和焦虑的心理，这一问题不容忽视。

《中国国民心理健康发展报告（2019—2020）》显示，2020年青少年的抑郁检出率为24.6%，远高于成人。造成孩子心理问题的原因有几个大的方面，包括学业压力，生活内容单一而没有目标感，公共事务、社会新闻带来的无力感，社交网络带来的社交压力和容貌焦虑，等等。青春期孩子大脑和身体发育飞速但不均衡，而且缺少生活经验和大局观，使得他们比成人更加容易受到这些外界因素的影响，且外界压力比成人大很多。

孩子如果身心不健康，那么其余的一切，如成绩、名校都是完全没用的。未来孩子要离开我们而独立，孩子的身心健康问题就是我们最担心的。所以，培养一个健全、快乐、自信、有幸福能力的孩子，是我们作为父母的最大安慰。

运动：体育精神

芝加哥的一所中学要求学生早上 7 点到校跑步，心率要达到最高值的 70%，然后再上文化课。开始很多家长反对。本来中学的孩子就不愿早起，再去操场跑几圈，上课岂不是都打瞌睡？一段时间下来，结果正好相反。不仅课堂纪律好了，学习气氛也好了，学生的专注力、记忆力都提高了。一学期下来，参加晨跑的学生的阅读、理解能力比没参加的学生高 10%。

运动并不是浪费时间，它不仅能让孩子身体健康，还能整体提高孩子的学习成绩，这一点已由相关研究证实：运动时会产生多巴胺、5-羟色胺和去甲肾上腺素，这些重要的神经递质能够提升孩子的全方位状态。运动不仅能让孩子更有活力，还能改造大脑，增强注意力、记忆力。

团体运动和体育精神

2019 年年底，我们和其他几个家庭像之前几年一样，去广西水源中学支教。在那里，我组织 4 名优秀的高中学生给小学生分享他们的学习经验。不约而同，4 名学生都提到了"体育精神"对他们的帮助，包括锻炼意志、团队合作，也包括减压。从孩子们的直接经验中，我们可以看出运动对他们成长的强大助力。

什么是体育精神？体育精神是指在体育竞技活动中展现出的一种积极的态度和行为准则，它强调尊重、公平竞争、诚信、友谊和团队合作等核心价值观。体育精神不仅限于赛场上的表现，还包括运动员在日常生活中的行为和举止。它包括公平竞争，遵守比赛规则，在比赛中展现出正直和诚实的品质；也包括尊重对手，认识到他们在比赛中的努力和付出，无论胜负，都要给予对手应有的尊重和赞扬；还包括优雅的赢家和输家，在胜利时保持谦逊和低调，在失败时勇敢地接受结果。

运动是一个人多年的承诺，常年的训练能给孩子以耐心，让他们看到长期积累带来的进步。

参加过冠军赛的运动员都知道压力的含义。体育创造了一个环境，让运动员学会征服他们天生的"战斗或逃跑"本能，以便在高压情况下做出艰难的决定。这种在压力下发挥作用的能力将转化为更擅长在有压力的情况下工作的能力。现在孩子的生活条件相比过去好了太多，并没有吃过多少苦，而想在体育方面做到出类拔萃，需要多年艰苦训练。所以，运动是孩子学习如何挑战自己、实现长远目标的方式。

体育精神强调团队的力量，鼓励运动员在比赛中相互支持、合作和协调，共同追求目标。体育精神也强调友谊和互助，在比赛之外，竞技场上的对手可以成为朋友，共同分享运动的喜悦和挑战。团体运动也需要大量的沟通，无论是在更衣室内聆听鼓舞士气的讲话，看懂其他队员的非语言暗示，还是在赛后反馈、汇报中表达想法，沟通技巧都是维持一支运动队正常运转的关键。

清华大学的前身"清华学堂"在1911年就设立了体育科，这在当时的中国高等教育中尚属罕见。这种对体育的重视一直延续至今，使得体育精神在清华大学的校园文化中占据了重要地位。为什么综合性的清华大学要把体育放在最重要的地位？

因为清华大学秉持全人教育理念，让学生在道德、智力、体质、美学和劳动等方面全面发展。体育精神是全人教育中的重要组成部分。清华大学也以培养未来的领导者为目标。体育精神中的团队协作、公平竞争和毅力等品质都是领导力的要素。体育精神与清华精神相互关联：清华大学的校训是"自强不息，厚德载物"，而体育精神中的坚韧、毅力、公平竞争等理念与清华精神高度契合。因此，体育精神被看作塑造和传承清华精神的重要手段。

作为青少年的家长，无论孩子是否有运动天赋，我们都可以支持和鼓励他参加运动，尤其是团体运动。运动中培养的体育精神会让孩子终身受益。

青春期孩子的睡眠

青少年的平均睡眠时间应该在 8~9 个小时，比大人要多。很不幸，几乎所有的青少年都睡眠不足。除了功课繁重，还有一些其他的生理和环境原因，尤其是生物钟。青少年的生物钟会发生大约两个小时的变化，这意味着以前在晚上 9 点入睡的孩子现在要到晚上 11 点才想要入睡。然而，孩子需要的睡眠时间基本不变，早上也不能晚起，而且很多初高中上学时间更早，上学距离更远。睡眠不足的青春期孩子，不仅日常注意力、情绪受到影响，长期身心健康也会受到负面的影响。

我们可以帮助孩子设定并坚持规律的作息时间表，鼓励孩子每天在固定时间上床睡觉和起床，这有助于调整生物钟，使他们更容易入睡；周末也要保持规律作息，尽管周末稍微晚起可以消除疲劳，但应避免过度睡眠，以免影响正常作息和下周的学习；如条件允许，可以让孩子午间休息 15~20 分钟，这有助于提神醒脑。

给孩子创建一个安静、舒适的睡眠环境，睡前关闭电视、电脑等电子设备，降低噪声，减少光线，有助于孩子更快入睡。教育孩子远离咖啡因、烟草、酒精和药物，这些都可能影响睡眠质量。让孩子养成良好的睡前习惯，比如睡前阅读、练习深呼吸或进行温馨的家庭谈话，这些活动可以帮助孩子放松，准备好进入睡眠状态。

作为孩子自我管理的一部分，家长应引导孩子认识到充足睡眠的重要性。可以和孩子讨论充足的睡眠对身体、学习和情绪的积极影响，以及睡眠不足可能带来的负面后果。引导孩子养成自主调整睡眠时间和质量的习惯，这能让他们长期受益。

> **"运动能力"行动清单**
>
> - 检查一下青春期的孩子是否有足够的时间用于运动，如果没有，和孩子一起做出调整。
> - 按照孩子的特点和兴趣，让他至少参加一项团体运动；如果你的孩子有某种运动天赋，帮助他找到合适的训练队和教练。
> - 和孩子一起检查他是否有足够的睡眠时间，如果没有，和孩子一起做出调整。
> - 帮孩子养成睡前阅读的良好习惯。

自信：接受自己，建立关系，避免贫穷思维

自信、自尊和自爱被认为是青春期孩子成长的核心因素。自信能让青少年充满动力和活力地去学习、去社交，并且做出

安全、明智的决定。然而，在青春期早期，许多孩子会在自我认知发展方面出现问题。据统计，多达一半的青少年会因自信心水平低下而陷入痛苦。在这个关键时期，父母的帮助和支持对于孩子顺利度过这个起伏的时期并成长为具有健全人格的成年人至关重要。

关于自我形象

进入青春期的孩子，不论是男孩还是女孩，都会开始注意自己的形象，很多人尤其会关注自己的"缺点"并产生焦虑，怕别人不喜欢自己：我太胖了吗？我太矮了吗？我的腿太粗了吗？我的皮肤不好吗？别人不喜欢我这种类型的吗？

这个时期的孩子会关注自己的身高、长相、体重甚至无关紧要的细节，这是孩子认知发展的正常表现。每个人都会经历青春发育期，但并不是每个人都在同一时间以相同的方式长大。身体上的变化，以及被同龄人喜爱和接受的强烈愿望，使青春期成为许多青少年的艰难时期。随着青少年身体发生变化，他们很容易变得过分自觉。据调查，70%以上的女孩和40%以上的男孩都在青春期有较长时间的焦虑，这直接影响孩子的自信，甚至会导致身体健康问题和学习成绩下降。

自我形象是指一个人如何看待自己，尤其是外表和在他人面前的表现。现代社会充斥着太多的"美图"之后的明星形象、修饰后的朋友圈照片和"美丽指南",导致心智不够成熟而又格外在意外表的青少年每天都对自我形象感到焦虑。没有太多社会经历的青少年,以及花很多时间上网的青少年,自尊心常受打击并产生自我怀疑。

什么是自信的自我形象?孩子自信的自我形象是这样的:当他照镜子的时候,他看到一个他喜欢的人。他看着自己,感到很自在,认为这个人是一个值得被爱的人。

就像自然界没有两片相同的叶子一样,每个人的身材、长相都是不同的。如何教会孩子自信地看待自己呢?下面是我的一些建议。

1. 给孩子形象以正面的评价和反馈。没有什么比来自父母、家人、朋友、同学的正面反馈对孩子的自信更有好处了。我们要常常告诉孩子:年轻的你就是很好看的,健康的就是美丽的。找出孩子的优点,真心表扬孩子的优点,让他们知道自己的美丽之处。
2. 找机会和孩子直接谈论社交平台上的形象问题。大家都会美图,孩子可能也花不少时间美图,而且总是把很多照片中最好看的挑出来发到社交平台。我们要教会孩子换位思考,懂得我们看到的形象不一定是生活当中真实的形象,而可能是人们想让我们看到的虚假形象。和孩子谈论其他的朋友或者公众人物，聊聊我们看重什么，什么不重要，为什么美没有统一的标准。
3. 做个好榜样。不出意料的是，孩子的容貌焦虑有时也来自父母对自己形象的不满和不经意的评价。父母如果成天关注自己的外在形象或者抱怨自己的问题，孩子也会把注意力放在自己想象中的"缺点"上。我们改变对自己的看法也是对孩子形成自信的自我形象的帮助。

当然，形成自信的自我形象的最好办法是让孩子把注意力放在成长树上其他更有用的技能上。虽然人们经常将变美视为目标，但知识、良好的品格、价值观更重要。我们要教导孩子，美丽来自内心，一个品行端正、正直、诚实和真实的人是最美丽的。我们要表扬他们正在做的积极的事，包括创造、运动，从事音乐、艺术等活动，指出这些才是更受人喜欢并且长远受人喜欢的。

情商

情商对大多数人来说不是一个陌生的概念。说一个人情商高，我们脑海里会出现一个热情、善良、理解他人的形象。

情商是指一个人识别、理解、管理和使用自己与他人情感的能力。正如高智商预示着高考试成绩一样，高情商预示着在社交和情感关系中取得成功。情商帮助我们建立优质的人际关系，做出正确的决定，处理困难的情况。

一些研究表明，在学校取得好成绩或在工作中取得成功时，情商比智商更重要。根据心理学家丹尼尔·戈尔曼的说法，智商只占人生成功的20%，其他因素，如情商、气质、家庭教育水平和运气等占80%。他解释说："认知技能，包括语言理解、记忆、推理和处理速度，对学术有所帮助。但是要真正走得更远，这些智商特征应该与社交情感技能，如动力、毅力、冲动控制、应对机制和延迟满足的能力相结合。"

与智商不同，每个人都可以提高自己的情商。青春期是孩子对自我和他人都开始高度敏感的时期，在这个阶段，孩子正在形成自己的人格和社交技能，因此这个阶段也是培养情商的好时机。

一般说来，情商有两个方面：面对自己和面对他人。每个方面又分别有两种情景：了解和管理。也就是说，情商与4件事有关：了解自己，管理自己，了解他人，管理与他人的关系。

根据这4个方面，我针对培养青春期孩子的情商提出以下建议。

1. 帮助孩子了解自己的情绪。青春期旺盛的激素使得孩子的情绪比少年期更易发生大幅波动，这也是为什么他们有时有过激行为。在孩子心平气和的时候，和他们谈论情绪尤为重要。我们可以用提问的方式，比如"听说你没被选入学校运动队，你有什么感觉"来开启这样的话题，并且聆听孩子的倾诉。当然，我们也可以让孩子在适当的时候写下自己的情绪。

2. 帮助孩子管理自己的情绪。人人都会生气，我们都有失望、痛苦、欣喜、悲伤等情绪。表达感受很重要，但是在孩子成长的过程中，要让孩子学会管理自己的情绪，而不是受情绪所控。管理自己的情绪不是压抑情绪，而是知道何时、何地以及如何表达。

3. 了解他人的感受。情商的一部分是能够理解他人的感受。帮助青少年识别他人的情绪，学会从语言、表情和肢体语言等方面捕捉情感信号，有助于他们更好地理解他人，建立有效的人际关系。

4. 管理和他人的情绪关系。当孩子了解他人的情绪，并知道应该管理和他人的情绪关系时，孩子就会知道，以不尊重、过于激烈或有害的方式对情绪做出反应会损害人际关系，得不偿失。我们需要让孩子学会选择合适的时间或方式，比如聆听他人的观点、需求和感受，同时清晰、恰当地表达自己的想法和感受。再比如，我们要让孩子在冲突中保持冷静，运用合适的非暴力沟通方式和成熟、理智的问题解决方法来化解分歧。

以下"情商自测问题清单"可以帮助孩子测试自己的情商。当然，这只是简单的问题清单，不是全面的情商测试。你可以和孩子一起试试，顺便借助这些话题谈谈各自的情绪。

1. 自我情绪意识。
   - 我的感受在任何特定时刻都很清楚。
   - 我能够跳出来看自己的想法和感受，并举出有关的例子。
   - 即使我很沮丧，我也知道发生在我身上的事情。
2. 自我情绪管理。
   - 我可以接受别人的批评意见而不会生气。
   - 我可以控制过度沉迷于可能损害我的健康的事情的冲动。
   - 即使在压力大的时候，我也会保持镇静。
3. 他人情绪意识。
   - 我通常知道什么时候该说话，什么时候该沉默。
   - 我了解向他人传达坏消息时他们是什么感受。
   - 我关心别人身上发生的事。

4. 他人关系管理。

- 我能表达爱意。
- 我可以与他人分享我的深切感受。
- 即使朋友非常沮丧，我也可以和他们对话。

避免贫穷思维

哲人说：不要当穷人。

我们一般都不希望我们的孩子是穷人，但是我们只希望他们有很多的钱，能过更富裕的日子吗？我觉得不是的。我们想让孩子避免的是"贫穷思维"，这是一种短视的、自我限制的思维。

2019年的诺贝尔经济学奖授予了麻省理工学院的三位学者，以表彰他们在贫穷研究方面所做的贡献。他们用了近20年的时间，深入非洲、东南亚的一些贫困地区，通过对比实验研究贫穷的本质。研究成果当中有一个很重要的概念是"贫穷陷阱"，也就是贫穷的人，因为缺乏耐心和安全感，消费支出甚至比富人更高。贫穷的人陷在贫穷陷阱里，那些延迟回报的事，比如储蓄、教育和学习，对穷人的吸引力更小。

自信的孩子是没有贫穷思维的，他们相信明天会更好，他们也相信自己的能力和未来，所以他们愿意去做有长久回报的事，他们也会在将来得到更好的回报。

在孩子的成长过程中，我们要培养孩子的"富足思维"。这是一种积极、主动的心态，让孩子能够关注自身的优点、能力，看到机会和潜力，而非拘泥于不足和限制。面对同样的家庭，同样的孩子，我们按照下面几个方向改变关注点，就可以培养富足思维。

1. 我有什么：教育孩子关注自己拥有的资源、才能和优势。例如，孩子可能擅长数学、善于表达或具有良好的团队合作能力。让孩子列出自己的特长和拥有的物质资源，从而增强自信和获得满足感。

2. 我能做到什么：教育孩子相信自己的潜力，勇于面对挑战。例如，在学习、运动或社交方面，鼓励孩子尝试新事物，挑战自己的舒适区。如果孩子想参加学校的戏剧表演，就鼓励他们参加课后戏剧班，努力提高表演水平。

3. 我可以学习什么：培养孩子对新知识和技能的好奇心，鼓励他们不断学习和成长。培养孩子乐于学习的态度，让他们明白知识和技能是可以通过努力和实践不断获得的。例如，如果孩子对编程感兴趣，可以为他们报名编程课程，让他们学习编程语言和技巧。要让孩子知道世界是动态的，今天不会的东西，明天可以学会。

4. 我能改进什么：引导孩子关注自身在生活和学习中的不足之处，勇于面对挑战，寻求改进。例如，如果孩子在数学方面遇到困难，可以鼓励他们寻求老师的帮助，或者参加补习课程，提高数学成绩。鼓励孩子在学习或生活中发现问题，思考解决方案，并采取实际行动。

5. 我有哪些为长远做的投资和打算：教导孩子从长远的角度看待自己的发展，设定目标并制订计划，为未来的成功做好准备。例如，孩子可以规划自己的学业发展，选择有助于未来职业发展的课程和活动，或者开始为上大学储蓄。

6. 我怎样帮助他人：任何年龄、任何情况下的人都可以帮助他人，而帮助他人能让我们获得极大的富足感。教导孩子关心他人的需求，发挥自己的才能，为社会做出贡献。例如，孩子可以参加社区志愿者活动，帮助老人或弱势群体，或者在学校组织募捐活动，支援贫困地区的教育事业。

7. 我如何保持积极和感恩：教导孩子学会感恩，珍惜现有的资源和机会。要让他们意识到生活中的美好，并学会珍惜与家人、朋友和老师之间的感情。例如，鼓励孩子与家人共度时光，参加亲子活动，增进感情。

也许你会说，我们作为工薪阶层，生活不容易，如果我更加富有，我当然可以给孩子更好的生活。其实，我并没有谈如何去改变现在的生活，而是说如何在现在的情境下重新看待你的生活。这是一种心态的改变，专注力的改变。

我们希望灌输给孩子"一技在身，走遍天下"的思想，这也将成为他们学习的底层动力。我们要告诉孩子，他们现在要掌握技能，将来靠自己，不靠父母。这不是说我们不爱他们，而是让他们能掌控自己的命运，更快乐。任何时候，社会都需要有用的人、能干的人。孩子自信，认为自己有价值，就会知道将来靠自己就能富足。

更重要的是要教会孩子，物质生活不是一切。爱默生说："我们变成了我们整天想的东西。"在基本物质条件得到满足的条件下，一个人精神富足才是真正的富足。财富不需要很多，对知识、智慧、意义的追求才是无止境的。

"自信"行动清单

- 孩子对他的自我形象怎么看？你了解吗？检查自己的言论，看有没有对孩子形象的负面评论。如果有，去除这些负面评论，全面接受孩子的形象。
- 找机会和孩子直接谈论社交平台上的形象问题，问问

> 孩子对美图的看法；和孩子聊聊为什么美没有统一的标准。
> - 和孩子一起测试一下"情商自测问题清单"，看看哪些做到了，哪些没有。
> - 和孩子一起探讨富足思维：我有什么，我能做到什么，我可以学习什么，我能改进什么，我有哪些为长远做的投资和打算，我怎样帮助他人，我如何保持积极和感恩。

韧性：注重心理健康

青少年这个概念在 1941 年才开始大规模使用。之前，青少年一般都会当学徒或直接工作，他们直接学习生存技能，逐渐承担责任。那时的孩子反而不会经历烦恼期，不像现在只有学习任务的"无聊"的孩子。在现代社会，在单一学习压力下成长的青少年，缺少一步步肩负责任的经历，缺少实际动手做事的机会，缺少与人打交道的渠道，更容易出现各种心理和生理问题。

青春期孩子的身体和认知都在飞速且不均衡地发展。在激素的作用下，他们的大脑和心智就像没有红绿灯的都市高峰交通一样繁忙而混乱。他们有体力和能力登上奥运会领奖台，领导全球环境保护运动，他们也会因为听到一句话而觉得自己百无一用，或者因为要在朋友面前显摆而铤而走险。既是大人又是孩子，既不完全是大人又不完全是孩子，这就是青少年。而帮助孩子度过这段过山车般的时期，引导他们成长为稳重成熟的成年人是父母最重要的职责。

青少年抑郁和心理健康

全世界范围内，1/7 的青少年有一定程度的心理问题。心理问题的严重程度不一样，从正常的情绪困扰到心理抑郁。

家庭是孩子的港湾。对于心理问题，父母和家庭可以帮助孩子防患于未然，解决问题，培养长期的应对能力。成长树上关于身心健康的要素——运动、自信、韧性、同理心，都是为了孩子心理健康，避免走到有心理问题这一步。

青春期的孩子学业繁忙，生活基本能自理，有的孩子还离家住校。很多父母在这个时候和孩子的交流已经比较少。我们也赞成父母在这个时期尽量让孩子自驱，不做过多干涉，但是，在孩子成人之前，父母还是要了解孩子的状况，不能仅仅和孩子聊几句就觉得够了。作为青少年的父母，我们要观察和了解孩子是否有以下这些表现。

1. 焦虑：过度担心和恐惧。比如，孩子表示："我很担心，考不好怎么办？""老师不喜欢我怎么办？"
2. 失眠：最常见的表现，比如考试前睡不着，有压力时睡不着，入睡困难，睡眠质量差，白天上课时打瞌睡。
3. 记忆力下降：孩子注意力不集中，疲劳，虽然时间花在学习上，但成绩还是下降。
4. 控制不了想法和动作：强迫自己反复做一些事，比如整理东西。
5. 沉默，不沟通：非常不愿意交流，回避社交，自我否定。例如，孩子不愿参加聚会或活动，选择独处。
6. 情绪不稳定：亢奋、易怒、消沉。例如，孩子可能对一些琐事非常敏感，容易发火，或者无缘无故地情绪低落。

　　大部分孩子的问题并不严重，只是在一些时候或者在遇到某些事情时有抑郁或者焦虑等情绪。父母如果觉得孩子有些异常，不妨先和孩子聊聊，问问最近心情怎么样，和同学、朋友、老师相处有没有问题，学习上有没有我们不知道的困难等。也许孩子没有认识到自己有困扰，也许他们不知道可以求助。

　　孩子有一些轻微的心理焦虑并不可怕，我们每个人都会在不同情况下有这样或那样的反应。我们可以在孩子的心理层面提供很多帮助，比如鼓励孩子适当地运动，让孩子有充足的睡眠以及均衡的饮食；比如换一个环境，让孩子忘却烦恼；比如让孩子多参加户外活动，接触大自然，享受阳光和美食，这些都能让他们放松心情。

一个行之有效的帮助孩子的方法是让孩子把注意力从自身转向他人，让孩子走出自己的小世界，关注周围的人和事。帮助他人往往是解救自己的最好方法，能让孩子看到人生百态，感受到他人的疾苦，从而更加珍惜和感恩自己所拥有的。我们还可以鼓励孩子阅读别人的故事和历史，让他们用更宽广的视角去看待眼前的困境。这样可以让孩子明白自己的问题并非无法解决，激发他们积极应对的信心。

孩子在快速地成长，他们大脑中控制情绪的"指挥中心"也在快速地建立和完善。所以，我们要动态地看待孩子的问题，不少孩子的情绪和心理问题会随着时间自然治愈。如果孩子症状比较严重且持续，我们要及时帮助他们寻求专业解决方案。

将挫折变为转折

没人能在成长的过程中一帆风顺。优秀的孩子更有可能遇到挫折，因为他们的目标高，因为他们会做更有挑战的事情，因为他们会以更高的标准要求自己。所以，培养一个优秀的孩子，一定不能忽略挫折教育，从他们很小的时候开始，我们就要在合适的时机告诉他们：你一定会碰到挫折，但是不要害怕挫折，要把挫折看作机会。

父母对挫折的态度极其重要：孩子遇到了挫折，比如中考考砸了，准备了很久的演出没有被选上，父母在这个时候的态度比事情本身对孩子的影响重要得多。父母如果非常在乎，把这些挫折看成天大的事，责备孩子或者十分焦虑，那么，本身阅历就不够丰富的孩子会把这个挫折放大，自责、焦虑或者放弃。所以，我们自己要平和、理性地处理挫折，不专注于责备和过去，而要专注于解决方案和未来，这非常重要。

我们可以告诉孩子别把自己太当回事，很多事可以一笑了之。每个人都有把自己放大的倾向，尤其是不够成熟的孩子，可能会把自己做错的事和别人对自己的态度过度放大。我们可以教会孩子用大方且幽默的态度来看待失败、挫折、别人的言语等。最自信的人反而是不怕把自己放低的人，不少事情一笑就过去了，重新开始。

孩子可以把失败当成进步的过程。一件事如果一次就能做成的话，那么它就太简单了。SpaceX猎鹰1号的发射失败了三次，在公司成立7年后，资源快要耗尽的时候，第四次发射成功了，猎鹰1号成为第一个进入地球轨道的私人开发的全液体燃料运载火箭，并且全面带动了新一代航天技术的发展。无论是学习还是做事，有意义的事往往都不是一次就能成功的，失败需要被当作一个通往成功之路的过程。

另外，我们可以建议孩子避免过分的狭隘的竞争。英国教育家尼尔说过："所有的奖品、分数和考试都会妨碍正常性格的发展。"这当然有些绝对，不过社会心理学研究也证实，竞争是挫折的重要来源之一，因为竞争引起敌意，敌意带来痛苦。体育比赛的竞争是健康的竞争，而学习是为了获取知识和技能，是每个孩子都可以做到的，不是非你即我。

富兰克林曾说："我从未见过一个早起、勤奋、谨慎、诚实的人抱怨命运不好。良好的品格、优秀的习惯、坚强的意志，是不会被所谓的命运击败的。"自律是解决人生问题的主要工具，也是消除人生痛苦的重要方法。我们要培养孩子自律，自己对自己有要求而不靠外界的评价前进，是让孩子学会应对挫折的最好方法。

艰难的乐趣

我的不少朋友练习长跑，也有不少朋友放弃了练习长跑。大家都知道跑步过程中有个"极点"：在跑到这个点之前，你是越跑越累的，过了这个点，反而越来越轻松。当然，放弃跑步的人只是听说过极点，自己没有跑到过极点，而喜爱长跑的人常常会谈论他们多么享受跑步的过程。

这个比喻可用在任何一个领域。一个人要想在某个领域成为专家，走得深，走得远，他就需要跑过这个方向上的"极点"，而大部分的人在到达这一点之前就放弃了。这一点之前是痛苦，这一点之后是享受。少有人能够享受学习、钻研、理解、开拓的经历，因为他们没有跑完前期的艰难。

如何让孩子跑过学习的极点，越过艰难的山丘？这里给大家一个不同寻常的答案：艰难本身就是有乐趣的。

在教育过程中，老师、家长常常希望课程简单些，认为功课容易些孩子就爱学。但事实并非如此。挑战是有乐趣的，大多数孩子愿意甚至渴望努力学习，只要他们对自己所做的事情感到兴奋。

麻省理工学院的教授米切尔·雷斯尼克致力于教孩子学习编程，他发明了Scratch编程语言，并且在全世界多个项目中专门研究孩子是如何学习编程的。他在《终身幼儿园》这本书里举了一个例子：几个孩子制作有两个角色的动画。为了让角色在屏幕上的某个特定点相遇，他们需要了解时间、速度和距离之间的关系。为了让这两个角色出现在不同的位置上，他们需要学习关于透视的艺术概念，还要学习关于缩放的数学概念。

孩子希望这个项目成功。于是，这个动画项目让这些孩子掌握了比他们同龄人所掌握的难得多的概念，而且他们废寝忘食地自学。当孩子从事他们感兴趣的活动的时候，当他们强烈地希望这个项目成功的时候，他们会十分投入地钻研。

米切尔·雷斯尼克用"艰难的乐趣"一词来形容这种学习过程。

我有很多各行各业的非常成功的朋友，如学术界的、工业界的。当他们描述自己的经历、传授经验的时候，他们不会说这些事情很简单，反之，这些过程是艰难的，但是充满乐趣，乐趣在艰难中。比如创业者，不少都经历过资金短缺、没日没夜工作的日子，这些最艰难的日子也是最令人难忘的日子，还是他们连续创业的动力。

所以，在孩子的青春期，我们可以让他们参加一些突破极限的活动。比如，我家老二在高中初期参加过一周的野外拉练，自己负重带着全部食物、帐篷、衣物、生活用品，在野外生存一周。他们第一天就遇到大雨，后面几天必须背着湿淋淋的装备在泥泞中前行，吃着坏掉的食物，帮助生病的小伙伴。这次经历对于在城市长大的孩子是很大的挑战，然而回来之后，他们都发现自己的能力提高了，自己可以做到原来无法想象的事，真正地懂得了艰难的乐趣。

这种追求自我实现和成长的过程也有些类似于神话故事中的英雄之旅。坎贝尔在《神话的力量》中探讨了神话故事在个人成长和发展中的作用。神话故事中的英雄常常经历一系列的考验和挑战，最终战胜自己的恐惧和缺点，成为一个更加强大和有智慧的人。

同样，当孩子追求自己的兴趣时，会经历类似的考验和挑战，也需要像神话故事中的英雄一样不断地克服自己的不足和困难，这样才能够在自己的领域中取得更高的成就。这个过程有时也被称为"成长之痛"，即通过面对挑战和困难来实现自我成长和进步。

"韧性"行动清单

- 关注孩子是否有焦虑、失眠或情绪不稳定的现象，如果有，及时和孩子沟通。
- 给孩子提供帮助他人的机会，让他帮家里的老人、小孩、亲戚朋友做些事。
- 不要把争取第一当作目标。
- 让孩子做有挑战的项目，鼓励他享受艰难的乐趣。

同理心：开阔视野，包容他人

同理心使我们能够理解他人的情感和感受，站在别人的角度看待问题。同理心也是一种关键的社交技能，帮助我们与他人建立良好的人际关系，建立信任和理解，解决冲突。青春期的孩子开始面对自我认同和人际关系等复杂的问题，这些问题都需要他们具备更强的同理心。

哈佛大学的一项研究表明，有良好亲密关系的人取得成功的概率更高。因此，同理心不仅可以帮助孩子在人际关系中更好地与人交流和理解他人，还能够为他们的幸福和成功带来长久的帮助。

包容不同

我们生活在一个独特的、巨变的时代。现代信息技术的发展，让这个世界更加容易沟通，同时也让人们更加容易进入信息茧房。我们吃惊地发现，在人们更容易获得信息的今天，我们却见到更多的狭隘的小团体言论，以及更短视、更极端的观点。

同理心不仅仅是对一个人、两个人的理解，不仅仅是站在别人的角度看问题，它也包括对不同人群、不同文化、不同国家、不同地域以及不同思维方式的理解和包容。在当今日益多元化的社会中，这种跨文化的同理心尤其重要，它可以帮助我们更好地理解不同的文化和价值观，从而加强我们与不同文化背景的人之间的交流和理解。

包容的前提是看见、了解。我们要给青春期的孩子提供很多看见不同的机会，比如旅游、交友、参加社区活动和志愿服务，这些都是让孩子接触不同人群和文化的好方法。比如，让孩子接受不同来源的信息，如新闻报道、书籍、电影和艺术作品等，以了解不同文化和社会变化。这些信息也可以帮助孩子思考复杂的问题和形成自己的观点，避免陷入狭隘的思维模式。再比如，我们可以让孩子了解世界各地的历史、文化、传统和宗教，从而让孩子更好地理解不同人群的习惯，尊重其他人的背景和经历。

包容不同的第二个重点是开放而不狭隘判断。在和孩子的对话中，鼓励他们表达不同的观点和想法。当我们表达观点时，强调理解和并存，而非简单对立。培养孩子自信且接纳不同，让孩子了解世界的多样性和复杂性，并理解不同人的行为和决策过程。通过这些方法，我们可以帮助青春期的孩子成为更加包容的人，以便更好地适应复杂的现代社会。

《薄伽梵歌》里面提到过人生的三个价值，第三个是富有同情心，帮助改善他人的生活。这并不是说让孩子去做慈善，而是说我们的孩子将来做的事情要对其他人有益处，对社会有贡献，它可以是任何方面的事情，可以是工程设计，可以是音乐表演，可以是社区服务，总之是为社会带来价值的。我们常说"力量越大，责任越大"，最终，一个人的成就感来自他所能够影响并改变的人、环境、社会。所以，从小培养孩子服务他人的意识是非常重要的。

高感性能力

　　大脑是分区工作的。左脑负责逻辑思维，它帮助人们整理思想，组织语言和句子；而右脑负责情感表达，它帮助人们感知非语言的线索，赋予人们情感和空间感知能力。左脑发达的人擅长分析和理解概念，科学家居多。右脑发达的人擅长想象，音乐家、艺术家居多。

　　畅销书作家丹尼尔·平克在他的《全新思维》一书中指出，未来世界将属于具有高感性能力的族群：有创造力、有同理心、能观察趋势，以及为事物赋予意义的人。现代社会最需要的不仅仅是分析能力，比如逻辑思维能力，还有综合能力：综观大趋势、跨越藩篱、结合独立要素创造新的好产品的能力。在一个富裕的、自动化要素掌控的世界里，左脑思考仍属必要但已完全不够，我们必须熟习右脑思考，学会高概念和高感性能力。

　　平克说，21世纪可以叫作右脑思维的感性时代。他指出6种与未来前途有关的关键能力，它们分别是设计、故事、整合、共情、娱乐和意义。

　　平克所言确实有其独到之处，他描绘了一个正在转向感性思维的21世纪。在这个新的时代，6种至关重要的能力正在改变我们的生活和工作方式。

1. 不只有功能，还重设计：纯粹的功能性不再能满足需求。产品和服务必须包含美学和情感上的吸引力，才能在市场中脱颖而出。设计的力量不仅能够创造经济价值，还能丰富我们的生活体验，这是一种艺术与科技的结合。

2. 不只有论点，还说故事：简单的数据和事实已经无法引起人们的注意。人们需要被感动、被吸引、被说服，需要引人入胜的故事。

3. 不只谈专业，还须整合：工业社会专注于大量制造同样的产品，而概念时代专注于将碎片信息组合在一起，创造出更大的价值。

4. 不只讲逻辑，还要能够共情：理解和满足用户的需求变得尤为重要，你需要知道什么能让你的用户打钩，建立关系，关心他人。

5. 不只能正经，还会娱乐：享乐是新时代的能力，游戏和笑声是我们的天性，幽默是我们保持活力和创造力的源泉。

6. 不只顾赚钱，还重意义：物质的丰富使人们从日复一日的斗争中解放出来，追求更重要的愿望、目标、超越和精神上的满足。人们想为他们相信的东西工作，人们想与其他具有相似价值观的人一起工作。

这 6 种关键能力又来自两种感知：高概念与高感性。高概念指的是观察趋势和机会，创造优美或打动人心的作品，编织引人入胜的故事，以及结合看似不相干的概念，将其转化为新事物的能力。这可以理解为综合的创造力。高感性指的是体察他人情感，熟悉人与人之间的微妙互动，能为自己与他人寻找快乐，以及在烦琐事务间发掘意义与目标的能力。这也就是我们所说的更高级的同理心。

以医学院来举例，如今医学院课程正经历二三十年来最大的变革。AI可以分析数据和图像，做辅助诊断，而正确诊断过程中很重要的一部分是聆听病患对病情的描述，即"叙事医学"。

在当今快速变化的世界中，高感性能力逐渐成为成功和幸福的关键要素之一。培养孩子的高感性能力不仅仅是为了他们的个人发展，也是为了未来社会的和谐与进步。我们作为家长和教育者，可以营造积极的情感氛围和家庭环境，让孩子在一个温暖的、提供支持和接纳的环境中成长，从而更好地发展高感性能力——未来社会从业者需要的核心能力。

> **"同理心"行动清单**
>
> - 在和孩子的对话中，鼓励他们表达不同的观点和想法，强调理解和并存，而非简单对立。

- 带孩子了解世界各地的历史、文化、传统和宗教；带孩子参观少数民族地区，了解不同文化传统和习俗。
- 与孩子分享自己的情感经历，并鼓励孩子分享情感；和孩子一起观看情感主题的影视作品。
- 在家中，给孩子一个温暖的、提供支持和接纳的环境。

青春期的成长树原则

我们再来回顾一下爱的原则、团队原则、成长原则如何适用于青春期孩子的家庭教育。

爱的原则：我无条件地爱孩子，也爱做父母的这个过程。

孩子在青春期对父母照顾的需求减少，甚至和父母出现各种矛盾。这时候，父母往往会觉得青春期的孩子和自己渐行渐远，不知道如何对一个比自己长得还高大的孩子表达爱。其实，孩子还是非常需要父母的陪伴和指导的，只是他们需要的方式发生了改变。

爱一个6岁的孩子很容易，爱一个16岁的孩子并不是那么容易。他不仅有独立的思想，还有对我们的反抗和不逊。在这种时候，我们对孩子的爱、耐心、退让和坚持更难也更重要。

团队原则：我和孩子是一个团队，孩子带领，我支持。

在青春期，成长树家庭教育法的核心就是把方向盘交到孩子手里。我们要完成和孩子的角色转换，让孩子带领，我们支持。这并不容易做到。孩子是另外一个人，他的想法、做法和我们完全不同。当孩子把我们带领到和我们预想的方向不同的道路时，比如他们要学一个我们不同意的专业的时候，要记住这是孩子的生活，他最终应该走他选择的道路。

成长原则：孩子是成长中的孩子，父母是成长中的父母。

青春期的孩子是变化中的孩子。帮助青春期孩子成长的秘诀是了解变化中的孩子，尊重孩子的独立，包容孩子的不同，以长远的眼光帮助孩子成长为独立、健康、自信的成年人。

那些并不把自己当成家长的家长最容易成为孩子的朋友，也最容易赢得孩子的信赖和尊重，他们的孩子的独立自主能力也是最强的，学习成绩通常也是最好的。换句话说，孩子希望与你有敞开的、没有局限的交流机会，只有这样，你才能真正了解你的孩子，也才有可能深入他们的内心世界，去帮助他们、引导他们。

下面我们复习一下成长路径图和青春期重点（见表17–1）。

表 17-1　孩子成长路径图

		启蒙期	少年期	青春期
基础技能	数理	建立数字概念 开放式思维启蒙 配对、分类、序列	数理逻辑的乐趣 理解，理解，还是理解 培养早期STEM兴趣和技能	抽象思维能力 知识框架的整理
	文史	丰富的对话 识字启蒙 沉浸式英语启蒙	上下文学习法 文史类科目兴趣 英语学习	一套完整的学习方法 兴趣、理解、积累、练习、反思
	阅读	高频亲子阅读 用阅读启蒙	亲子阅读到自主阅读 让阅读成为习惯 分级阅读	疯狂的阅读者 阅读什么样的书 阅读的技巧
	写作	/	抄录，观察 写日记和写信 自由写作	笔记 社交写作，自媒体
综合技能	沟通	多轮对话 参与讨论 处理情绪	聆听 内向的孩子	保持沟通渠道畅通 讲解和演讲 协商
	合作	带孩子交友 兄弟姐妹	规则和界限 把规则写下来	角色和责任 领导力 人生导师
	规划	/	专注 时间管理	分解问题 设立可执行目标
	创造	画出世界和假想游戏 天才儿童	创意问题和寻求 有美感的孩子 莫扎特效应和留白	提供条件，鼓励创造 连接是创造的源泉
成长心态	使命感	/	目标的设立和完成 职业梦想	哲学话题 价值观和智慧
	自驱力	走向独立 专注力	自驱的孩子 导航的父母	责任和控制 自律 完成角色转换
	好奇心	让孩子做孩子 亲子互动游戏力	激情项目 课外领域兴趣	观察细节和看到本质 涉猎广泛
	批判性思维	让孩子问问题 没有答案的游戏	识别逻辑谬误 信商	反思 深刻的理解

(续表)

		启蒙期	少年期	青春期
身心健康	运动	运动类游戏和活动 有组织的活动	每个孩子的运动 培养运动专长 充足的睡眠	体育精神 青少年睡眠
	自信	/	自我意识的形成 我做的事和我这个人	关于自我形象 情商 避免贫穷思维
	韧性	建立安全感 不在乎输赢 不溺爱孩子	延迟满足 做家务	青少年抑郁和心理健康 将挫折变为转折 艰难的乐趣
	同理心	我，他人，大家 礼貌待人 家庭宠物	理解情绪 尊重他人 感恩	包容不同 高感性能力

后记
培养做好准备的孩子

2020年暑假，我们全家面临着一个艰难的决定。

我的二儿子骐骐被美国芝加哥大学录取。2020年夏末，就在开学之前，美国的新冠病例激增，普林斯顿大学等许多大学在最后一刻做出了秋季学期完全在线授课的决定。

芝加哥大学9月下旬开学，我们有三个选择：第一，延期一年入学；第二，留在北京上网课；第三，去美国校园碰碰运气，因为去了学校，也有可能上网课。

全北京有三四十个孩子被芝加哥大学录取，他们聚会的时候发现只有骐骐和另外一个孩子打算去校园上学，其他的很多孩子都选择在国内上网课。

骐骐选择了选项三，自己去了学校。到了第二个学期，另外一个同学也决定上网课，他成了那年校园里唯一来自北京的新生，这并不容易。

- 他去学校后，在见到任何老师、同学之前，先要进行10天单独隔离。
- 课程主要是在线的，有些是线上线下结合。
- 他住单人宿舍，大部分时间必须自己待在宿舍里。
- 没有任何向往的体育活动和足球队。
- 食堂关门了，一年中的大部分时间他都得吃盒饭。
- 他在去学校途中感染了新冠病毒。
- 其间芝加哥大学校园附近发生枪击和其他犯罪事件。

不少人都问：为什么要在美国疫情这么严重的情况下把孩子送出去？为什么不让他再等一年，安全点儿再说？

我想起了一句话：你可以为孩子铺好道路，或者培养为任何道路做好准备的孩子。（You can prepare the path for the boy, or prepare the boy for the path.）

18年的家庭教育，我们的目的就是为孩子独立进入这个世界做好准备。我的孩子到了需要独立的时候，就像翅膀长硬了的小鸟就应该去天空飞翔。在过去的多年里，我该教给他的都已经教给了他。后面是他自己的路，路途上可能会有一些不尽如人意，也会有一定的风险，但是，与其帮他绕过这些风险，不如让他自己去应对。

每个人都生活在历史长河中，你没法选择发生什么，有时候需要去征战,有时候需要漫长的等待。阴晴雨雪都是风景。我们不知道明天会发生什么,但我希望我的孩子,你的孩子,是一个为前面的任何道路做好准备的孩子。

两年后,骐骐在学校表现良好。因为没有北京同去的朋友,所以他交了不少新的朋友。他刚刚结束了在硅谷的暑期实习,正在攻读数学和计算机科学双学位。关键是,在各种不如意的情况面前,他能够处置自如。我不愿意在孩子身上用"成功""优秀"这些形容词,因为他们还在路上。但是,你知道,在不可预知的未来,他们有学习能力,会沟通,会泰然自若地处理各种他必须面对的情况,会长成一个成熟可靠的人,这不就是成长树家庭教育法的初衷吗?

以终为始,个性养育,面向未来,成长树家庭教育法始终以培养孩子最终成为独立、健康、有能力、有适应力、充分实现自我的人为目的,培养孩子的内在愿望和决心,勾画孩子的"全息"理想。

纪伯伦说:

你们是弓,你们的孩子是从弦上发出的箭矢;
那射者用尽全力将弓拉满,使他的箭射得迅速而遥远。

有一天,孩子向你挥挥手,迫不及待地奔向火车站、飞机场，头都不回一下。新的生活正在他的面前展开，新的朋友在向他招手，未知的新世界在等着他探索。

  你能够做到的，是让他在这一刻已经装备完毕，有地图、罗盘、粮食、捕猎装备，有应对各种情况的判断力，有过实战出行的磨炼，有和还未曾谋面的新伙伴携手同行的能力，还有对新征程的向往。

  这样，在这一刻，你不是在焦虑地担心分别，而是欣喜地期待捷报。你怡然地望着他的背影，看着他信心满满地走向更大的世界。

参考文献

1. 达娜·萨斯金德,贝丝·萨斯金德,莱斯利·勒万特-萨斯金德.父母的语言:3 000万词汇塑造更强大的学习型大脑[M].任忆,译.北京:机械工业出版社,2017.
2. 艾莉森·高普尼克.园丁与木匠:顶级心理学家教你高手父母的教养观[M].刘家杰,赵昱鲲,译.杭州:浙江人民出版社,2019.
3. 简·尼尔森.正面管教:如何不惩罚、不娇纵地有效管教孩子[M].玉冰,译.北京:京华出版社,2009.
4. 诸葛越.魔鬼老大,天使老二:智能时代的个性化家庭教育[M].北京:中信出版社,2017.
5. 罗纳德·弗格森,塔莎·罗伯逊.高成就孩子的教养法则[M].彭小华,译.北京:中国纺织出版社,2021.
6. 安德斯·艾利克森,罗伯特·普尔.刻意练习:如何从新手到大师[M].王正林,译.北京:机械工业出版社,2016.
7. 丹尼尔·西格尔,蒂娜·佩恩·布赖森.全脑教养法:拓展儿童思维的12项革命性策略[M].周玥,李硕,译.北京:北京联合出版公司,2020.

8. 卡罗尔·德韦克.终身成长：重新定义成功的思维模式［M］.楚祎楠，译.南昌：江西人民出版社，2017.

9. 保罗·图赫.性格的力量：勇气、好奇心、乐观精神与孩子的未来［M］.刘春艳，柴悦，译.北京：机械工业出版社，2013.

10. 劳伦斯·科恩.游戏力养育［M］.刘芳，李凡，译.北京：北京联合出版公司，2020.

11. 吉姆·崔利斯.朗读手册［M］.王文，译.北京：新星出版社，2016.

12. 米切尔·雷斯尼克.终身幼儿园：将创造力进行到底［M］.赵昱鲲，王婉，译.杭州：浙江教育出版社，2018.

13. 莫提默·J.艾德勒，查尔斯·范多伦.如何阅读一本书［M］.郝明义，朱衣，译.北京：商务印书馆，2004.

14. T.贝里·布雷泽尔顿.布教授有办法：给孩子立规矩［M］.严艺家，译.北京：化学工业出版社，2018.

15. 赫尔·葛瑞格森.问题即答案：解决棘手问题的突破性方法［M］.魏平，译.北京：中信出版社，2022.